Volker Wagner__**Regierungsbauten in Berlin**__Geschichte__Politik__Architektur

Volker Wagner__
Regierungsbauten in Berlin
__Geschichte__Politik__Architektur

be.bra verlag
berlin.brandenburg

**Die Deutsche Bibliothek
– CIP-Einheitsaufnahme**
Regierungsbauten in Berlin:
Geschichte, Politik,
Architektur/Volker Wagner.
–Berlin: be.bra-Verl., 2001
ISBN 3-930863-94-4

**© be.bra verlag GmbH,
Berlin-Brandenburg, 2001**
KulturBrauerei Haus S,
Schönhauser Allee 37,
10435 Berlin
info@bebraverlag.de
www.bebraverlag.de
Lektorat:
Matthias Weichelt, Berlin
Gesamtgestaltung:
usus.kommunikation, Berlin
Fabian Nicolay
Fotos:
Volker Wagner, Berlin
Schriften:
Glypha Light 9pt
Franklin Gothic 8,5pt
Druck und Bindearbeiten:
Friedrich Pustet,
Regensburg
ISBN 3-930863-94-4

Inhalt__Teil Eins__Regierungsbauten

Schloss Bellevue__Spreeweg 1	8
Bundespräsidialamt__Spreeweg 1	12
Reichstagsgebäude__Platz der Republik 1	14
Deutscher Bundestag	
__Paul-Löbe-Haus__Paul-Löbe-Allee	20
__Marie-Elisabeth-Lüders-Haus__Schiffbauerdamm	22
__Jakob-Kaiser-Haus__Dorotheenstraße	24
__Haus der Deutschen Parlamentarischen Gesellschaft__Ebertstraße 30–31	26
__Schadowstraße 10–11	28
__Dorotheenstraße 93	30
__Dorotheenstraße 105	32
__Unter den Linden 50	34
__Unter den Linden 71 und Wilhelmstraße 61	36
__Luisenstraße 33–34	38
Bundesrat__Leipziger Straße 3–4	40
Bundeskanzleramt__Willy-Brandt-Straße 1	44
Ehemaliges Bundeskanzleramt/früheres Staatsratsgebäude__Schlossplatz 1	48
Presse- u. Inform.dienst d. Bundesreg.__Reichstagufer 12–14 u. Dorotheenstr. 74–84	52
Auswärtiges Amt__Werderscher Markt 1	56
Bundesministerium	
__des Innern__Alt-Moabit 101	60
__der Justiz__Jerusalemer Straße 24–28	62
__der Finanzen__Wilhelmstraße 97	66
__für Wirtschaft und Technologie__Scharnhorststraße 34–37	70
__für Arbeit und Sozialordnung__Mauerstraße 45–53	74
__für Familie, Senioren, Frauen und Jugend__Taubenstraße 42–43 u. Jägerstraße 9	78
__für Verkehr, Bau- und Wohnungswesen__Invalidenstraße 44–46	80
__für Verbraucherschutz, Landwirtschaft und Ernährung__Wilhelmstraße 54	84
__für Verteidigung__Reichpietschufer 74–76	86
__für Gesundheit__Mohrenstraße 62	90
__für Umwelt, Naturschutz und Reaktorsicherheit__Alexanderplatz 6	92
__für Bildung und Forschung__Hannoversche Straße 30	94
__für wirtschaftliche Zusammenarbeit und Entwicklung__Stresemannstr. 90–102	98

→

Teil Zwei__Die deutschen Bundesländer

Landesvertretungen

__Brandenburg und Mecklenburg-Vorpommern__In den Ministergärten	100
__Hessen__In den Ministergärten	102
__Niedersachsen und Schleswig-Holstein__In den Ministergärten	104
__Saarland__In den Ministergärten 4	106
__Rheinland-Pfalz__In den Ministergärten	108
__Bayern__Behrenstraße 21–22	110
__Berlin__Wilhelmstraße 67	112
__Bremen__Hiroshimastraße 26–28	114
__Hamburg__Jägerstraße 1–3	116
__Nordrhein-Westfalen__Hiroshimastraße 16–22	118
__Sachsen__Brüderstraße 11–12	120
__Sachsen-Anhalt__Luisenstraße 18	122
__Thüringen__Mohrenstraße 64	124
__Baden-Württemberg__Tiergartenstraße 15	126

Teil Drei__Parteien

Bündnis 90/Grüne/Bundesgeschäftsstelle __Platz vor dem Neuen Tor 1	128
CDU/Konrad-Adenauer-Haus__Klingelhöferstraße 8	130
F.D.P./Thomas-Dehler-Haus__Reinhardtstraße 12–16	132
PDS/Karl-Liebknecht-Haus__Kleine Alexanderstraße 28	134
SPD/Willy-Brandt-Haus__Wilhelmstraße 140	136

Teil Vier__Land und Stadt Berlin

Abgeordnetenhaus von Berlin, ehem. Preußischer Landtag__Niederkirchnerstr. 5	138
Rotes Rathaus__Rathausstraße 15	144
Altes Stadthaus__Jüdenstraße 34–42	148
Neues Stadthaus__Parochialstraße 1–3	150
Rathaus Schöneberg__John-F.-Kennedy-Platz	152
Anhang	156

Teil Eins__Regierungsbauten

Schloss Bellevue
Spreeweg 1

Der erste preußische König Friedrich I. überließ im Jahr 1710 das Gelände von Bellevue französischen Gärtnern zur Anpflanzung von Maulbeerbäumen. Anschließend wechselten mehrfach die Besitzer. So gehörte das Grundstück zwischenzeitlich Georg Wenzelslaus von Knobelsdorff, dem Lieblingsarchitekten Friedrichs II., der die Pläne zur Erweiterung des Schlosses Charlottenburg, zur Staatsoper Unter den Linden und zum Schloss Sanssouci in Potsdam lieferte. Er ließ sich im Garten nach eigenen Plänen ein Wohnhaus errichten, dessen Innenausmalung Antoine Pesne übernahm. 1937 wurde es abgebrochen.

Dann gehörte das Bellevue-Gelände Gärtnern, Weinhändlern und seit 1764 einem Kommerzienrat Schneider, der hier an der Spree eine ›Juchten- und Maroquin-Fabrik‹ unterhielt, in der feine Kalbs- und Ziegenleder verarbeitet wurden. 1785 gelangte es in die Hände des jüngsten Bruders Friedrichs II., des Prinzen Ferdinand. Nach Entwürfen von Michael Philipp Daniel Boumann entstand im gleichen Jahr auf dem Gelände ein Landsitz, der näher an Berlin liegen sollte als das bis dahin vom Prinzen bewohnte Schloss Friedrichsfelde.

Das in einem strengen frühklassizistischen Stil errichtete Schloss weist zwei Stockwerke auf. Das Hauptgebäude ist 77 Meter lang und 16 Meter breit und wird von zwei niedrigen Seitenflügeln begrenzt, die zusammen mit dem Hauptgebäude einen Ehrenhof umschließen. Das wesentliche Schmuckelement bildet seit der Erbauungszeit ein durch korinthische Pilaster gegliedertes Mittelrisalit mit steilem Giebel, der ursprünglich eine Uhr enthielt. Anders als heute lagen die Hauptzugänge zum Schloss anfänglich in den Seitenflügeln. Das Innere hatte man, dem Geschmack der Zeit folgend, eher schlicht gehalten, und die Räume in neoklassizistischem Stil gestaltet. Einzig der ovale Tanzsaal mit einem Ausmaß von 14,50 x 11 Metern galt als bedeutend. 1804 wurde hier Friedrich Schiller vom Prinzen empfangen, zwei Jahre später war Napoleon im Schloss.

Der Garten wurde nach englischem Vorbild in den Jahren von 1786–90 durch kleine, im Park verstreute Gebäude aufgelockert. Schon gegen Ende des 19. Jahrhunderts war von der ursprünglichen Ausstattung, der gotischen Einsiedelei, dem chinesischen Pavillon, vom Eiskeller und Gartenhäuschen nichts mehr vorhanden. In der Regierungszeit Friedrich Wilhelms II. wurde der Garten nach 1797 mit der Absicht erweitert, den neuen Teil öffentlich zugänglich zu machen. Sowohl das Schloss als auch der Garten blieben bis 1918 im Besitz der Ho-

Das Schloss Bellevue als heutiger Amtssitz des Bundespräsidenten diente dem jüngsten Bruder Friedrich II, dem Prinzen Ferdinand, als Sommersitz. Der Prinz führte hier einen bedeutenden Berliner Salon, zu dem auch Friedrich Schiller bei seinem Berlinbesuch geladen war.

Gebäudepass: Schloss Bellevue
1710__Friedrich I. verkauft das Grundstück an französische Gärtner zur Anlage einer Maulbeerbaum-Plantage **1746 bis 1765**__Georg Wenzelslaus von Knobelsdorff, Lieblingsarchitekt von Friedrich II., errichtet sich auf seinem Grundstück ein Wohnhaus – Abbruch 1937 **1785**__Verkauf an Prinz Ferdinand, den jüngsten Bruder Friedrichs II., Errichtung eines Landhauses in frühklassizistischer Bauweise nach Plänen von Michael Philipp Daniel Boumann **1786 bis 1790**__Anlage des Schlossgartens **1790**__Einbau des Tanzsaals nach Plänen von Carl Gotthard Langhans, dem Erbauer des Brandenburger Tores; heute der letzte original erhaltene Saal im Schloss **ab 1843**__Schloss wird nicht mehr dauerhaft bewohnt **1928**__Verkauf an das Deutsche Reich **1935**__Volkskundemuseum **1938/39**__Umbau zum Reichsgästehaus nach Plänen von Paul Baumgarten **1945**__Zerstörung des Schlosses **1948**__einfacher Wiederaufbau der Flügel zur Unterbringung Bombengeschädigter **ab 1955**__Beginn des Wiederaufbaus nach Plänen von Carl Heinz Schwennicke **18.06.1959**__Berliner Amtssitz des Bundespräsidenten **1987**__Renovierung unter Richard von Weizsäcker **1994**__Bundespräsident zieht als erstes Verfassungsorgan vollständig nach Berlin um, am 12. Januar erster Neujahrsempfang für das Diplomatische Corps in Berlin nach dem Zweiten Weltkrieg.

henzollern, wenngleich das Schloss nach 1843 nicht mehr dauerhaft von den Mitgliedern des preußischen Königs- und späteren deutschen Kaiserhauses bewohnt wurde.

Dem Ankauf durch das Deutsche Reich im Jahr 1928 folgte 1935 die Einrichtung eines Volkskundemuseums, ehe 1938/39 die Umgestaltung zum Reichsgästehaus nach Plänen von Paul Baumgarten begann.

In den Bombennächten ging das Schloss in Flammen auf, die Inneneinrichtung wurde fast vollständig zerstört. Außer dem ovalen Festsaal nach Plänen von Carl Gotthard Langhans, dem Erbauer des Brandenburger Tores, ist nichts mehr von der Originalausstattung erhalten. Der Garten wurde völlig verwüstet und nach 1950 – jetzt zum Teil für den neuangelegten Englischen Garten – wieder hergerichtet. Kurz nach dem Krieg brachte man im notdürftig ausgebesserten Schloss obdachlose Berliner unter, die durch die Bombenangriffe ihre Wohnungen verloren hatten.

Der eigentliche Wiederaufbau begann auf Anregung des ersten Bundespräsidenten Theodor Heuss und wurde nach den Plänen von Carl Heinz Schwennicke ausgeführt. Zunächst wollte Heuss hier seinen ständigen Sitz nehmen. Doch der Protest der Sowjetunion, dass das westliche Berlin nicht integraler Bestandteil der Bundesrepublik Deutschland sei, machte dies unmöglich. Mit der Wiedereinweihung wurde das Schloss Bellevue am 18. Juni 1959 zum Berliner Amtssitz des Bundespräsidenten, in dem bis 1990 wegen des Viermächteabkommens allerdings keine Amtshandlungen getätigt werden durften.

1987 wurde das Innere auf Veranlassung des damaligen Bundespräsidenten Richard von Weizsäcker erneuert. In Folge der Hauptstadtentscheidung für Berlin diskutierte man nach 1991 darüber, den Sitz des Bundespräsidenten möglicherweise in das alte Kronprinzenpalais Unter den Linden zu verlegen. Dieses Vorhaben wurde jedoch aus verschiedenen Gründen – unter anderem vor dem Hintergrund der Kostenentwicklung – wieder aufgegeben. Auch stand das Schloss Bellevue – anders als die Gebäude Unter den Linden – für einen raschen Umzug von Bonn nach Berlin sofort zur Verfügung. Der Bundespräsident zog 1994 als erstes Verfassungsorgan vollständig nach Berlin um. Ist er in seinem Amtssitz anwesend, wird auf der Mitte des Hauses die Standarte gehisst.

Am 12. Januar 1994 fand hier zum ersten Mal der Neujahrsempfang des Präsidenten für das Diplomatische Corps statt – eine Amtshandlung, mit der Richard von Weizsäcker auch die neue Hauptstadtfunktion Berlins unterstreichen wollte. Vom 1. Juli 1994 bis zum 30. Juni 1999 residierte hier Roman Herzog, seit dem 1. Juli 1999 Johannes Rau.

Die insgesamt acht Repräsentationsräume des Bundespräsidenten befinden sich im ersten Obergeschoss im Mittelbau. Die Gäste des Präsidenten werden am Mittelrisalit empfangen und dann durch die Eingangshalle, die Park und Inneres als ›sala terrana‹ miteinander verbindet, über das Treppenhaus nach oben geleitet.

Der hinter dem Treppenhaus befindliche Salon I und der daran angrenzende Salon II sind im Stil der 50er Jahre gehalten und denkmalgeschützt. Nach diesen beiden Salons betritt man den Vorsaal zum Langhanssaal, der als Foyer vor großen Defilees genutzt wird. Direkt im Mittelteil befindet sich der einzige original rekonstruierte Raum des Schlosses, der ehemalige Tanzsaal, der heute zur Begrüßung der Gäste genutzt wird. Nach Westen hin liegen zwischen

Das Schloss und die Gartenanlagen sind nach ihrer Zerstörung im Zweiten Weltkrieg im frühklassizistischen Stil wieder hergerichtet worden.

dem Langhans-Saal und dem Großen Saal die Salons III und IV, die als kleiner Speisesaal und zur weiteren staatlichen Repräsentation dienen. Im Salon IV, dem sogenannten Schinkelsaal, befindet sich ein die Wand umspannendes Werk des großen Künstlers aus dem 19. Jahrhundert. Im Großen Saal schließlich finden die Empfänge und Bankette für hohe Staatsgäste statt. Er ist geschmückt mit zwei raumfüllenden Gemälden von Gotthard Graubner, die passender Weise ›Begegnung‹ heißen.

Teil Eins_Regierungsbauten

Bundespräsidialamt
Spreeweg 1

Der Berliner Amtssitz des Bundespräsidenten befindet sich seit 1959 im Schloss Bellevue. Die Räumlichkeiten des Schlosses erwiesen sich zur Aufnahme des Bundespräsidialamtes mit seinen 165 Mitarbeitern jedoch als zu klein. Aus diesem Grunde sprach sich der damalige Bundespräsident Richard von Weizsäcker im März 1993 dafür aus, in nächster Nähe zum frühklassizistischen Sitz des Staatsoberhaupts ein Gebäude zu errichten, dass die verschiedenen Funktionsbereiche als Ergänzung zum Schloss aufnehmen sollte. Das ausgewählte Grundstück des Bundespräsidialamtes hat noch keine eigene Baugeschichte, da es inmitten des denkmalgeschützten Tiergartens zum ersten Mal und nur ausnahmsweise bebaut werden konnte.

Anfang 1994 fand ein EU-offener, einstufiger Realisierungswettbewerb statt, zu dem bis zum 5. April 1994 248 Entwürfe eingingen. Am 24. Juni 1994 wurden im ehemaligen Staatsratsgebäude fünf Preise und zehn Ankäufe vergeben. Unter dem Jury-Vorsitz des Architekten Jan Rave erhielt das Frankfurter Architektenteam Martin Gruber und Helmut Klein-Kraneburg den ersten Preis, dessen Entwurf nach einer Überarbeitung am 25. Oktober 1994 endgültig angenommen wurde. Für die Jury war es besonders wichtig, dass der Entwurf die Lage im Tiergarten ausreichend berücksichtigte und ein dezentes Erscheinungsbild des Gebäudes vorsah. Im Februar 1995 stimmte der Bundespräsident Roman Herzog der ›Oval-Office-Version‹ von Gruber und Kleine-Kraneburg zu, am 25. Januar 1996 erteilte das Berliner Abgeordnetenhaus den Baubescheid.

Bei dem Siegerentwurf handelt es sich um einen elliptischen Baukörper, der ein selbstständiges Gebäude definiert und sich gegen das Schloss abgrenzt, ohne aber das gesamte Ensemble in seiner vornehmen Zurückhaltung zu beeinträchtigen. Aufgrund seiner Form erhielt der ›eckenlose‹ Bau schon bald den Namen ›Präsidenten-Ei‹. Durch dieses Raum sparende Konzept blieb der historische Baumbestand weitgehend verschont. Die besondere Lage des neuen Verwaltungsgebäudes haben die Architekten mit Bedacht gewählt. Zum einen liegt es – nur 200 Meter entfernt – parallel zum Schloss Bellevue, zum anderen befindet es sich in der Sichtachse zur Siegessäule am nahe gelegenen Großen Stern. Der Zugang zum Gebäude erfolgt vom Spreeweg aus. Zwischen dem Schloss selbst und dem neuen Gebäude besteht keine unterirdische oder überdachte Verbindung.

Das Bundespräsidialamt steht mitten im größten Park Berlins, dem Tiergarten.

Die Außenabmessungen des nach oben vier- und nach unten dreigeschossigen Gebäudes orientieren sich mit seiner Länge von 83 x 41 Metern an den Raummaßen des dem Schloss vorgelagerten Ehrenhofs, die Traufhöhe von 15 Metern unterschreitet allerdings die Bauhöhe des Schlosses. Das durch die schwarze Granitfassade an sich eher abweisende Gebäude fügt sich als Solitär jedoch stimmig in den englischen Landschaftspark ein und stellt einen Bezug zu den Bauten des 19. Jahrhunderts her.

Die Ellipse ist in zwei Bauteile untergliedert, die im Inneren durch Brücken miteinander verbunden sind. Das dazwischen liegende Atrium ist glasgedeckt und weiß, so dass das Gebäude innen hell und freundlich wirkt, auch wenn sich die Strenge der äußeren Fassade in der Innenarchitektur fortsetzt. Im äußeren Gebäudeteil sind 124 Büro- und Verwaltungsräume eingerichtet. Alle 244 Fenster lassen sich nach außen öffnen und ermöglichen so eine natürliche Belüftung. Im inneren Riegel befinden sich fast ausschließlich Aufzüge, Treppen, Sanitärbereiche und Teeküchen. Die zweigeschossige Tiefgarage verfügt über 148 Einstellplätze für Autos und 55 für Fahrräder. Eine etwa 900 qm große Photovoltaikanlage auf dem Dach sorgt im Bedarfsfall dafür, das die Hälfte der Büroräume tagsüber beleuchtet werden kann. Der Bau begann am 14. November 1996, das am 23. November 1998 eröffnete Gebäude kostete etwa 91 Millionen DM.

Gebäudepass: Bundespräsidialamt
Anfang 16. Jahrhundert__kurfürstliches Jagdrevier **1735__**Maulbeerplantage **1785__**Errichtung Schloss Bellevue, Schlossgarten **Anfang 1994__**Wettbewerb zum Bau des Bundespräsidialamtes **24.06.1994__**1. Preisträger Martin Gruber und Helmut Kleine-Kraneburg aus Frankfurt/Main **März 1996__**Baubeginn **November 1998__**Eröffnung Bundespräsidialamt; Baukosten: 91 Millionen DM

Teil Eins__Regierungsbauten

Reichstagsgebäude
Platz der Republik 1

Seit dem 19. April 1999 haben fast vier Millionen Besucher das Reichstagsgebäude betreten. Die freitragende und mit 3.000 qm Glas gedeckte Kuppel ist ohne Zweifel der architektonische Höhepunkt der Besichtigung.

Das Grundstück des Reichstagsgebäudes mit dem ihm vorgelagerten Platz der Republik lag als ehemaliger Teil des Tiergartens bis in das 19. Jahrhundert vor den Toren der Stadt und gehörte zum kurfürstlichen Jagdrevier, das man im 18. Jahrhundert in einen Park umgewandelt hatte. Der heutige Platz der Republik diente unter dem Soldatenkönig Friedrich Wilhelm I. zunächst als Exierzierplatz, ehe ihn der Gartenarchitekt Peter Joseph Lenné im 19. Jahrhundert zum Königsplatz umgestaltete. Auf dem Reichstagsgrundstück befand sich von 1847 bis zu seinem Abriss im Herbst 1883 das Palais des polnischen Grafen Athanasius von Raczynski.

Das Reichstagsgebäude selbst konnte am 5. Dezember 1894 als Symbol der Reichseinigung feierlich eröffnet werden – an einem Tag, dem in der preußischen und deutschen Geschichte besondere Bedeutung zukommt: Friedrich Wilhelm IV. hatte Preußen am 5. Dezember 1848 am Parlament vorbei eine Verfassung gegeben. Inzwischen bestand das Reich zu zwei Dritteln aus preußischem Staatsgebiet und der preußische König war seit dem 18. Januar 1871 Deutscher Kaiser.

Bereits wenige Monate nach der Reichsgründung wurde eine Reichstagsbaukommission bestellt, die sich zunächst um einen Standort für das neue Parlamentsgebäude kümmern sollte. Im selben Jahr und noch einmal zehn Jahre später fanden Bauwettbewerbe für den neuen Parlamentssitz statt. 1871 schrieb man einen internationalen Wettbewerb aus, an dem sich 40 Architekten beteiligten, die vor allem aus England oder Österreich kamen (unter ihnen der berühmte Wiener Architekt Gottfried Semper, der Schöpfer der nach ihm benannten Oper in Dresden). Ein Entwurf wurde jedoch nicht realisiert. Beim zweiten Wettbewerb 1882 fiel der vorgesehene Bauplatz kleiner aus als zehn Jahre zuvor. Die Jury, in der vor allem namhafte Architekten saßen, erkannte Paul Wallot den ersten Preis zu.

Der letzte Deutsche Kaiser, Wilhelm II., nahm an der feierlichen Schlusssteinfeier, wie man damals eine Eröffnungsfeier nannte, persönlich teil. Allerdings war Wilhelm II. kein Freund des Parlamentarismus und damit auch nicht des Reichstagsgebäudes. Er hatte das Werk, das dem Geschmack der wilhelminischen Ära durchaus entsprach, noch vor der Eröffnung als ›Gipfel der Geschmacklosigkeit‹ bezeichnet.

Ebenfalls auf dem Königsplatz stand damals die Siegessäule, die an die Schlachten gegen Dänemark 1864, gegen Österreich 1866 und gegen Frankreich 1870/71 erinnerte. Nachdem

Gebäudepass: Reichstagsgebäude
1871/1882__zwei Bauwettbewerbe für das Reichstagsgebäude, Paul Wallot als Sieger des 2. Wettbewerbs **1884**__Grundsteinlegung **05.12.1894**__Eröffnung des Reichstagsgebäudes **09.11.1918**__Proklamation der Republik durch Philipp Scheidemann von einem Balkon des Reichstages **27.02.1933**__Reichstagsbrand, nach der Zerstörung des Plenarsaals wird der Reichstag in die nahegelegene Krolloper verlegt **1937**__Im Zuge der Planung, Berlin zur ›Welthauptstadt Germania‹, auszubauen, soll eine Parlamentsbibliothek im Haus eingerichtet werden, Pläne nicht ausgeführt; verschiedene NS-Veranstaltungen, u. a. ›Entartete Kunst‹ **1943 bis 1945**__Gynäkologie der Charité **1945**__Besetzung des Reichstagsgebäudes durch die Rote Armee **1954**__Sprengung der alten Glaskuppel mit einer Höhe von 74 m **1957 bis 1971**__Wiederaufbau nach den Plänen von Paul Baumgarten **13.08.1961**__Bau der Mauer, 80cm der Osttreppe liegen eigentlich im sowjetischen Sektor **1971**__Eröffnung der Dauerausstellung ›Fragen an die deutsche Geschichte‹ **03.10.1990**__Feier der Wiedervereinigung Deutschlands in und vor dem Haus **1993**__Wettbewerb zum Umbau des Reichstagsgebäudes, drei erste Preisträger; Norman Foster in zweiter Stufe mit dem Umbau beauftragt **08.03.1995**__Ältestenrat des Deutschen Bundestag entscheidet sich mit 8:7 Stimmen grundsätzlich für die Errichtung einer Kuppel **Juni 1995**__Verhüllung des Reichstagsgebäudes durch Christo **Juli 1995**__Umbau nach den Plänen von Norman Foster **19.04.1999**__Wiedereröffnung des Reichstagsgebäudes

die Standortentscheidung für das Reichstagsgebäude auf dem Königsplatz einmal gefallen war, sollte der Anblick der Siegessäule die Abgeordneten auch daran erinnern, dass sie die Einheit des Reiches nicht irgendwelchen demokratischen Bestrebungen verdankten, sondern einzig den erfolgreichen Schlachten der preußisch-deutschen Armee.

Auch die vier massiven Ecktürme des im italienischen Hochrenaissancestil ausgeführten Sandstein-Baus erinnern an die vier Königreiche Preußen, Bayern, Sachsen und Württemberg, die 1871 der Reichseinheit zustimmen mussten. Bekrönt wurde das Bauwerk von einer 74 Meter hohen Kuppel, die mit grünem Glas eingedeckt war. Das Kernstück des alten Hauses bildete der 650 qm große, ganz mit Holz getäfelte Plenarsaal. Das Holz diente vor allem der besseren Akustik, da man erst 1929 Mikrofonanlagen installierte und die Parlamentarier sich bis dahin auf ihre eigene Stimmgewalt verlassen mussten. Rings um die halbkreisförmige Anordnung der Abgeordnetenbänke zogen sich im ersten Obergeschoss die Besucher- und Diplomatentribünen. Eine besondere Tribüne war dem kaiserlichen Hof vorbehalten (die Wilhelm II. jedoch nie genutzt hat).

Nur wenige Bauplastiken haben sich aus der Erbauungszeit des Reichstagsgebäudes 1884 bis 1894 noch erhalten, wie hier auf der Westseite oberhalb des Hauptportals.

Das ganze Interieur verfügte über eine reiche Ausstattung, wobei insbesondere die opulente Gips-Stukkatur des Saales zu nennen ist. Am Hauptportal sind die Wappen der vier deutschen Königreiche noch einmal vor den übrigen Staaten und Ländern des Reichs herausgehoben. Von dem ursprünglich sehr reichhaltigen Schmuck ist an der Außenfassade nur wenig erhalten geblieben.

Noch während des Ersten Weltkrieges, zum Weihnachtsfest 1916, wurde über dem Hauptportal die Inschrift ›Dem Deutschen Volke‹ eingefügt. Die etwa 60 cm großen Buchstaben hatte Peter Behrens, ein damals gefragter und heute noch bekannter Architekt und Grafiker, entworfen, das Material enstammte alten Geschützrohren, die man 1813 in den Befreiungskriegen Preußens gegen Napoleon erbeutet hatte. Kaiser Wilhelm II. wollte mit diesem ›Weihnachtsgeschenk‹ die Einigkeit der Nation beflügeln und für den gemeinsamen Krieg begeistern – doch die Begeisterung war längst Ernüchterung gewichen.

Mit dem Ende des Ersten Weltkriegs am 9. November 1918 brach das alte System zusammen, der Kaiser musste abdanken. Der spätere erste sozialdemokratische Reichskanzler Philipp Scheidemann rief vom zweiten Balkon rechts vom Hauptportal die demokratische Republik aus. Zum ersten Mal in der deutschen Geschichte wurde nun nach allgemeinen, gleichen, freien, direkten und unmittelbaren Grundsätzen gewählt. Auch Frauen durften endlich wählen und gewählt werden. Marie Juchacz, 1933 Gründerin der Arbeiterwohlfahrt (AWO), war die erste Frau, die am 9. Februar 1919 eine Rede vor der Nationalversammlung hielt.

Die Weimarer Republik scheiterte nach nur vierzehnjähriger Dauer nicht zuletzt an ihren wirtschaftspolitischen Schwierigkeiten. Auch an der Kriegsschuldfrage, die nach dem Versailler Vertrag auf Deutschland allein lastete, hatte die junge Republik schwer zu tragen. Die fehlende Zeit, alle drängenden Fragen zu lösen, und die zu großen Widerstände von rechts und von links versetzten der ersten deutschen Republik den Todesstoß. Ende 1932 bildeten die Abgeordneten der NSDAP die stärkste Reichstagsfraktion.

Ein seltenes Souvenir aus der Zeit des Ersten Weltkrieges mit dem bekannten Ausspruch des letzten deutschen Kaisers Wilhelm II.

In der Nacht vom 27. auf den 28. Februar 1933, vier Wochen, nachdem Hitler am 30. Januar 1933 zum Reichskanzler ernannt worden war, brannte der Reichstag. Die genaue Brandursache ist bis heute nicht geklärt, da die Gestapo die Untersuchungsergebnisse der anschließenden Ermittlungen vernichtete. Als sicher gilt nur, dass der junge holländische Kommunist Marinus van der Lubbe im Reichstagsgebäude aufgegriffen worden war, der später in einem Schauprozess in Leipzig der Brandstiftung angeklagt, zum Tode verurteilt und hingerichtet wurde. Es gilt aber als wahrscheinlich, dass der letzte Reichstagspräsident in der Geschichte des Reichstages, Hermann Göring, SA-Leute durch einen heute noch vorhandenen Aktentunnel zwischen dem damaligen Reichstagspräsidentenpalais und dem Reichstagsgebäude einschleusen konnte, die den Brand selbst legten.

Abgesehen von dem zerstörten Plenarsaal und der gesprungenen Kuppel blieb das gesamte übrige Gebäude weiterhin funktionsfähig. Der eigentliche Schaden war auch ganz anderer Art: Die Nazis instrumentalisierten den Brand, um die demokratischen Grundrechte außer Kraft zu setzen. Durch die sogenannte Reichstagsbrandnotverordnung, die der Reichspräsident Hindenburg gleich am 28. Februar 1933 ›zum Schutz von Volk und Staat‹ erließ, wurden die wichtigsten Grundrechte der Weimarer Verfassung außer Kraft gesetzt, das Post- und Telefongeheimnis ebenso wie die Unverletzlichkeit der Wohnung aufgehoben und für einige Straftaten die Todesstrafe eingeführt (unter anderem eben für Brandstiftung, so dass van der Lubbe durch ein nachträgliches Gesetz verurteilt wurde). Dieser Rosenmontag war der letzte Montag vor den Wahlen zum Reichstag und gleichzeitig zum Preußischen Landtag am 5. März 1933. Die freie Wahlwerbung wurde aufgehoben und reichsweit mehr als 10.000 Politiker, Gewerkschafter, Ärzte, Journalisten, Juristen und Schriftsteller verhaftet. Dies war keine spontane Aktion, sondern eine von langer Hand geplante Maßnahme. Mit dem am 23. März 1933 verabschiedeten Ermächtigungsgesetz, das den Nationalsozialisten endgültig zur Einparteienherrschaft verhalf und faktisch zur Auflösung des Reichstages führte, war die Geschichte der deutschen parlamentarischen Demokratie vorerst zu Ende. Die dem Reichstagsgebäude gegenüberliegende Krolloper diente nur noch einem Scheinparlament als Tagungsstätte.

Bis zum Ende des Zweiten Weltkrieges nutzte man die unbeschädigten Räume für diverse Veranstaltungen. Nach dem ›totalen Endsieg‹ sollte Berlin in Germania umbenannt und ›Hauptstadt der Welt‹ werden. Das Reichstagsgebäude war im Rahmen dieses von Albert Speer geplanten Stadtumbaus als Parlamentsbibliothek vorgesehen. Dazu kam es freilich nicht mehr.

Bedrohlich wurden für den Wallotbau die ab dem Kriegsjahr 1943 immer heftigeren Luftangriffe auf Berlin. Von direkten Bombentreffern blieb das Haus zwar verschont, doch zeigten sich schon bald die Spuren von umliegenden Bomben- und Granateinschlägen. Einige der ehemaligen Parlamentsmitarbeiter durften ihre persönlichen Wertgegenstände in den Kellern bunkern, wohin auch die nahegelegene Charité inzwischen ihre gynäkologische Abteilung verlegt hatte. Die dort geborenen Kinder wurden dann ordnungsgemäß beim Standesamt Tiergarten mit dem Geburtsort ›im Reichstagsgebäude‹ angemeldet.

Die Kampfhandlungen in den letzten Kriegstagen trafen vor allem Berlin schwer. Nur wenige Meter Luftlinie vom Reichstagsgebäude entfernt saß Hitler in seinem Bunker in der Reichskanzlei. Am 30. April 1945 wurde die rote Fahne der Sowjetunion erstmals auf dem

Südwestturm gehisst, später noch einmal für die Fotografen mit Blick zum Brandenburger Tor. Nach Augenzeugenberichten fanden zu keiner Zeit Kämpfe im Reichstagsgebäude statt. Die vorhandenen Filmdokumente sind nachgestellte Bilder für sowjetische Wochenschauen.

1957 erhielt der Wiener Professor Paul Baumgarten, ein Schüler von Walter Gropius, den Auftrag, den Reichstag als Sitz des Deutschen Bundestages wieder aufzubauen. Die äußere Fassade wurde bis auf wenige Details fast vollständig purifiziert und nahezu aller noch vorhandenen Bauplastiken beraubt. Die vier Ecktürme nahm man im Zuge der Arbeiten um ein Geschoss zurück, die 400 Tonnen schwere alte Kuppel musste wegen Einsturzgefahr 1954 gesprengt werden.

Über den inneren Originalzustand weiß man heute nur noch wenig. Das Innere des Hauses wurde – noch ganz der Moderne des Bauhauses folgend – völlig neu entworfen und gestaltet. Bis auf wenige Repräsentationsräume dokumentierte man nicht einmal das, was nach dem Krieg noch vorhanden war und dann beseitigt wurde, nur einige wenige Rudimente verbarg man hinter asbesthaltigen zweiten Wänden. Erst beim erneuten Umbau des Hauses nach 1995 fanden sich hinter den Verkleidungen Inschriften sowjetischer Soldaten aus dem Frühjahr 1945 und aus dem 19. Jahrhundert stammende Bauplastiken im Nord- und Südwandelgang wieder, die heute restauriert sind und auf Hausführungen besichtigt werden können.

1971 war der Wiederaufbau abgeschlossen. Im selben Jahr, am 3. September 1971, – also 26 Jahre nach dem Ende des Zweiten Weltkrieges – war es den Alliierten mit dem Vier-Mächte-Abkommen endlich gelungen, eine einvernehmliche Losung für ihren Umgang mit dem geteilten Deutschland zu finden. Da West-Berlin nicht integraler Bestandteil der Bundesrepublik Deutschland war, durften Verfassungsorgane hier keinen ständigen Sitz haben.

Somit konnte der deutsche Bundestag nicht in dem wieder aufgebauten Parlamentsgebäude seinen ständigen Sitz nehmen. Die Mauer, die hinter dem Reichstagsgebäude verlief, war ziemlich genau zehn Jahre alt, die Demarkationslinie zwischen dem britischen und sowjetischen Sektor verlief sogar mitten durch den Reichstag. Dieser diente nun als Repräsentationsgebäude, in dem unter anderem die Ausstellung ›Fragen an die deutsche Geschichte‹ gezeigt wurde, die sich heute in der Deutschen Kirche auf dem Gendarmenmarkt befindet.

Mit dem Fall der Mauer am 9. November 1989 rückte das Reichstagsgebäude wieder ins Zentrum Berlins, und hier fand am Abend vom 2. zum 3. Oktober 1990 auch der Festakt zur Wiedervereinigung statt.

Am 20. Juni 1991 fiel im Deutschen Bundestag in Bonn der knappe Beschluss, zur Vollendung der deutschen Einheit den Parlaments- und Regierungssitz vom Rhein an die Spree zu verlegen. Allerdings verfügte der Reichstag, der nun wieder Sitz des Parlaments werden sollte, lediglich über 10% der benötigten Fläche von etwa 185.000 qm. Für den Umbau des Reichstagsgebäudes wurden im Sommer 1993 insgesamt 80 Arbeiten eingereicht und anschließend drei Preisträger ausgewählt. Sir Norman Foster erhielt endgültig zum 1. Juli 1994 den Auftrag, das Haus umzubauen, wofür nicht zuletzt sein überzeugendes Raumkonzept den Ausschlag gegeben hatte.

Am 9. März 1995 entschied sich der Ältestenrat mit acht zu sieben Stimmen grundsätzlich für eine Kuppel. Die von einer Wiener Glasfirma mit insgesamt 3.000 qm Glas eingedeckte

Neben der Kuppel mit dem integrierten Sonnensegel bildet der Plenarsaal eine besondere Sehenswürdigkeit. In dem heute fast 1.400 qm großen Saal gibt es sechs Besuchertribünen mit mehr als 400 Plätzen für die Presse, Protokollgäste sowie Zuhörer bei den Debatten des Deutschen Bundestages.

Kuppel steht mit einem Gewicht von 1.300 Tonnen auf 12 Betonsäulen, die das Rund des Plenarsaals definieren, und dient nicht nur den Besuchern als Aussichtspunkt, sondern sorgt auch für die Belichtung und Entlüftung des unter der Kuppel liegenden Plenarsaals.

Die Sitzordnung im Plenarsaal, dem Kernstück des Hauses, ist elliptisch, wobei derzeit fünf Fraktionen nach dem Rechts-Links-Schema angordnet sind. Mit dem Blick zur Westseite des Gebäudes sitzt in der Mitte – unter dem von Professor Ludwig Gies entworfenen Bundesadler – das Bundestagspräsidium. Rechts davon haben die Vertreter der Bundesregierung ihre Plätze, links davon die Vertreter des Bundesrates und der Wehrbeauftragte beim Deutschen Bundestag. Die etwa 800 Stühle sind im sogenannten ›Reichstagsblue‹ bezogen, einer Farbe des dänischen Künstlers Per Arnoldi.

Von der Besucherterrasse aus ist leicht das oberste Geschoss, die sogenannte Fraktionsebene, zu erkennen. Foster hatte diese Ebene auf das alte Gehäuse zur weiteren Platzgewinnung aufsetzen lassen und dabei Glas und Stahl den Vorzug gegeben. Auf der Fraktionsebene befinden sich die Sitzungssäle der im Bundestag vertretenen Parteien.

Im Inneren des Hauses wurden die vier weiteren Etagen wiederum durch Per Arnoldi farblich unterschiedlich gestaltet. Im Keller des Hauses befindet sich der Verwaltungstrakt, dessen Türen und Rahmen orangegelb sind, auf der Plenarsaalebene herrscht die Farbe blau vor. Auf der von Foster ebenfalls neu eingezogenen Besucherebene befinden sich hinter grün gestrichenen Türen Besprechungs- und Vortragsräume. Hier liegen auch die Zugänge zu den sechs Besuchertribünen im Plenarsaal, die etwas mehr als 400 Besucher fassen. Zwei der sechs Tribünen sind der Presse und eine den Protokollgästen des Bundestages vorbehalten.

Bevor Anfang Juli 1995 die Bauarbeiten beginnen konnten, erhielten der bulgarische Künstler Christo und seine Frau Jeanne-Claude noch die Gelegenheit, den Reichstag in ein silbrig schimmerndes Tuch einhüllen zu lassen. Diese Verhüllungsaktion, für die Christo fast 25 Jahre gekämpft hatte, war eines der friedlichsten und freundlichsten Großereignisse, die je vor dem Reichstag stattgefunden haben.

Am 19. April 1999 wurde – nach etwas mehr als 66 Jahren – das Reichstagsgebäude wieder ständiger Sitz des deutschen Parlaments. Seitdem haben mehr als 3 Millionen Besucher das Haus und die Kuppel besichtigt. Der Umbau des gesamten Hauses ist mit 600 Millionen DM im vorgegebenen Limit geblieben.

Deutscher Bundestag
Paul-Löbe-Haus
Paul-Löbe-Allee

Das Paul-Löbe-Haus liegt nördlich vom Reichstagsgebäude und ist mit diesem durch ein unterirdisches Tunnelsystem verbunden. Auf diese Weise können die Bundestagsabgeordneten, deren Mitarbeiter, aber auch Besucher des Deutschen Bundestages auf schnellstem Wege vom Plenarsaal in die Büros, Sitzungs- und Vortragssäle gelangen. Das Paul-Löbe-Haus gehört außerdem zum ›Band des Bundes‹. Mit diesem Begriff wird das städtebauliche Programm umschrieben, mit dem das Berliner Architekturbüro von Axel Schultes und Charlotte Frank am 18. Februar 1993 den ersten Preis zum Neubau des Planungsgebiets ›Spreebogen‹ gewonnen hatte.

Im Sommer 1994 wurde nach dem städtebaulichen Wettbewerb vom Sommer 1992 in zweiter Stufe ein Architekturwettbewerb zum Neubau des Alsenblocks ausgeschrieben. Der Bürotrakt für den Deutschen Bundestag erhielt zunächst in Anlehnung an das alte, seinerzeit auf gleicher Stelle befindliche Alsenviertel den Namen Alsenblock.

Nach einem vorangegangenen Bewerbungsverfahren nahmen mehr als 50 Architekturbüros an einem beschränkten Realisierungswettbewerb teil. Unter dem Vorsitz des Hamburger Architekten Gerhart Laage wurde am 28. Oktober 1994 das Projekt des Münchener Architekten Stephan Braunfels mit dem ersten Preis ausgezeichnet.

Anfang Oktober 1997 wurde aus den Reihen der Bundestagsverwaltung der Vorschlag eingebracht, die bis dahin nach stadtgeschichtlichen Kriterien benannten drei Neubauten Alsen-, Luisen- und Dorotheenblock nach Politikern zu benennen, die sich im 20. Jahrhundert um die Demokratie verdient gemacht haben. So wurde entschieden, den Alsenblock in Zukunft nach dem sozialdemokratischen Politiker Paul Löbe zu benennen. Löbe gehörte von 1920 bis 1933 nicht nur der Reichstagsfraktion der SPD an, er war auch der letzte demokratisch gewählte und demokratisch gesinnte Reichstagspräsident. In der Nazizeit mehrfach inhaftiert, überlebte er im KZ Groß-Rosen nahe seiner Geburtsstadt Liegnitz in Schlesien. Der Sozialdemokrat gehörte dem Parlamentarischen Rat an und zählt somit zu den Gründungsvätern des Grundgesetzes. Von 1949 bis 1953 stand er dem ersten Deutschen Bundestag als Alterspräsident vor. 1967 starb Löbe im Alter von 92 Jahren.

Das Paul-Löbe-Haus hat ein Ausmaß von einhundert mal zweihundert Metern und ähnelt in seiner Gestaltung einem Doppelkamm. Der Haupteingang zum Bürogebäude des Parla-

Blick auf das Paul-Löbe-Haus, von den Säulensockeln des Reichstagsgebäudes aus gesehen.

Gebäudepass: Paul-Löbe-Haus

1527__der Tiergarten wird kurfürstliches Jagdrevier **1745**__Umwandlung des Jagdreviers in einen Park nach Plänen von Georg Wenzelslaus von Knobelsdorff, der heutige Platz der Republik wird als Exerzierplatz angelegt, im Spreebogen befinden sich Holzplätze **1840**__Umgestaltung des Exerzierplatzes in einen Schmuckplatz nach Plänen von Peter Joseph Lenné (ab 1867: Königsplatz) **1860 bis 1880** Spreebogen wird parzelliert, Errichtung eines herrschaftlichen Wohnviertels in traditioneller Berliner Blockrandbebauung (›Alsenviertel‹) **ab 1937**__Planung einer Nord-Süd-Achse mit 7 km Länge und 120 Meter Breite als eines der Großprojekte zur Umgestaltung Berlins als ›Welthauptstadt Germania‹, Abbruchsbeginn des Alsenviertels zur Vorbereitung der ›Halle des Volkes‹ (Pläne Albert Speer) **1942**__Neubau- und Abbrucharbeiten im Spreebogen werden im Zweiten Weltkrieg eingestellt **1943 bis 1945**__völlige Zerstörung der verbliebenen Bausubstanz durch Bomben **nach 1950**__Abriss fast aller verbliebenen Gebäude und Ruinen **1961**__Mauerbau bringt Spreebogen in eine Stadtrandlage **18.02.1993**__Berliner Büro von Axel Schultes und Charlotte Frank setzt sich mit der Idee eines ›Bandes des Bundes‹ bei einer 23köpfigen Jury aus Architekten und Politikern durch **28.10.1994**__1. Preis des Architekturwettbewerbs zum Neubau des Alsenblocks an den Münchener Architekten Stephan Braunfels **07.10.1997**__Idee aus der Bundestagsverwaltung, den Alsenblock nach dem SPD-Politiker Paul Löbe (1875–1967) zu benennen **1997 bis 2001**__Neubau des 100 x 200 Meter großen Gebäudes mit etwa 900 Büros; Baukosten: 870 Millionen DM, 50.000 qm Hauptnutzfläche (einschließlich Marie-Elisabeth-Lüders-Haus), ca. 900 Büros, 19 Sitzungssäle

ments liegt auf der westlichen Schmalseite unter einem weit herauskragenden Vordach. Von hier aus erschließt sich der über die gesamten sieben Etagen reichende Mittelteil, der mit einem Glasdach gedeckt ist. Gleich am Foyer liegen die Räume des Besucherdienstes beim Deutschen Bundestag. Das Haus verfügt über 19 Ausschusssitzungssäle mit Besuchertribünen, die jeweils in Gruppen zu zwei großen und einem kleinen Sitzungssaal angeordnet sind. Der Ausschuss für Europaangelegenheiten, derzeit einer der insgesamt 23 ständigen Ausschüsse des Deutschen Bundestages, verfügt über einen besonders repräsentativen Sitzungssaal. Am östlichen Ende des Löbe-Hauses bildet er über drei Stockwerke hinweg mit zwei doppelstöckigen Restaurants, von denen man einen wunderbaren Spreeblick genießen kann, eine gläserne Rotunde. Auf den jeweiligen Längsseiten im Norden und Süden sind in acht Trakten, die im Ganzen ein ›U‹ beschreiben, die 550 Büros für die Volksvertreter und deren Mitarbeiter untergebracht. Dazu kommen etwa 450 Büros für die Ausschusssekretariate.

Der Baubeginn am Paul-Löbe-Haus erfolgte im April 1997, die Arbeiten sind im Juli 2001 abgeschlossen. Das Gebäude wird nach den Parlamentsferien im September 2001 erstmals vollständig vom Parlamentsbetrieb genutzt. Die Baukosten einschließlich des benachbarten Lüders-Hauses liegen bei 870 Millionen DM. Es stehen in beiden Häusern 50.000 qm an Büroflächen zur Verfügung.

Teil Eins_Regierungsbauten

Deutscher Bundestag
Marie-Elisabeth-Lüders-Haus
Schiffbauerdamm

Die Standortgeschichte des Marie-Elisabeth-Lüders-Hauses entspricht in den ersten Jahrhunderten in wesentlichen Teilen der Geschichte des heute fast benachbarten Grundstücks der Bundespressekonferenz.

Die nächste Umgebung des Areals war im Zuge der nationalsozialistischen Planungen, Berlin zur ›Welthauptstadt Germania‹ auszubauen, ebenso zum Abbruch vorgesehen wie das benachbarte Alsenviertel oder das Tiergartenviertel am südlichen Tiergartenrand. Die Bauarbeiten zu diesem größenwahnsinnigen städtebaulichen Projekt wurden 1942 eingestellt. Der Umstand, dass sie zu dieser Zeit das nördliche Spreeufer noch nicht erreicht hatten, ließ der aus dem 18. und 19. Jahrhundert stammenden Bebauung noch eine kurze Frist, ehe sie wenige Monate später durch den Bombenkrieg ganz zerstört oder stark beschädigt wurde.

Mit dem 1957 durch den Deutschen Bundestag initierten Ideenwettbewerb zur ›Hauptstadt Berlin‹, der auch den sowjetischen Sektor als Planungsgebiet miteinbezog, sollte die im gesamten weniger stark zertrümmerte Friedrich-Wilhelm(s)-Stadt weitgehend einem Autobahnverteiler weichen. Schon vier Jahre später, am 13. August 1961, holte der Mauerbau die Planer in die Realität zurück. Das Areal verwandelte sich in ein Sperr- und Grenzgebiet zwischen Ost- und West. Hier durchschnitt der insgesamt 41 km lange Bau, der quer durch Berlin verlief, dessen Zentrum.

Wenige Wochen nach dem Fall der Mauer gestaltete der amerikanische Künstler Ben Wargin einen Teil der Mauerreste um, die sich inmitten eines völlig verwahrlosten und verödeten Stadtgebiets befanden. Er schuf das ›Parlament der Bäume‹, indem er vor die Mauerreste Bäume pflanzen ließ und die Mauersegmente als eine Art Kalender mit den Jahreszahlen von 1961 bis 1989 versah. Die Kunstinstallation wird in das neue Gebäude der Parlamentsbibliothek integriert und den Spruch von Gorbatschow tragen: ›Wer zu spät kommt, den bestraft das Leben‹.

Schon bald stellte sich heraus, dass das Grundstück des Löbe-Hauses zur Aufnahme der 1.700 Büroräume zu klein sein würde, so dass mit dem unter Fachleuten auch ›Spreesprung‹ genannten Kunstgriff das Paul-Löbe-Haus nach Osten bis auf das rechte Spreeufer verlängert wurde. Damit berührt das nach den Plänen von Schultes entwickelte ›Band des Bundes‹ doch noch das alte Ost-Berlin.

Ben Wargins ›Parlament der Bäume‹, ein Denkmal für die an der Berliner Mauer erschossenen Flüchtlinge.

Gebäudepass: Marie-Elisabeth-Lüders-Haus

1655__das Grundstück gelangt in den Besitz des Großen Kurfürsten **1696**__Verlegung des Schiffsbauhofes an den Kupfergraben auf das linke Spreeufer, der Schiffbauerdamm erhält durch ihn seinen Namen **1874**__Reithalle und Remise für Kutschen, ein sogenannter ›Tattersall‹, eröffnet am Schiffbauerdamm 28 **1888 bis 1890**__Erweiterung der ›Tattersalls‹ bis zur Luisenstraße nach Plänen von Blumenberg & Schneider **1906/07**__Errichtung des Komödienhauses am Schiffbauerdamm 25, im Amüsierviertel des Bahnhofs Friedrichstraße **ab 1937**__Planung der Nationalsozialisten, Berlin zur ›Welthauptstadt Germania‹ umzubauen, Abriss der gesamten Umgebung anvisiert, 1942 Vorhaben eingestellt **1943 bis 1945**__Verwüstungen in der Friedrich-Wilhelms-Stadt in Folge der Luftangriffe auf Berlin, Zerstörung des Komödienhauses und großer Teile des ›Tattersalls‹, Abbruch der kriegsbeschädigten Gebäude nach 1945 **1957**__›Ideenwettbewerb zur Hauptstadt Berlin‹, initiiert vom Deutschen Bundestag, sieht in der näheren Umgebung einen Straßenverteiler vor **1961**__durch Mauerbau wird die völlig abgeräumte Umgebung Grenz- und Sperrgebiet und verödet **1994**__nach Mauerfall, Wiedervereinigung und Hauptstadtbeschluss Planungen zum Marie-Elisabeth-Lüders-Haus als Verlängerung zum Paul-Löbe-Haus nach Plänen des Münchener Architekten Stephan Braunfels **1997**__Umbenennung des ursprünglich als ›Luisenblock‹ projektierten Neubaus in Marie-Elisabeth-Lüders-Haus **1997 bis 2001**__Bauausführung, mit dem Paul-Löbe-Haus ingesamt 50.000 qm Hauptnutzfläche; Baukosten: 870 Millionen DM **Ende 2001**__voraussichtliche Eröffnung

Seinen Namen erhielt dieser Parlamentsneubau nach der liberalen Politikerin Marie-Elisabeth Lüders. Die 1878 in Berlin geborene Politikerin gehörte für die Deutsche Demokratische Partei von 1919 bis 1932 der Weimarer Nationalversammlung an und wurde noch 1933 inhaftiert. Von 1949 bis 1961 saß sie dann für die FDP im Deutschen Bundestag, dessen Alterspräsidentin sie von 1953 bis zu ihrem Ausscheiden 1961 war. Frau Lüders starb 1966 im Alter von 88 Jahren.

Im Lüders-Haus befindet sich nicht nur die weltweit drittgrößte Parlamentsbibliothek mit Foyer, Katalog- und Leseraum, sondern auch der Wissenschaftliche Dienst, die Pressedokumentation und das Archiv des Bundestages. Das Gebäude ist durch seine herauskragenden Flachdächer visuell mit dem Paul-Löbe-Haus verbunden, der Zugang erfolgt über zwei Fußgängerüberführungen, von denen die untere öffentlich und die obere den Abgeordneten vorbehalten ist. Beide Häuser erhalten eine Fassade aus Sichtbeton.

Der Bau am Marie-Elisabeth-Lüders begann im April 1997, die Arbeiten sind Ende 2001 abgeschlossen. Die Baukosten liegen einschließlich des benachbarten Löbe-Hauses bei 870 Millionen DM. In beiden Häusern stehen 50.000 qm an Büroflächen zur Verfügung.

Deutscher Bundestag
Jakob-Kaiser-Haus
Dorotheenstraße

Das Jakob-Kaiser-Haus, auf dessen Grundstück früher unter anderem das Französische Gymnasium stand, bietet unter den Neubauten für den Deutschen Bundestag in nächster Umgebung des Reichstagsgebäudes die größte architektonische Vielfalt. Insgesamt fünf Architekturbüros wurden beauftragt, den nordwestlichen Teil der barocken Neustadt, die nach der vorletzten brandenburgischen Kurfürstin Dorothea benannte Dorotheenstadt, mit einer neuen Nutzung zu versehen. Dabei werden einige wenige Altbauten, die von herausragender stadt- und baugeschichtlicher Qualität sind, in das gesamte Bauunternehmen eingegliedert.

Im Einzelnen handelt es sich hierbei um das ehemalige Reichstagspräsidentenpalais, den heutigen Sitz der Parlamentarischen Gesellschaft in der Ebertstraße 30/31 und das ehemalige Wohn- und Geschäftshaus für die Hypothekenbank in der Dorotheenstraße 105, die im vorliegenden Band jeweils mit eigenen Artikeln vorgestellt werden. Teil des Ensembles ist ferner das ehemalige Haus des Vereins der Ingenieure in der Ebertstraße 27, welches entkernt und mit einem verglasten Sitzungssaal versehen wurde.

Das Jakob-Kaiser-Haus trägt den Namen des 1888 in Hammelburg/Franken geborenen Politikers, der ebenso wie Löbe und Lüders Ehrenbürger der Stadt Berlin ist. Kaiser war von März bis November 1933 für die Zentrumspartei Mitglied des Reichstags. Als Gegner der Nationalsozialisten geriet er 1938 in Haft. Im Juni 1946 gründete Kaiser die CDU in der Sowjetzone und saß – wie Löbe – im Parlamentarischen Rat, der am 8. Mai 1949 das Grundgesetz verabschiedete. Im Kabinett Adenauer wurde der CDU-Politiker erster Minister für gesamtdeutsche Fragen.

Der dem heutigen Haus der Parlamentarischen Gesellschaft direkt benachbarte und dem Reichstagsgebäude unmittelbar gegenüberliegende Gebäudetrakt stammt von Peter Schweger. Das mit einer grau-grünen Werksteinfassade verkleidete Bürogebäude beherbergt die Büros der Bundestagsvizepräsidenten. Jede der im Deutschen Bundestag vertretenen Fraktionen entsendet jeweils einen Abgeordneten in das Präsidium, das den Bundestagspräsidenten bei seinen Aufgaben unterstützt. Die hohen Kastenfenster und die insgesamt zurückhaltende Fassade entsprechen den seit fast zehn Jahren gültigen strengen Bauregeln, die in der Innenstadt bei Neubauten im Allgemeinen nur natur- oder werksteinverkleidete Fassaden zulassen.

Das Eckgebäude zur Ebertstraße ist eines der letzten historischen Geschäftshäuser in unmittelbarer Nähe zum Reichstagsgebäude.

Der gleichfalls an der Ebertstraße gelegene zweite Neubautrakt, der das ehemalige Vereinshaus der Ingenieure umschließt, das später auch als ›Kammer der Technik‹ bezeichnet wurde, entstand nach Entwürfen des Amsterdamer Architektenbüros Cie und Piet de Bruijn. De Bruijn, der sich im Wettbewerb zur Umgestaltung des Reichstagsgebäudes gegen seinen Konkurrenten Norman Foster nicht hatte durchsetzen können, gestaltete eine Fassade, die im Unter- und Erdgeschoss mit dunklem Naturstein abgesetzt ist. Ab dem ersten Obergeschoss werden die Büros durch raumhohe Fenster belichtet, an der Seite zur Dorotheenstraße ist eine Glasfassade vorgehängt.

Die mittleren Bauten des gesamten Projekts, die nördlich und südlich in der Dorotheenstraße liegen, stammen vom Kölner Architekturbüro Busmann & Haberer. Sie weisen, wie die Nachbartrakte von Gerkan, Marg und Partner auch, transparente Kopfbauten zur Spreeseite auf, in denen die Sitzungssäle für die Untersuchungsausschüsse und Enquetekommissionen liegen. Eine Glaswand, die den Kopfbauten vorgesetzt ist, unterstreicht den besonderen Sicherheitsaspekt, da gerade diejenigen Sitzungssäle, in denen Entscheidungen von äußerster politischer Brisanz getroffen werden, die geschützte Mitte des gesamten Bauprojekts einnehmen.

Schließlich folgen am östlichen Ende des Jakob-Kaiser-Hauses auf beiden Seiten der Dorotheenstraße die Torbauten, die jeweils an der Straßeneinmündung zur Wilhelmstraße stehen. Vom Haupteingang führt der Weg durch ein Foyer, das über sechs Etagen reicht, zu einer der beiden Fußgängerbrücken, die als Übergänge im sechsten Stockwerk die Nord- und Südtrakte des Kaiser-Hauses oberhalb der Dorotheenstraße verbinden. Diese von Gerkan, Marg und Partner entworfenen Kopfbauten mit eingebauten raumhohen Fenstern enthalten bepflanzte Höfe.

Die Hauptnutzfläche aller Gebäude zusammen beträgt 52.000 qm. Den Abgeordneten und der Verwaltung des Deutschen Bundestages stehen dabei etwa 2.000 Büroräume zur Verfügung. Der Baubeginn war im Herbst 1996, der Bezug der Bürogebäude ist auf den 1. Juli 2001 festgesetzt.

Gebäudepass: Jakob-Kaiser-Haus
1674__Gründung der Dorotheenstadt **1734 bis 1738**__Erweiterung der Dorotheenstadt nach Westen; das heutige Grundstück war Teil des rückwärtigen Gartens Pariser Platz Nr. 6 **1847**__Teilung des Grundstücks Pariser Platz Nr. 6 in verschiedene Einzelparzellen **ab 1859**__Ausbau der Casernenstraße mit herrschaftlichen Wohnhäusern **13.10.1873**__Schulneubau für das 1689 gegründete Französische Gymnasium, Reichstagufer 6, in direkter Nachbarschaft zum ehemaligen Reichstagspräsidentenpalais **1943 bis 1945**__Bombenschäden im Zweiten Weltkrieg, Zerstörung des Französischen Gymnasiums **1961**__Grenzlage durch Mauerbau, nur wenige Altbauten bleiben stehen **1995**__der Deutsche Bundestag beschließt im Zusammenhang mit dem Parlaments- und Regierungsumzug, zwischen Reichstagufer, Wilhelm- und Ebertstraße sowie nördlich des Pariser Platzes den Bau der Dorotheenblöcke, ab 1997: Jakob-Kaiser-Haus; fünf Architektenbüros bilden Arbeitsgemeinschaft; 52.000 qm Hauptnutzfläche, 2.000 Büros, Baukosten incl. Altbauten: 887 Millionen DM **1996 bis 2001**__Bau **01.07.2001**__Einweihung des Parlamentsneubaus

Teil Eins__Regierungsbauten

Deutscher Bundestag
Haus der Deutschen Parlamentarischen Gesellschaft
Ebertstraße 30 – 31

Nach dem Umzugsbeschluss des Deutschen Bundestages wurde für das Parlament ein Raumbedarf von ca. 150.000 qm festgestellt. Da das Reichstagsgebäude aber nur über weniger als 10% dieser Fläche verfügte, wurde bald klar, dass in unmittelbarer Umgebung weitere Gebäude für die Parlamentarier, ihre Mitarbeiter und die Bediensteten des Deutschen Bundestag gebaut werden mussten. Nur wenige historische Gebäude hatten in direkter Nachbarschaft die Abrisswelle von 1938, den Zweiten Weltkrieg und auch die nachfolgende Zeit der Teilung Berlins überstanden. Dazu zählte auch das ehemalige Reichstagspräsidentenpalais in der Ebertstraße.

Nach dem Bau des gegenüberliegenden Reichstagsgebäudes hatte man Paul Wallot beauftragt, ein Gebäude als Amtssitz und Wohnhaus sowohl für den Reichstagspräsidenten als auch für den Direktor beim Deutschen Reichstag zu errichten. Das Gebäude mit L-förmigem Grundriss, das 1904 auf dem alten Militärgelände fertiggestellt wurde, hatte seine Schauseite mit Tempelmotiv zur Spree. Eine (immer noch bestehende) repräsentative Freitreppe führte vom östlichen Festsaal in den privaten Garten zur Spree hinunter. Der Straßeneingang gegenüber dem Kaiserportal des Reichstagsgebäudes fiel hingegen betont schlicht aus. Insgesamt folgt das Haus noch sehr der Formensprache der Neorenaissance mit Anlehnung an traditionelle süddeutsche Architekturdetails. Beispielhaft dafür ist der Holzerker im Innenhof.

Bis 1933 diente das Gebäude dem jeweiligen Reichstagspräsidenten als Dienstsitz. Göring wollte diese Dienstwohnung jedoch nicht mehr nutzen, und das Haus verwaiste. Vermutlich sind von hier aus die Brandstifter durch einen seit 1916 vorhandenen Akten- und Heizungstunnel in den Plenarsaal gelangt, die den Reichstag in der Nacht vom 27. auf den 28. Februar 1933 angezündet haben. Im III. Reich wurde das Haus als Außenstelle der Parlamentsbibliothek genutzt.

Der Flügel zur Spree wurde im Zweiten Weltkrieg völlig zerstört, auch der alte Kaisersaal war durch einen Bombenvolltreffer verloren gegangen. Dennoch war das Haus für Berliner Verhältnisse erstaunlich gut über die Zeit gekommen. Der seit 1928 amtierende Parlamentsdirektor Eugen Fischer-Baling, dessen historische Bücher unter den Nazis verboten waren, richtete bereits im Juni 1945 wieder eine erste Handbibliothek im alten Palais ein, da er überzeugt war, dass der Reichstag wieder Sitz des deutschen Parlaments werde.

1904 wurde das heutige Haus der Parlamentarischen Gesellschaft von Paul Wallot, dem Architekten des Reichstagsgebäudes, errichtet. Das ehemalige Reichstagspräsidentenpalais entsprach der zeitgenössischen Architekturauffassung einer herrschaftlichen Villa.

Nach der Gründung der DDR zog hier jedoch das Institut für Marxismus-Leninismus ein, das 1960 der ›VEB Schallplatte‹ ablöste. Die bis dahin noch vorhandene Jugendstileinrichtung wurde nun vollends ruiniert. Der Gartensaal mit Blick zur Spree wurde vollständig vermauert, noch ehe das Gebäude 1961 in den Schatten der Berliner Mauer geriet. Die während der Teilung Berlins immer wieder aufkommenden Gerüchte, die Schallplattenproduktion diene nur als Vorwand, um die Gespräche des nun im Westen gelegenen Reichstagsgebäudes abzuhören, haben sich nicht bestätigt.

Nach 1990 erfuhr das Haus eine erneute Umnutzung. Die jetzt in ›Deutsche Schallplatten GmbH‹ umbenannte Firma hatte vom Bund im Jahre 1992 ein Ersatzgebäude in der Frankfurter Allee und eine Ausgleichszahlung erhalten, um das historisch bedeutende Gebäude für die deutsche Volksvertretung nutzen zu können. Die damalige Präsidentin des Deutschen Bundestages, Rita Süssmuth, zog es jedoch vor, ihre Amtsräume im Reichstagsgebäude einrichten zu lassen, so dass das Gebäude als Haus der ›Deutschen Parlamentarischen Gesellschaft Verwendung‹ fand. Der Kölner Architekt Thomas van den Valentyn, der unter anderem die Pläne zum Neubau für die Konrad-Adenauer-Stiftung in der Tiergartenstraße entworfen hatte, wurde mit dem Umbau des kleinen Wallot-Baus betraut.

Der alte Grundriss ist dabei beibehalten worden. Die Raumfluchten fungieren als Club-, Speise- und Restaurantsäle und tragen die Namen der einzelnen Bundesländer. Der alte Kaisersaal, der u.a. für protokollarische Zwecke des Bundestages genutzt wird, wurde als Kernstück des Hauses renoviert. Im Erdgeschoss ist nahezu das gesamte Vestibül erhalten, in der hier befindlichen ehemaligen Direktorenwohnung konnte man einige originale Türen und Stuckdecken konservieren.

Die Fertigstellung des Gebäudes mit seinen 1.700 qm Hauptnutzfläche erfolgte im Frühjahr 1999. Der Umbau kostete 40 Millionen DM. Möglicherweise wird die alte Schieferdachkonstruktion zu späterer Zeit wieder hergestellt.

Gebäudepass: Haus der Deutschen Parlamentarischen Gesellschaft
1674__Gründung der Dorotheenstadt **1734 bis 37**__Erweiterung der Dorotheenstadt nach Westen, das heutige Grundstück war ein Teil des rückwärtigen Gartens Pariser Platz Nr. 6 **1846**__Teilung des Grundstücks Pariser Platz Nr. 6 in verschiedene Einzelparzellen **ab 1859**__Ausbau der Casernenstraße mit hochherrschaftlichen Wohnhäusern **1866**__Abriss der alten Akzisemauer **1897 bis 1904**__Bau des Reichstagspräsidentenpalais nach den Plänen von Paul Wallot **1904 bis 1933**__Sitz des Reichstagspräsidenten **1933 bis 1949**__Parlamentsbibliothek, Außenstelle zum Reichstag **1943 bis 1945**__Bombenschäden im Zweiten Weltkrieg **1949 bis 1960**__Institut für Marxismus-Leninismus **1960 bis 1989**__VEB Schallplatte **1997 bis 1999**__Wiederherstellung des Palais nach den Plänen von Thomas van den Valentyn, Köln; Baukosten: 40 Millionen DM

Teil Eins__Regierungsbauten

Deutscher Bundestag
Schadowstraße 10 – 11

Eine Reihe der Liegenschaften, die der Deutsche Bundestag für seine Parlaments- und Verwaltungsarbeit benötigt, liegen in der Dorotheenstadt, der zweiten barocken Stadterweiterung nach Westen. Zu den kunsthistorisch und stadtgeschichtlich bedeutendsten Gebäuden Berlins zählt das Wohnhaus des Bildhauers Johann Gottfried Schadow in der nach ihm benannten Schadowstraße 10 – 11. Schadow schuf unter anderem die Quadriga auf dem Brandenburger Tor.

Bis in das erste Drittel des 18. Jahrhunderts bildete die Schadowstraße, die bis 1822 den Namen Kleine Wallstraße trug, die westliche Grenze der preußischen Residenz. Dahinter begann bereits der Tiergarten.

Seit 1837 befand sich das preußische Innenministerium im Wohnhaus Unter den Linden 73 (heute: Teil der Polnischen Botschaft). Im Verlauf des 19. Jahrhunderts kaufte man in der nächsten Umgebung Grundstücke und Wohnhäuser hinzu, um das Ministerium zu erweitern. Schadow selbst war seit dem 19. Februar 1802 Besitzer des Grundstücks in der damaligen Kleinen Wallstraße. Das ursprünglich zweigeschossige Wohnhaus wurde 1805 errichtet und trägt bis heute einen Fassadenschmuck des Künstlers. Derzeit befinden sich die Reliefs in Restaurierung. 1851, nach dem Tod Schadows, ließ dessen Sohn Felix, der von Beruf Historienmaler war, das Haus um eine Etage aufstocken, im Hof wurden zwei Seitenflügel gebaut. 1861 gelangte das Haus dann in die Hände des Bankiers Felix Alexander Oppenheim, der es 1898 weitervererbte. Schon ein Jahr später verkaufte es der Bankier Benoit Oppenheim an den preußischen Fiskus.

Das Schadowhaus diente der Behörde als Wohngebäude und wurde 1902 mit dem Hauptgebäude Unter den Linden 72 – 73 baulich verbunden. Hinter den beiden Seitenflügeln von 1851 entstand ein Verbindungsbau. Im Schadowhaus fand jetzt die Bibliothek des Ministeriums ihren Sitz, die zur Jahrhundertwende bereits auf 140.000 Bände angewachsen war. 1910 wurden durch die ständige Raumnot weitere Umbauten auf dem gesamten Gelände und auch im Schadowhaus notwendig, der Erste Weltkrieg unterbrach jedoch alle weiteren Bauvorhaben. Das Vorderhaus überstand den Krieg relativ unbeschadet, die hinteren, später angefügten Hofgebäude wurden indessen zerstört. Bis 1959 wurde das Gebäude wieder aufgebaut und steht nun dem Deutschen Bundestag zur Verfügung.

> Eines der letzten Kleinode aus der Zeit vor der Reichsgründung 1871, das es heute in der Berliner Stadtmitte noch gibt, ist das Schadowhaus in der kleinen Seitenstrasse der ›Linden‹.

Gebäudepass: Schadowhaus

1674__Gründung der Dorotheenstadt, Kleine Wallstraße wird zur Westgrenze Berlins **1805**__Bau eines zweigeschossigen Wohnhauses für den Künstler und Bildhauer Johann Gottfried Schadow **1822**__Umbenennung der Kleinen Wallstraße in Schadowstraße **1837**__das preußische Ministerium des Innern siedelt sich in der Nachbarschaft Unter den Linden 73 an **1851**__nach dem Tod Schadows lässt dessen Sohn Felix das Haus um eine Etage aufstocken **1861 bis 1898**__Besitz der Bankiersfamilie Oppenheim **1898**__Verkauf an den preußischen Fiskus **1902**__bauliche Verbindung zum benachbarten preußischen Ministerium des Innern, Nutzung als Ministerialbibliothek bis 1945 **1943 bis 1945**__Beschädigungen im Zweiten Weltkrieg **1959**__Wiederherstellung des Gebäudes **2001**__Nutzung durch den Deutschen Bundestag vorgesehen

*Teil Eins*__Regierungsbauten

Deutscher Bundestag
Dorotheenstraße 93

Als 1674 die Dorotheenstadt gegründet wurde, gehörte das heutige Grundstück Dorotheenstraße 93 noch zum Tiergarten. Erst nach der Erweiterung der zweiten barocken Neustadt nach Westen bildete es mit der nächsten Umgebung den Westrand der preußischen Hauptstadt. Von 1736 bis 1818 war das Grundstück Teil des Pontonhofes, der als militärische Einrichtung von Friedrich Wilhelm I. Unter den Linden angelegt worden war. 1818 ließ Prinz August von Preußen den Neubau der Ingenieur- und Artillerieschule errichten. Die Grundsteinlegung zu Karl Friedrich Schinkels Werk fand am 31. Mai 1822 statt, ein Jahr später war das Haus fertig. 1838 zog im Nachbarhaus Unter den Linden 37 das preußische Ministerium des Innern ein.

Die Lindengrundstücke reichten im Norden bis an die Dorotheenstraße heran, die bis zum Beginn des 19. Jahrhunderts auf diesem Abschnitt kaum besiedelt war. Erst mit der Verlängerung der Wilhelmstraße von den ›Linden‹ bis über die Spree hinaus entwickelte sich ein bescheidener Wohnungsbau inmitten der benachbarten Artilleriewerkstätten.

1822 wurde mit der Umbenennung der ursprünglich Letzten Straße in Dorotheenstraße eine Bebauung ins Auge gefasst. Von 1826 bis 1835 entstanden auf den Grundstücken Dorotheenstraße 31d bis 31g vier drei- und viergeschossige Wohnhäuser mit Hofgebäuden, die 1936 wieder abgerissen wurden.

Dem Abriss der Wohngebäude war die unter den Nationalsozialisten vollzogene Verschmelzung des Reichsministeriums des Innern mit dem preußischen Innenministerium vorausgegangen. Die Zusammenlegung dieser beiden Ministerien hatte zur Folge, dass der Standort Unter den Linden zu klein wurde und eine bauliche Expansion notwendig machte. 1936 wurden die vier Grundstücke in der Dorotheenstraße, die sich bereits seit 1906 in Händen des preußischen Staates befanden, mit dem Grundstück Unter den Linden 72/73 vereinigt und dem Deutschen Reich übertragen.

Die Gesamtplanung führte die Hochbauabteilung des preußischen Finanzministeriums unter Leitung von Konrad Nonn durch, der die Architektur Schinkels als Vorbild diente. Mit seinen wuchtigen Maßstäben hatte der bemühte Klassizismus des III. Reichs allerdings nur noch wenig mit der zurückgenommenen Gestaltung der Schinkelzeit gemein.

Das neue Gebäude erhielt die Form einer Dreiflügelanlage, deren Ehrenhof für einen Erweiterungsbau zunächst nicht unbedingt notwendig erscheint. Auf dem westlichen Nachbar-

Inmitten des Regierungs- und Parlamentsviertels liegt der letzte Erweiterungsbau für das ehemalige Reichsministerium des Innern. Das im Zweiten Weltkrieg wenig beschädigte Gebäude dient heute der Verwaltung des Deutschen Bundestages.

grundstück mit der Ecke zur Wilhelmstraße stand zu dieser Zeit jedoch die von 1879–83 unter maßgeblicher Beteiligung von Franz Schwechten entworfene Kriegsakademie, die nach starken Zerstörungen im Zweiten Weltkrieg erst nach 1960 abgerissen und durch den jetzigen Plattenbau ersetzt wurde. Das viergeschossige Gebäude hatte – auch nach außen sichtbar – eine Raumhöhe von bis zu 11,30 Metern. Somit hätte der Neubau des III. Reichs mit seinen zurückgesetzten Etagenhöhen das Gesamtbild empfindlich gestört. Man wollte hinter der Repräsentationsarchitektur der Kaiserzeit nicht zurückbleiben.

So entstand unter dem Vorwand, einen Vorplatz für den Kraftwagenverkehr zu schaffen, eine Dreiflügelanlage, deren Sockel und Hauptportal aus scharriertem Muschelkalk und deren Fenstergewände aus Plagwitzer Kunststein gefertigt waren. Die neuen Gebäude gruppierten sich jetzt um zwei Höfe, die senkrecht zur Achse Unter den Linden angelegt wurden.

Nach 1949 diente das im Krieg kaum beschädigte Gebäude zunächst der Deutschen Justizverwaltung in der SBZ, anschließend zog hier das Justizministerium der DDR ein. Der Versammlungsraum wurde 1964 in einen Richtersaal umgestaltet. Hier arbeitete auch die berüchtigte Justizministerin Hilde Benjamin, die sich durch einige Schauprozesse in den 50er Jahren zweifelhaften Ruhm erwarb. Bis 1989 befand sich im Haus eine als ›Komitee der Arbeiter- und Bauern-Inspektion‹ bezeichnete Dienststelle.

Nach dem Zusammenbruch der DDR wurde das Haus zur Berliner Außenstelle des Bundesjustizministeriums, ehe es 1998/99 durch das Bundesbauamt III und das Büro Schlenkhoff Architekten eine neue Innengestaltung für den Bundestag erhielt. Vor allem die Treppenanlagen sind teilweise verändert worden. Über den Türen haben sich einige mäanderartige Schmuckelemente erhalten, die mit ihrem Swastika-Motiv sehr an die Hakenkreuze der NS-Zeit erinnern. Die Denkmalpflege stimmte auch für den Erhalt der heute verblassten und nicht wieder vergoldeten Hakenkreuze als sichtbare Zeichen einer vergangenen deutschen Bauepoche – eine Entscheidung, die nicht überall Zustimmung fand.

Gebäudepass: Dorotheenstraße 93
1734 bis 1737__Erweiterung der 1674 gegründeten Dorotheenstadt **1735**__Anlegung des Pontonhofes Unter den Linden 74 zur Lagerung von Schiffsbrücken und Nutzholz **1818**__Aufhebung des Pontonhofes **1826 bis 1835**__Bebauung des heutigen Grundstücks mit vier drei- bis viergeschossigen Miethäusern **1936**__Abbruch der Gebäude **1938**__Erweiterungsbau für das Reichsministerium des Innern durch dieHochbauverwaltung des preußischen Finanzministeriums unter Leitung von Konrad Nonn **1949**__Deutsche Justizverwaltung in der SBZ, anschließend Justizministerium der DDR **1964/65**__Umbau des Versammlungssaals im Erdgeschoss zum Richtersaal **1990**__Bundesministerium der Justiz, Außenstelle Berlin **1998/99**__Renovierung des Inneren für die Verwaltung des Deutschen Bundestages

Teil Eins_Regierungsbauten

Deutscher Bundestag
Dorotheenstraße 105

Das ehemalige Wohnhaus und Bankgebäude Dorotheenstraße 105 ist eines der letzten historischen Gebäude in der nächsten Umgebung des Reichstagsgebäudes und wird als denkmalgeschützter Altbau in das neue Projekt, das Jakob-Kaiser-Haus, integriert. Die Büros werden von den Abgeordneten und Fraktionen des Deutschen Bundestages ab Juni 2001 genutzt.

Der Soldatenkönig Friedrich Wilhelm I. ließ ab 1734 zur Verschönerung der preußischen Residenz die barocken Neustädte – die Friedrich- und die Dorotheenstadt – nach Westen verlängern. Entlang der neuen westlichen Grenze entstanden nach dem Vorbild der Pariser Platzanlagen das Rondell im Süden (heute: Mehringplatz in Kreuzberg), das Oktogon (Leipziger Platz) und das Quarré (Pariser Platz). Auf dem seit 1815 Pariser Platz genannten Areal waren in den 1730er Jahren eine Reihe von architektonisch interessanten Adelspalais entstanden. Das Palais Nr. 6 bewohnte nach seiner Fertigstellung 1737 der Geheime Rat und Stadtpräsident von Neuendorf. Das Grundstück reichte mit seinem großen Garten entlang der heutigen Ebertstraße bis an die Spree und umfasste auch das Gelände des heutigen Hauses der Deutschen Parlamentarischen Gesellschaft im ehemaligen Reichstagspräsidentenpalais.

Im Jahr 1842 erwarb der Stadtrat und Zimmermeister Carl August Sommer das Grundstück barocken Zuschnitts und ließ 1846 das spätere Grundstück Nr. 7 abtrennen, das daraufhin die Eltern von Max Liebermann erwarben. 1850 wurde das größere Restgrundstück am Pariser Platz noch einmal geteilt. Trotz der allgemeinen Berliner Baukrise in den 1850er Jahren ließ Sommer den rückwärtigen Garten parzellieren und zwischen 1853 und 1857 – nacheinander von der Ecke der heutigen Ebertstraße bis zum heute letzten Haus dieses Ensembles – mit zumeist viergeschossigen Wohnhäusern in einer geschlossenen Bauweise bebauen.

Das Bauvorhaben war durch den 1844 erfolgten Durchbruch der Dorotheenstraße nach Westen ermöglicht worden. Die Pläne für die neuen Häuser am Pariser Platz und in der Dorotheenstraße lieferte der Schinkelschüler August Stüler. Das ganze Bauensemble entsprach dem Geist der späten Schinkelschule und zeigte deutliche Formen des Spätklassizismus.

Die zumeist hochherrschaftlichen Wohnungen wurden vornehmlich von hohen Militärs, Mitgliedern des Adels und des gehobenen Bürgertums bewohnt. 1870 kam das Haus in den Besitz des Bankier Alexanders, kurz darauf entstand im Erdgeschoss eine Bankfiliale. Anschließend wurde das Gebäude von der Deutschen Hypothekenbank AG gekauft und genutzt.

Das in Folge der großen Zerstörungen im Zweiten Weltkrieg für viele Jahre freistehende alte Wohn- und Geschäftshaus in der Dorotheenstraße 105 wurde in das Jakob-Kaiser-Haus integriert.

Gebäudepass: Dorotheenstraße 105

1734 bis 1737__Erweiterung der 1674 angelegten Dorotheenstadt nach Westen **1734**__das Palais am Quarré (später Pariser Platz 6) wird für den Geheimen Rat und Stadtkommandanten von Neuendorf errichtet, der große Garten reicht bis an die Spree **1842**__der Stadtrat und Zimmermeister Carl August Sommer kauft das barocke Anwesen **1843**__Durchbruch der Dorotheenstraße nach Westen **1846 bis 1850**__Teilung des Grundstücks Pariser Platz in drei Parzellen zur Platzseite (Nr. 7, 6a und 5a/6) **1853 bis 1857**__Bebauung des ebenfalls parzellierten, rückwärtigen Gartens mit fünf meist viergeschossigen Wohngebäuden **1870**__Kauf der heutigen Nr. 105 durch den Bankier Alexander, Einrichtung einer Bankfiliale **1910**__Verkauf an die Deutsche Hypothekenbank AG, Umbau der Wohnungen zu Bankräumen, Anbau eines massiven Quergebäudes **1947 bis 1950**__Beseitigung der Kriegsschäden **1994**__Einbindung des Hauses in das Projekt der Dorotheenblöcke, seit 1997: Jakob-Kaiser-Haus **2001**__Bezug des Hauses durch die Abgeordneten und Fraktionen des Deutschen Bundestages

Dafür hatte man das Innere bereits umgestaltet und etwa in den Berliner Zimmern Tresore eingebaut, die erst nach 1990 wieder entfernt worden sind. Die wesentliche Veränderung brachte aber der Neubau eines massiven Quergebäudes, welches das Vorderhaus an Volumen übertraf und die innere Raumordnung entscheidend veränderte.

Obwohl dieser Teil der Berliner Innenstadt eigentlich nicht zum Bankenzentrum Berlins zählte, verblieb die Bank bis zum Beginn des Dritten Reichs in der Dorotheenstraße. Die im 19. Jahrhundert östlich vom Gebäude errichteten Wohnhäuser waren für den Berliner Sitz der IG Farben, der räumlich an den Pariser Platz anstoßen sollte, bereits vor dem Zweiten Weltkrieg abgerissen worden.

Das Haus Dorotheenstraße 105 überstand den Bombenkrieg mit einigen Beschädigungen. Es wurde zwischen 1947 und 1950 wieder hergerichtet und um zwei Geschosse aufgestockt. Das Gebäude hatte ursprünglich eine Kalkgipsputzfassade, ein typisches Gestaltungselement des spätklassizistischen Wohnungsbaus, die nach dem Zweiten Weltkrieg durch einen sehr nüchternen grauen Feinputz ersetzt wurde. Das oberste, nach dem Zweiten Weltkrieg aufgesetzte Geschoss folgt wiederum der Gestaltung des Erdgeschosses, so dass sich dem Betrachter ein harmonisches und einheitliches Bild bietet. Die ursprüngliche Putzfassade aus der Erbauungszeit wurde bis zum Frühjahr 2001 rekonstruiert. Die Tordurchfahrt des siebenachsigen Hauses entspricht in ihrer Gestaltung noch der Erbauungszeit, wenn gleich das Portal selbst später verändert worden ist.

Teil Eins__Regierungsbauten

Deutscher Bundestag
Unter den Linden 50

In der Straße Unter den Linden befindet sich, etwa 500 Meter vom Brandenburger Tor entfernt, ein zweites großes Bürogebäude, das für den Deutschen Bundestag umgebaut wurde. Es handelt sich dabei um das ehemalige Ministerium für Außenwirtschaft der DDR, das 1965 nach einem Entwurf von Erich Leibold errichtet worden ist.

Das heutige Gebäude nimmt den gesamten Straßenblock zwischen der Neustädtischen Kirchstraße und den ›Linden‹ ein. Dieses Geviert gehörte zum Kerngebiet der 1674 angelegten Dorotheenstadt, die an dieser Stelle unmittelbar parzelliert und mit einfachen Wohnhäusern bebaut wurde, in denen vor allem die aus Frankreich geflüchteten Protestanten, die Hugenotten, eine dauerhafte Zuflucht fanden. Die Parzellierung des Baublocks entsprach noch bis zum Neubau des DDR-Ministeriums in den 1960er Jahren der fast 300 Jahre alten barocken Grundstückseinteilung.

Schon in der Regierungszeit Friedrich II. wurde die Erstbebauung aus dem späten 17. Jahrhundert, über die sich in den Berliner Archiven kaum etwas findet, durch ein groß angelegtes Bauprogramm entfernt. Zur Straße Unter den Linden entstanden im Rahmen des Immediatbauprogramms repräsentative viergeschossige Wohnhäuser, in denen nach 1800 im Erdgeschossbereich viele Geschäftslokale eingerichtet wurden.

In den Jahren vor der Reichsgründung erlebte Berlin einen regelrechten Bauboom. Von 1860 bis 1865 wurden fast alle Gebäude der bis 1937 vorhandenen 18 Einzelgrundstücke durch Neubauten in der typischen Berliner Mietshausart ersetzt. Acht der 18 Grundstücke wurden von 1934 bis 1939 zum Bau der Nord-Süd-Bahn vollständig abgeräumt. Die S-Bahn führt zwischen den Bahnhöfen Unter den Linden und Friedrichstraße genau unter dem Baublock hindurch, und beim damaligen Stand der Tunnelbautechnik bestand die Gefahr, dass Teile der Wohn- und Geschäftsgebäude in den Tunnel rutschen. Die übrigen Gebäude haben die Bomben des Krieges zum Teil überstanden, sind dann aber nach dem Mauerbau für eine bauliche Neuordnung der ›Linden‹ vollständig abgerissen worden. 1965 wurde der Neubau fertiggestellt, den bis 1990 das Außenhandelsministerium nutzte.

Nach 1991 bestand zunächst die Absicht, das blockumgreifende ehemalige Außenhandelsministerium abzureißen. Dann entschied man sich aber dafür, den Kern beizubehalten und mit einer neuen Fassade und neuer Technik im Inneren zu versehen. Beim Umbau wurde

Das heutige Bürogebäude für den Deutschen Bundestag nimmt einen ganzen Baublock von ehemals zehn Grundstücken ein.

Gebäudepass: Deutscher Bundestag Unter den Linden 50

1674__Gründung der Dorotheenstadt, Erstbebauung mit einfachen, maximal zweigeschossigen Wohnhäusern u.a. für die Hugenotten **1770 bis 1780**__Immediatbauprogramm Friedrichs II., Neubau von Wohnhäusern an der Straße Unter den Linden **1860 bis 1865**__Abbruch der Bausubstanz des 17. und 18. Jahrhunderts zum Bau neuer Berliner Miethäuser mit fünf Etagen, Zusammenlegung einiger Grundstücke **1934 bis 1939**__vollständige Räumung von acht der insgesamt 18 Parzellen zur Vorbereitung des S-Bahn-Baus unter dem Baublock **1961**__Beginn des Abbruchs der noch vorhandenen Altbauten, nur das Eckhaus Mittelstraße 32–33 aus dem Jahr 1876 ist heute noch erhalten. **1965**__Fertigstellung des Neubaus für das Ministerium für Außenhandel der DDR nach den Plänen von Leibold, Sitz des Ministeriums bis 1990 **1997**__Umbau des Gebäudes für den Deutschen Bundestages nach den Plänen des Berliner Architekten Alexander Kolbe; Baukosten: 121 Millionen DM, 450 Büros und 19 Besprechungsräume auf 16.600 qm Hauptnutzfläche

ein zusätzliches Geschoss aufgesetzt, das mit seiner umlaufenden dunklen Glasfront nicht nur einen Kontrast zu der hellen Sandsteinfassade bildet, sondern unterhalb des leicht herauskragenden Dachs die optische Wirkung eines Gesimsbandes entfaltet. Die Baukosten für das Bundestagsgebäude, das auf fünf Etagen und einer Fläche von 16.600 qm 450 Büro- und 19 Besprechungsräume enthält, liegen bei 121 Millionen DM. Der Umbau erfolgte unter Leitung des Berliner Architekten Alexander Kolbe und wurde im Frühjahr 1997 abgeschlossen.

Teil Eins_Regierungsbauten

Deutscher Bundestag
Unter den Linden 71 und Wilhelmstraße 61

Das nur wenige Meter vom Brandenburger Tor gelegene Haus ist das erste Dienstgebäude, das für den Deutschen Bundestag nach der Wiedervereinigung in Berlin eingerichtet wurde.

Ursprünglich bestand das heutige Areal aus zwei, seit 1800 aus drei separaten Grundstücken. Das Eckhaus zur Wilhelmstraße beherbergte von 1840 bis zur Zerstörung im Zweiten Weltkrieg das Hotel ›Royal‹, in dem vorzugsweise Adlige und Diplomaten nächtigten. Bedeutend war auch das Palais auf dem Grundstück Nr. 4, das 1736 für den Kammerpräsidenten von Osten gebaut worden war, ehe es 1835 in den Besitz der jüngeren Schwester von Königin Luise kam. Friederike von Mecklenburg-Strelitz, Herzogin von Cumberland und ab 1837 Königin von Hannover, unterhielt im sogenannten Cumberland-Palais einen der bedeutendsten Salons der ersten Hälfte des 19. Jahrhunderts.

Der König von Hannover, Ernst August, verkaufte nach dem Tod seiner Frau 1849 das Gebäude für 100.000 Taler an den preußischen Staat, der in dem alten Palais das neu geschaffene Ministerium für Geistliche, Unterrichts- und Medizinalangelegenheiten unterbrachte. 1874 wurde das Grundstück Behrenstraße 71 angeschlossen, im Juli 1879 brach man die vorhandenen Bauten ab und stellte bis 1883 den Neubau nach den Plänen von Bernhard Kühn fertig. Weitere Anbauten erfolgten in den Jahren 1889–91 in der Behrenstraße 72 und 1901–03 in der Wilhelmstraße 68 (heute: Nr. 60). Nach 1934 war das Preußische Kultusministerium in das ›Reichs- und Preußische Ministerium für Wissenschaft, Erziehung und Volksbildung‹ umgewandelt worden, das bis 1945 bestand. Nach der Beseitigung der Kriegsschäden entstand von 1962–64 ein Neubau für das Ministerium für Volksbildung der DDR zur Straße Unter den Linden/Ecke Wilhelmstraße, für den Manfred Hörner die Entwürfe geliefert hatte.

1993/94 baute die Gehrmann Consult GmbH das dreißig Jahre alte Gebäude Unter den Linden/Ecke Wilhelmstraße für den Deutschen Bundestag unter Beibehaltung des Kerngehäuses aus der DDR um. Die alte Fassade wurde allerdings durch eine Sandsteinfassade ersetzt. Am 9. Januar 1995 konnte der Bundestagspräsidentin Rita Süssmuth die erste Liegenschaft des Deutschen Bundestages in Berlin schlüsselfertig übergeben werden. Nach dem Auszug der Abgeordneten in die dem Reichstagsgebäude näher liegenden neuen Büros soll das Gebäude mit einer Hauptnutzfläche von 6.300 qm auch nach 2001 von der Bundestagsverwaltung genutzt werden.

Das Eckgebäude Wilhelmstraße/Unter den Linden wird heute von den Abgeordneten des Deutschen Bundestages genutzt.

Das mit Sandstein verkleidete Bundestagsgebäude in der Wilhelmstraße 60 wurde ursprünglich als Erweiterungsbau für das Preußische Kultusministerium errichtet.

Gebäudepass: Unter den Linden 71 und Wilhelmstraße 61

1736__Bau eines barocken Palais für den Kammerpräsidenten von Osten **1835**__Verkauf des Palais an den Herzog von Cumberland, ab 1837 König von Hannover **1849**__Verkauf des Palais an den Preußischen Staat für 100.000 Taler **1879 bis 1883**__Neubau des Preußischen Ministeriums für Geistliche-, Unterrichts- und Medizinal-Angelegenheiten nach den Plänen von Bernhard Kühn **1889 bis 1891**__erster Erweiterungsbau – Behrenstraße 72 **1901 bis 1903**__zweiter Erweiterungsbau – Wilhelmstraße 60 **1934**__Reichs- und Preußisches Ministerium für Wissenschaft, Erziehung und Volksbildung **1945**__schwere Kriegsschäden am Gebäude Unter den Linden **1949**__Ministerium für Volksbildung der DDR im Gebäude Wilhelmstraße 60 **1962 bis 1964**__Neubau für das Ministerium Unter den Linden, die Akademie der Pädagogischen Wissenschaften der DDR zieht in den Anbau Wilhelmstraße 60 **1990**__Auflösung des Ministeriums und der Akademie **1993/94**__Umbau durch die Firma Gehrmann Consult GmbH für den Deutschen Bundestag **09.01.1995**__Unter den Linden 69–73 (jetzt: 71), Fertigstellung des ersten Gebäudes für den Deutschen Bundestag in Berlin; Hauptnutzfläche: 6.300 qm **29.02.1996**__Wilhelmstraße 60 – Fertigstellung des zweiten Gebäudes für den Deutschen Bundestag in Berlin; Hauptnutzfläche: 4.000 qm

Das ehemalige Ministerium für Volksbildung der DDR wurde in Stahlbetonbauweise gefertigt. Das vierstöckige Eckgebäude verfügt über fünf Sitzungssäle und 184 Räume, die sowohl von Bundestagsabgeordneten als auch von Mitarbeitern der Verwaltung genutzt werden.

Der Berliner Künstler Horst Bartnig, der den Wettbewerb zur farblichen Ausgestaltung des Inneren gewonnen hatte, setzte mit seiner Farbwahl für die Eingangshalle, die Etagenfoyers und die Flure einen deutlichen Kontrast zu den weißen Wänden und dem dunklen Fußboden. Im Hof des Bürogebäudes steht die 1965 entstandene Plastik ›Große Sitzende‹ des bekannten DDR-Künstlers Wieland Försters. Die Spiegelwand an der Ecke zur Wilhelmstraße gestaltete der Künstler Jakob Mattner, von dem auch die Deckenbeleuchtung in der Lobby des Berliner Abgeordnetenhauses stammt.

Der Erweiterungsbau Wilhelmstraße 60/Ecke Behrenstraße hatte den Zweiten Weltkrieg als eine der wenigen historischen Bauten in der Umgebung des Brandenburger Tores nahezu unbeschadet überstanden. Es war im Stil der italienischen Spätrenaissance errichtet worden und weist eine Sandsteinfassade auf. In dem viergeschossigen Gebäude mit seinem Hauptportal zur Wilhelmstraße saß zunächst das Ministerium für Volksbildung der DDR, und nach dessen Umzug in den benachbarten Neubau die Akademie der Pädagogischen Wissenschaften der DDR. 1994 hat die Sanierung des Gebäudes für den Deutschen Bundestag begonnen, und am 29. Februar 1996 wurde das seit 1995 unter Denkmalschutz stehende Gebäude als zweites Domizil des Deutschen Bundestages in Berlin fertig gestellt. Es verfügt bei einer Hauptnutzfläche von 4.000 qm über 136 Büroräume sowie sechs Sitzungssäle und Besprechungsräume. Der Große Sitzungssaal wurde von der deutsch-amerikanischen Künstlerin Ann Holyoke Lehmann gestaltet.

Teil Eins__Regierungsbauten

Deutscher Bundestag
Luisenstraße 33–34

Schon das Berliner Stadtbuch von 1397 weist für die heutige Umgebung der Charité auf eine Vielzahl von Gärten hin. Der Norden Berlins, in dem mit dem Beginn des 18. Jahrhunderts die flächenmäßig größte aller Berliner Vorstädte, die Spandauer Vorstadt, entstand, behielt den Charakter eines nur wenig bebauten und durch Gartenanlagen geprägten Viertels bis in die 1820er Jahre.

Das heutige Grundstück des Deutschen Bundestages in der Luisenstraße gehörte Anfang des 18. Jahrhunderts zu einem der berühmtesten Gärten der Stadt, der ein großes Areal vom Schiffbauerdamm entlang der heutigen Luisen- bis zur Marienstraße einnahm und gleichzeitig einige Grundstücke der Albrechtstraße berührte. Der Gouverneur Graf von Wartensleben hatte es dem Magistrat von Berlin im April 1708 abgekauft. Hier stand eines der prächtigsten Häuser Berlins, das von Eosander von Göthe, der auch am Berliner Stadtschloss und am Schloss Charlottenburg mitgewirkt hatte, für den Grafen errichtet worden war. Nach dem Tod Wartenslebens wechselte der Garten mehrfach den Besitzer, ehe ihn 1760 Veitel Heine Ephraim, der jüdische Hofbankier Friedrich II, kaufte. Es war das erste Mal in Preußen, dass ein Jude mit Genehmigung des Königs Grund und Boden erwerben konnte.

Der historistische Bau des früheren Kaiserlichen Patentamtes mit seinem reichen Fassadenschmuck.

Nach 1800 begann eine tiefgreifende städtebauliche Veränderung des Gebiets. Der Umbau des Pontonhofs Unter den Linden zu Artilleriekasernen und -werkstätten, die Verlängerung der Wilhelmstraße, die Fortführung durch die Luisenstraße und der damit verbundenen Bau der Marschallbrücke ermöglichten um 1825 eine völlige Neuordnung. Durch die Auflösung des Ephraimschen Fideikommisses konnte jetzt das große Gartengrundstück parzelliert und zur Bebauung mit Wohnhäusern freigegeben werden.

Mit der Reichsgründung setzte in Berlin ein ausgeprägter Citybildungsprozess ein, die zumeist aus dem 18. und frühen 19. Jahrhundert stammenden Wohnhäuser verschwanden allmählich. Viele Grundstücke wurden nun zusammengelegt, um größeren Geschäftshäusern und Verwaltungsbauten Platz zu machen. Auch die Spandauer Vorstadt blieb davon nicht verschont. 1887–91 wurde in der Nähe der Reichstagsbaustelle nach den Plänen von August Busse ein Neubau für das Kaiserliche Patentamt errichtet.

Schon 1905 zog das Kaiserliche Patentamt wieder aus. Der Neubau für die Behörde steht heute noch in Kreuzberg, in der Gitschiner Straße am Landwehrkanal.

Bis 1990 waren stets staatliche Behörden im Haus untergebracht. Zunächst residierte hier das Kaiserliche Schiffsvermessungsamt, später die Bibliothek des Reichsministeriums des Innern und verschiedene Zollbehörden. Nach 1945 nutzte die BEWAG das Haus, von 1961 bis 1963 war es ein Elektroamt, ehe dann der VEB Vereinigte Wettspiele mit der Berliner Bärenlotterie elf Jahre lang im Haus residierte. Zuletzt hatte die Generalstaatsanwaltschaft der DDR von 1974 bis 1990 hier ihren Sitz. Das dreigeschossige Gebäude auf einem Sockelgeschoss weist

deutliche Bezüge zum französischen Barock auf, vor allem in der original erhaltenen Dachform. Die ausladende Fassade zur Luisenstraße aus Warthauer und Racknitzer Sandstein ist durch zwei Eck- und ein Mittelrisalit gegliedert. Der plastische Schmuck stammt – wie beim Reichstagsgebäude und beim Abgeordnetenhaus auch – von Otto Lessing. Der Urgroßneffe Gotthold Ephraim Lessings war seinerzeit der bedeutendste Bauplastiker in Berlin. Die beiden Doppelsäulen, die im Hauptgeschoss den figürlichen Schmuck tragen, heben die Eingangssituation besonders hervor. Das im Zweiten Weltkrieg weniger stark beschädigte Gebäude verfügt heute noch über seine insgesamt sechs Hofflügel, die zwischen 1887 und 1895 entstanden und mit gelben Klinkern versehen sind. Auch das aufwendige Innere hat sich größtenteils erhalten. Erwähnenswert ist vor allem der Hauptsaal, der oberhalb des Eingangsbereichs in der Mittelachse liegt. Der wiederhergestellte Raum dient heute dem Bundestag als Sitzungssaal.

Gebäudepass: Luisenstraße 33–34
1397__Berliner Stadtbuch erwähnt Vielzahl der Gartenanlagen **1708**__Verkauf des Gartens durch den Berliner Magistrat an den Grafen von Wartensleben, Bau eines Landhauses nach den Plänen von Eosander von Göthe **1760**__Verkauf des Landhauses mit Garten an den jüdischen Hofbankier Friedrichs II., Veitel Heine Ephraim; erstmalig darf ein Jude in Preußen Grund und Boden erwerben **1825 bis 1828**__Planung der Friedrich-Wilhelm-Stadt, Bau der Marschallbrücke, Anlage der Marien-, Karl-, Albrecht- und Luisenstraße, Teilung des alten Ephraim'schen Grundstücks, Parzellierung in kleine Grundstücke, Bebauung des Viertels mit Wohngebäuden **1887 bis 1891**__Bau des Kaiserlichen Patentamtes im neobarocken-französischen Stil nach Plänen von August Busse **1891 bis 1905**__Kaiserliches Patentamt **1905 bis 1945**__Nutzung für verschiedene Behörden **1945**__Sitz der BEWAG **1961 bis 1963**__Elektroamt **1963 bis 1974**__VEB Vereinigte Wettspiele, Berliner Bärenlotterie **1974 bis 1990**__Sitz der Generalstaatsanwaltschaft der DDR **1998 bis 1999**__Büros der Abgeordneten des Deutschen Bundestages

Teil Eins_Regierungsbauten

Bundesrat
Leipziger Straße 3–4

Die Grundstücke in der 1688 angelegten und bis 1737 erweiterten barocken Friedrichstadt, die auf der Südseite der Leipziger Straße lagen, waren mit tiefen Gärten versehen, die bis an das heutige Europahaus, den zweiten Dienstsitz des Bundesministeriums für wirtschaftliche Zusammenarbeit und Entwicklung, heranreichten.

Ein erstes Palais auf dem Grundstück Leipziger Straße 3 entstand im Jahr 1734. Das in friederizianischem Rokoko errichtete Gröbensche Adelspalais und die später hinzugefügten Nebengebäude beherbergten lange Zeit eine Samt- und Seidenmanufaktur, auch wenn die ehemaligen Wohnräume zur Fabrikation von Waren gänzlich ungeeignet waren und über keinerlei technische Ausstattung verfügten. Der Unternehmer Ernst Gotzkowsky kaufte 1750 die Manufaktur und veräußerte sie 1765 weiter. Nach mehreren Besitzerwechseln erwarb Abraham Mendelssohn, der Vater Felix Mendelssohn-Bartholdys, das Grundstück. Die jüdische Familie führte hier in der Epoche der Romantik einen der bedeutendsten Berliner Salons, den auch der Gründer der Berliner Universität, Wilhelm von Humboldt, besuchte. Besonders stattlich war zu dieser Zeit der rückwärtig gelegene Garten, in dem 1826 der gerade 17jährige Komponist seine Ouvertüre zum Sommernachtstraum aufführen ließ.

Nach dem vorläufigen Sieg der Märzrevolution konnten die Wahlen einer preußischen verfassunggebenden Nationalversammlung durchgesetzt werden. Am 5. Dezember 1848 erließ Friedrich Wilhelm IV. per königlichem Erlass eine preußische Verfassung, was im Februar 1849 zur Eröffnung des Preußischen Landtages führte.

1851 verkauften die Erben Mendelssohn-Bartholdys das Palais an den preußischen Staat, in dem dann ein Jahr später die Erste Kammer des Preußischen Landtages einzog, die 1855 in Herrenhaus umbenannt wurde.

Das Palais auf dem benachbarten Grundstück Leipziger Straße 4 wurde ebenfalls im Jahr 1734 errichtet. Ernst Gotzkowsky legte hier 1761 eine Porzellanmanufaktur mit einer fortschrittlichen technischen Ausstattung an, die nach zwei Jahren bereits verstaatlicht wurde. Das nun Königliche Porzellanmanufaktur (KPM) genannte und von Friedrich II. protegierte Unternehmen siedelte 1871 nach Charlottenburg um. Statt dessen zog der Reichstag in die provisorischen Räumlichkeiten ein, ehe er 1894 mit dem Reichstagsgebäude am Königsplatz einen neuen Parlamentssitz erhielt.

> Von der Leipziger Strasse aus bietet sich ein imposanter Blick auf das ehemalige Preußische Herrenhaus, in dem heute der Bundesrat tagt.

Gebäudepass: Bundesrat
1734__erste Bebauung mit zwei Palais **1750**__der Unternehmer Ernst Gotzkowsky erwirbt die Nr. 3 **1761 bis 1763**__Porzellanmanufaktur Ernst Gotzkowsky in der Nr. 4 **1763 bis 1871**__staatliche Porzellanmanufaktur (KPM) in der Nr. 4 **1825**__Familie Mendelssohn-Bartholdy erwirbt die Nr. 3, bedeutender Salon **1826**__Uraufführung des ›Sommernachtstraums‹ von Felix Mendelssohn-Bartholdy **1851**__Verkauf der Nr. 3 an den preußischen Fiskus; das Herrenhaus, die erste Kammer des preußischen Landtages, zieht ein **1871 bis 1894**__ provisorischer Sitz des Reichstages in der Nr. 4 **1899**__Abbruch der beiden barocken Palais **1901 bis 1904**__Neubau des Herrenhauses nach Plänen von Friedrich Schulze-Colditz **16.01.1904**__Einweihung des Herrenhauses **1918**__Auflösung des Herrenhauses **1921 bis 1932**__Sitz des Preußischen Staatsrats unter Konrad Adenauer **1934**__›Stiftung Preußenhaus‹ – Sitz von NS-Organisationen **1945**__schwere Bombenschäden **1950/51**__vereinfachter Wiederaufbau, ursprünglich für den Ministerpräsidenten der DDR – 1953 Aufgabe des Plans **1953 bis 1989**__›Haus der Ministerien‹ – Staatliche Plankommission, Akademie der Wissenschaften der DDR **1991**__›Hexagon‹ – geplanter zweiter Dienstsitz für die sechs in Bonn verbleibenden Ministerien **27.09.1996**__Beschluss des Bundesrats, nach Berlin zu ziehen **20.03.1997**__Beginn der Umbaumaßnahmen nach Plänen des Hamburger Architektenbüros von Peter Schweger und Partner **28.09.2000**__Eröffnung des Gebäudes für den Bundesrat; Hauptnutzfläche: 10.300 qm, Baukosten: 200 Mio DM

Beide Grundstücke wurden 1899 zusammengelegt und mit einem neuen Geschäftshaus des Herrenhauses nach Plänen des Architekten Friedrich Schulze-Colditz bebaut. Das neue Gebäude entsprach in seiner architektonischen Gestaltung der Stellung der Ersten Kammer, in dem Mitglieder des Adels, Oberbürgermeister und Professoren saßen. Der preußische König konnte nach eigenem Ermessen Männer in das Oberhaus berufen, die sich – wie z.B. Werner Siemens – um Staat und Krone verdient gemacht hatten.

Den Grundriss bildet eine Dreiflügelanlage nach Vorbild des barocken Schlosses von Versailles. Ähnlich wie die nahe gelegenen – und fast 200 Jahre früher errichteten – Palais für den preußischen Adel in der Wilhelmstraße sollte der Grundriss die feudale Tradition der Bauherren und den Führungsanspruch des Adels sichtbar machen.

Erst nachdem der Reichstag aus den provisorischen Räumen ausgezogen war, konnte 1901 mit der Umsetzung der seit 1894 vorliegenden Pläne zum Bau des Herrenhauses begonnen werden. Die Eröffnungsfeierlichkeiten fanden am 16. Januar 1904 statt

Die Institution des Herrenhauses verschwand nach dem Ende des Ersten Weltkriegs ebenso wie die Monarchie. In der Weimarer Republik diente das nun herrenlose Gebäude dem preußischen Ministerium für Volkswohlfahrt als Domizil.

Preußen blieb in der Weimarer Republik eine eigenständige politische und verwaltungsmäßige Einheit mit eigener Landesregierung und eigenem Landesparlament. 1921 wurde der

→

Preußische Staatsrat gegründet, dem Vertreter der 12 preußischen Provinzen angehörten. Der erste und einzige Staatsratsvorsitzende Konrad Adenauer kannte das Haus bereits aus der Zeit vor 1918, da das Amt des Kölner Oberbürgermeisters automatisch mit einem Sitz im Herrenhaus verbunden war. In der Weimarer Republik hatte der preußische Staatsrat Stellungnahmen zu Gesetzesvorlagen der preußischen Regierung abzugeben und die Finanzen zu kontrollieren. Die Rolle des Staatsrates entsprach in etwa der des Bundesrates im Rahmen der heutigen Gesetzgebung.

Die Machtergreifung Hitlers am 30. Januar 1933 hatte die Gleichschaltung und Entmachtung aller deutschen und damit auch preußischen Verfassungsorgane zur Folge. Nachdem der Reichskanzler Franz von Papen die preußische Regierung unter Otto Braun und den preußischen Staatsrat unter Konrad Adenauer am 20. Juli 1932 ohnehin schon staatsstreichartig abgesetzt hatte, wurde bis Oktober 1934 auch der Preußische Landtag aufgelöst.

Die Gebäude der beiden ehemaligen Kammern des preußischen Parlaments erhielt die NS-Organisation ›Stiftung Preußenhaus‹. Das nicht länger für parlamentarische Zwecke benutzte ehemalige Herrenhaus wie auch das benachbarte Abgeordnetenhaus in der damaligen Prinz-Albrecht-Straße wurden nun als Dienstsitz für verschiedene Verwaltungen des NS-Staates verwendet und 1936 dem angrenzenden und eben fertiggestellten Neubau für das Reichsluftfahrtministerium zugeordnet.

Während des Zweiten Weltkrieges erlitt vor allem der Mittelflügel zur Leipziger Straße schwere Schäden. Das Foyer, die Wandelhalle und vor allem der Plenarsaal wurden fast vollständig zerstört. Das unweit der Demarkationslinie zwischen dem sowjetischen und den westlichen Sektoren gelegene Gebäude richtete man nach 1950 provisorisch wieder her. Zunächst war geplant, den Sitz des Ministerpräsidenten der DDR und die Regierungskanzlei in dem Gebäude an der Leipziger Straße unterzubringen, ein Vorhaben, das man 1953 wieder aufgab. Der im Inneren vereinfacht wiederaufgebaute Westflügel diente dann verschiedenen Instituten der Akademie der Wissenschaften der DDR als Domizil, während das sogenannte ›Haus der Ministerien‹ die anderen Teile des Gebäudes erhielt. Bis zur Wiedervereinigung hatte auch der angesehene und heute noch bestehende Akademie-Verlag hier Büros.

Im Zuge der Hauptstadtentscheidung für Berlin gab es zunächst Überlegungen, die zweiten Dienstsitze der sechs Ministerien, die nach dem Bonn-Berlin-Beschluss in der alten Bundeshauptstadt verbleiben sollten, im alten Herrenhaus zu einem ›Hexagon‹ zusammenzufassen. Dieser Plan wurde jedoch trotz einer 1995 begonnenen Voruntersuchung unter Leitung von Schweger und Partner wieder verworfen.

Am 27. September 1996 beschloss der Bundesrat mit 13 zu 3 Länderstimmen und entgegen der ursprünglichen Entscheidung für Bonn, seinen Sitz ebenfalls nach Berlin zu verlegen. Zu diesem Zeitpunkt bestand noch die Idee, ein neues Haus für den Bundesrat neben dem Haus der Kulturen der Welt im Tiergarten zu bauen. So sah es auch der Plan von Axel Schultes und Charlotte Frank vor, die 1993 den ersten Preis im städtebaulichen Wettbewerb zum Ausbau Berlins als Parlaments- und Regierungssitz gewonnen hatten. Dieses Vorhaben musste allerdings wegen Geldmangels aufgegeben werden, am 20. März 1997 begann statt dessen die Sanierung des Herrenhauses auf Grundlage der Voruntersuchungen von Schweger

Die ›eisernen Ritter‹ verhinderten im 18. und 19. Jahrhundert das Ausschlagen der Pferde und Anstoßen der Fuhrwerke und Kutschen. Im Bundesratsgebäude hat sich ein solcher Wächter erhalten.

Ein behelmter Ritter über der Torduchfahrt an der Leipziger Straße.

und Partner. Am 28. September 2000 konnte der Bundesrat sein neues Gebäude beziehen. Ein wesentliches Ergebnis des Plans bestand im Wiederaufbau des Plenarsaals in seinen alten Maßen, aber mit einer neuen Innenarchitektur. Durch Brandschäden war von der originalen Holzausstattung nichts mehr vorhanden. Die Glasdecke über dem Plenarsaal wurde jedoch wiederhergestellt, wenn auch nicht mehr als Eisenkonstruktion, sondern als Pyramidendach. Die Verwendung von dunkler Räuchereiche und heller Birke bildet in dem hohen Raum einen freundlichen Kontrast. Seiner parlamentarischen Tradition folgend, entschied sich der Bundesrat für eine hufeisenförmige Sitzordnung, in der die insgesamt 69 Vertreter der Bundesländer in alphabetischer Reihenfolge von rechts nach links sitzen.

Die alte Raumfolge von Friedrich Schulze wurde insgesamt respektiert und reaktiviert, da sie auch heute noch dem Prinzip eines geregelten parlamentarischen Ablaufs entspricht. Auch die Achse Ehrenhof – Eingangshalle – Wandelhalle – Plenarsaal wurde unter Berücksichtigung der Raumhöhen nach dem ursprünglichen Plan wieder hergestellt. Dabei entfernte man neben anderen störenden Einbauten aus DDR-Tagen vor allem eine Zwischendecke in der Wandelhalle, über der sich eine Großküche zur Versorgung der Mitarbeiter im ›Haus der Ministerien‹ befunden hatte. Die dem Plenarsaal vorgelagerte Lobby konnte durch die Verglasung der beiden Innenhöfe vergrößert werden. Im Umkreis des Plenarsaals befinden sich sieben weitere Sitzungssäle mit insgesamt etwa 600 Plätzen, in denen die 16 Ausschüsse des Bundesrats tagen. Im östlichen Flügel sind die Büro- und Empfangsräume des Bundesratspräsidenten untergebracht, im Westflügel die Büros der Ministerpräsidenten. Die seit dem Wiederaufbau in den frühen 50er Jahren bestehende Verbindung des Westflügels mit dem benachbarten heutigen Detlev-Rohwedder-Haus blieb erhalten. Von hier gelangt man in die Verwaltungsräume und in die Bibliothek des Bundesrats.

Die Besucher, die an den traditionell am letzten Freitag im Monat stattfindenden Sitzungen teilnehmen wollen, betreten das Bundesratsgebäude durch die Eingangshalle an der Leipziger Straße und gelangen direkt in das zweite Obergeschoss. Dort befinden sich im Plenarsaal die Besuchertribünen mit etwa 120 Plätzen.

Ende Februar 1999 wurde ein Wettbewerb zur künstlerischen Ausgestaltung des Gebäudes entschieden, zu dem der Kunstbeirat des Bundesrats zehn Künstler eingeladen hatte. Den Auftrag zur Außengestaltung erhielt der dänische Künstler Per Kirkeby, der das im Krieg beschädigte und danach in veränderter Form wieder aufgebaute Attikageschoss mit etwa vier Meter großen schwarzen Skulpturen ausschmückte, die entfernt an verwitterte Bundesadler erinnern. In der Wandelhalle befinden sich ›Die drei Grazien‹ von Rebecca Horn.

Die Cours d'Honneur, der Ehrenhof, der im Verlauf der Jahrzehnte hinter einer Mauer mehr und mehr verkommen war, wurde nach den Plänen des Hamburger Gartenarchitekten Gustav Lange wieder hergestellt. Auch ein Teil der alten Auffahrt von 1904 wurde rekonstruiert. Im Hof befindet sich nun ein Buchsbaumraster, in dem mit Hortensien bepflanzte Kübeltöpfe stehen. Das gesamte Projekt mit einer Hauptnutzfläche von 10.300 qm kostete etwa 200 Millionen DM.

Teil Eins_Regierungsbauten

Bundeskanzleramt
Willy-Brandt-Straße 1

Für das neue Regierungsviertel sind drei Raumschwerpunkte vorgesehen. Neben der Umgebung der Wilhelmstraße mit den sogenannten ›Ministergärten‹ und der Spreeinsel mit dem Auswärtigen Amt ist dies vor allem der Spreebogen. Dieses Gebiet, auf dem sich auch das Reichstagsgebäude und der Platz der Republik befinden, umfasst die nach 1945 weitgehend ungenutzten Grundstücke beiderseits der Spree.

Die herrschaftlichen Wohnhäuser, die auf dem seit 1864 ›Alsenviertel‹ genannten Areal mit der Reichsgründung entstanden waren, mussten den Vorbereitungen der Nationalsozialisten, Berlin zur ›Welthauptstadt Germania‹ zu erheben und umzubauen, weichen. Nach den Planungen des Generalbauinspektors Albert Speer sollte auf dem heutigen Spreebogen der nördliche Beginn einer neuen Nord-Süd-Achse liegen. Diese sieben Kilometer lang und 120 Meter breit projektierte ›via triumphalis‹ sollte von den wichtigsten NS-Behörden und Dienststellen flankiert werden, mit einer 180.000 Menschen fassenden und 320 Meter hohen ›Halle des Volkes‹ als eigentlichem Kernstück, deren 250 Meter durchmessende Kuppel fast schon die Höhe des heutigen Fernsehturms erreicht hätte.

Für die Realisierung dieser Nord-Süd-Achse sollten allein in der Berliner Innenstadt mehr als 35.000 Wohnungen abgerissen werden. Die Räumung des Spreebogens war schon fast abgeschlossen, als der Kriegsbeginn die noch verbleibenden Abrissarbeiten stoppte. Die wenigen noch aus dem 19. Jahrhundert stammenden Bauwerke fielen den Bombenangriffen zum Opfer, so dass sich nach 1945 im Umfeld des ebenfalls beschädigten Reichstagsgebäudes eine riesige Trümmerwüste befand. Nahezu alle baulichen Reste sind in den 50er Jahren beseitigt worden.

Nach den Ergebnissen des Gemeinsamen Ausschusses, der sich nach der Hauptstadtentscheidung vom 20. Juni 1991 aus Vertretern des Bundes und des Landes Berlin gebildet hatte, wurde für die nach Berlin umziehenden Verfassungsorgane eine Hauptnutzfläche von insgesamt 582.500 qm errechnet, von denen allein der Bundestag und seine Verwaltung 150.000 qm beanspruchten. Da Berlin keine ausreichenden Büro- und Verwaltungsgebäude anbieten konnte und der Spreebogen nahezu vollständig für eine Neubebauung zur Verfügung stand, wurde 1992 ein städtebaulicher Wettbewerb ausgeschrieben. Eine 23köpfige Jury, der neben 13 namhaften Architekten auch Politiker aller Parteien auf Bundes- und Landesebene an-

Nicht wenige Berliner und Berlin-Besucher sind von den Ausmaßen des Bundeskanzleramtes im Spreebogen überrascht. Der Entwurf stammt von Axel Schultes.

Gebäudepass: Bundeskanzleramt

1867 bis 1871__Erstbebauung des östlichen Teilgrundstücks mit dem Generalstabsgebäude nach Plänen von Ferdinand Fleischinger **1873 bis 1882**__Erweiterungsbau **1919 bis 1945**__Reichsministerium des Innern **1943 bis 1945**__das Regierungsgebäude brennt in Folge der Luftangriffe vollständig aus; Abriss der Ruine in den 50er Jahren **1987**__Planungen zum Bau eines Deutschen Historischen Museums auf Anregung des Bundeskanzlers Helmut Kohl; nach dem Fall der Mauer wird das Projekt an anderer Stelle realisiert **18.02.1993**__1. Preis des städtebaulichen Wettbewerbs zur baulichen Vorbereitung des Spreebogens für das neue Parlaments- und Regierungsviertel an Axel Schultes und Charlotte Frank; ein ›Band des Bundes‹ mit Gebäuden für das Parlament und das Bundeskanzleramt wird städtebauliche Leitlinie **14.12.1994**__in einem zweiten, EU-weiten Wettbewerb zur architektonischen Gestaltung des Bundeskanzleramtes werden zwei erste Preise vergeben **28.06.1995**__Schultes und Frank können sich endgültig gegen die Berliner Konkurrenz von Krüger, Schuberth und Vandreike durchsetzen **Juli 1997**__Baubeginn **Mai 2001**__Einweihung des Bundeskanzleramtes; Baukosten: 485 Millionen DM, 350 Büros, Hauptnutzfläche: 19.000 qm

→

gehörten, entschied sich am 18. Februar 1993 unter 835 eingereichten Entwürfen aus 54 Ländern für den Entwurf der Berliner Architekten Axel Schultes und Charlotte Frank. Schultes' Entwurf sieht vor, ein ›Band des Bundes‹ quer durch den Spreebogen von West nach Ost zu ziehen, um so auch städtebaulich die Wiedervereinigung der beiden Stadthälften zu demonstrieren. Gerade diese einfache Idee wirkte in den Anfangsjahren der Planung des neuen Parlaments- und Regierungsviertels in Berlin bestechend, da große Teile der Öffentlichkeit der Umzugsidee noch immer skeptisch gegenüberstanden.

Die Idee vom ›Band des Bundes‹ wurde in der geplanten Fassung jedoch nicht umgesetzt. Die Planungen Schultes´ umfassten die architektonische Spange des Gebietes vom Moabiter Werder bis zum Bahnhof Friedrichstraße und sahen somit eine gleiche räumliche Gewichtung zwischen beiden Teilen der Stadt vor. Anders als im vorgesehenen Bauterrain im Westteil der Stadt hatte sich aber im Grenzgebiet auf der östlichen Seite – in der Friedrich-Wilhelm- und in der Dorotheenstadt –, ein Teil der alten Bebauung erhalten, die wiederum in der DDR durch verschiedene Neubauten ergänzt worden war. Die schwierigen Eigentumsverhältnisse und die hohen Kosten, die der Ankauf oder Abbruch der vielfach denkmalgeschützten Gebäude verursacht hätte, veranlasste den Bund, nur einen Teil der Schulteschen Planungen umzusetzen, nämlich das Bundeskanzleramt, das Paul-Löbe- und das Marie-Elisabeth-Lüders Haus.

Für die städtebauliche Einordnung des Reichstagsgebäudes ergab sich durch die geänderten Pläne eine neue Lage. Wären die ursprünglichen Absichten von Axel Schultes und Charlotte Frank zur Ausführung gekommen, hätte das Reichstagsgebäude, gewissermaßen als Kronjuwel, inmitten der linearen Achse des ›Bandes des Bundes‹ gelegen. In der jetzt fertiggestellten kleineren Variante läuft das ›Band‹ mit seinen drei Neubaublöcken zwischen Moabiter Werder und Luisenstraße nördlich am Reichstagsgebäude vorbei und lässt den alten Wallotschen Bau als Solitär stehen, der somit städtebaulich und architektonisch stärker auf den ihm vorgelagerten Platz der Republik bezogen bleibt.

Eines der wichtigsten Projekte der Bundeshauptstadt Berlin bildet der Neubau des Bundeskanzleramtes im nordwestlichen Teil des ehemaligen Alsenviertels. Auf einem Teil des dafür verwendeten Geländes stand früher das 1867 bis 1871 errichtete Generalstabsgebäude, einer Abteilung des Kriegsministeriums. In das Gebäude, in dem auch der Erste Weltkrieg militärisch und strategisch geplant wurde, zog nach der Gründung der Weimarer Republik ein Teil des Reichsministeriums des Innern ein, das hier bis 1945 seinen Sitz hatte. Letzter Innenminister war Heinrich Himmler. Der Bau brannte im Zweiten Weltkrieg aus und wurde – wie die benachbarte Krolloper auch – in den späten 50er Jahren gesprengt.

Nachdem das Büro von Axel Schultes und Charlotte Frank am 18. Februar 1993 den Wettbewerb zur Neuordnung des Spreebogens gewonnen hatten, wurde 1994 auf dieser Grundlage ein EU-weiter Realisierungswettbewerb ausgeschrieben. Von den 250 Architekten und Architekturbüros, die sich beworben hatten, wurden 51 zur Teilnahme aufgefordert. Unter dem Vorsitz des Münchener Architekten Kurt Ackermann vergab die Jury am 14. Dezember 1994 zwei erste Preise. Nach einem Symposium, dass der damalige Bundeskanzler Helmut Kohl mit namhaften Architekten, Politikern und Journalisten veranstaltet hatte, fiel die Entscheidung am 28. Juni 1995 wiederum auf den Entwurf von Schultes und Frank.

Die Berliner Mitte war Regierungsviertel der unterschiedlichsten Staats- und Regierungssysteme. Veränderungen sind mitunter am Straßenbild ablesbar, wie hier an der Moltkebrücke unweit des neuen Bundeskanzleramtes.

Zwei lange Gebäudezeilen, die in ihren äußeren Abmessungen das ›Band des Bundes‹ respektieren, umschließen den mittleren Kubus als baulichen Kern des Kanzleramtes und orientieren sich mit einer Höhe von 18 Metern ebenfalls an der traditionellen Berliner Bauhöhe von maximal 22 Metern. Hinter den transparenten Wintergärten, die sich über die gesamte Fassadenhöhe erstrecken, befinden sich zweihüftige Bürotrakte.

Der mittlere Kubus hat eine Höhe von etwa 36 Metern und ist in zwei Bauteile untergliedert, die sich deutlich sichtbar voneinander abheben. Dem Kubus vorgelagert ist ein Ehrenhof für den Empfang von Staatsgästen. Hier wurde im Herbst 2000 in Anwesenheit des Bundeskanzlers Gerhard Schröder die fünfeinhalb Meter hohe und 90 Tonnen schwere Plastik ›Berlin‹ des spanischen Künstlers Eduardo Chillida aufgestellt.

Das Innere des Kubus gestaltete Schultes unter Verwendung von Quadraten, Dreiecken, Kreisen, Diagonalen und Ellipsen, deren Wechsel dem Kanzleramt ein unverwechselbares Raumgefüge verleihen. Gleich hinter dem Ehrenhof betritt man ein Foyer, durch das die Staatsgäste in das Haus des Regierungschefs gelangen. Das Foyer grenzt auch an die weniger bedeutende Nordseite. Von hier führt eine breite Treppe in das erste Obergeschoss, dessen Mittelteil ein großer Konferenzsaal einnimmt. Auf dieser Etage befindet sich auch das Pressezentrum.

Im fünften und sechsten Geschoss, also direkt hinter den großen, halbkreisförmigen Fenstern, die nahezu die gesamte Fassade des höhergelegten Kubus einnehmen, befindet sich die Leitungsebene. Hier liegen die Büros des Staatsministers im Bundeskanzleramt sowie die Empfangsräume und ein Bankettsaal. Im sechsten Geschoss befinden sich ein großer und ein kleiner Kabinettssaal, in denen turnusmäßig am Dienstag die gesamte Bundesregierung zu Beratungen zusammenkommt. Der Chef des Bundeskanzleramtes und der Bundeskanzler selbst haben ihre Büros und Arbeitszimmer im siebten und achten Obergeschoss.

Das Bundeskanzleramt ist mit dem sogenannten ›Kanzlergarten‹, dem westlichen Abschluss des ›Bandes des Bundes‹ auf dem Moabiter Werder, durch eine Fußgängerbrücke über die Spree verbunden.

Das ganze Gebäude weist eine Hauptnutzfläche von etwa 19.000 qm auf und verfügt über insgesamt 350 Büros. Die Kosten betragen etwa 485 Millionen DM. Das im Juli 1997 begonnene Bauvorhaben wurde im Mai 2001 mit der feierlichen Eröffnung des Bundeskanzleramtes beendet.

Teil Eins__Regierungsbauten

Ehemaliges Bundeskanzleramt früheres Staatsratsgebäude
Schlossplatz 1

Mitten in der mittelalterlichen Doppelstadt Berlin und Cölln führte eine kleine Straße von der ältesten Cöllner Kirche, der Petrikirche, zur Dominikanerkirche. Diese Verbindung hatte gegen Ende des 13. Jahrhunderts den Namen Brüderstraße erhalten; in Erinnerung an den Bettelorden der Dominikaner, der 1215 in Spanien gegründet wurde und dem heiligen Paulus geweiht ist. Die Petrikirche hatte bis nach dem Zweiten Weltkrieg ihren Standort ungefähr an der Einmündung Brüder- und Gertraudenstraße, die Dominikanerkirche stand auf dem heutigen Schlossplatz vor dem ehemaligen Staatsratsgebäude.

Der Statthalter des Kurfürsten Georg Wilhelm, Graf Adam von Schwarzenberg (1584–1641), hatte in der ersten Hälfte des 17. Jahrhunderts in der auch Domgasse genannten Straße einen prächtigen Palast, die sogenannte ›Statthalterei‹, errichten lassen. Im frühen 18. Jahrhundert wurde das große Areal nach mehrmaligem Besitzerwechsel parzelliert und mit Wohnhäusern Berliner Bürger bebaut. Das heutige Grundstück des ehemaligen Staatsratsgebäudes umfasst zwei ehemals dicht bebaute Baublöcke zwischen dem Schlossplatz im Norden und der kleinen Sperlings- und Neumannsgasse im Süden. Westlich wird das Grundstück von der Spree und östlich von der Breiten Straße begrenzt.

Mit der Sprengung des Stadtschlosses, das mehr als fünfhundert Jahre lang die Mitte Berlins dominiert hatte, erstrebte die SED-Führung unter Walter Ulbricht unmittelbar nach der Gründung der DDR eine neue städtebauliche Lösung für den nahezu vollständig abgeräumten historischen Schlossbezirk. Die neue Staatsführung beanspruchte die leere Mitte für sich und wollte hier einen Regierungssitz im Stile der Moskauer Lomonossow-Universität errichten. Die Ausführung dieser Pläne verzögerte sich jedoch, nicht zuletzt aus wirtschaftlichen Gründen.

Mit dem Tod des ersten und einzigen Staatspräsidenten der DDR, Wilhelm Pieck, änderte sich 1960 die politische Landschaft erheblich. Statt eines neuen Präsidenten wurde ein 22köpfiger Staatsrat beauftragt, der jetzt die präsidialen Aufgaben und damit auch die völkerrechtlichen Angelegenheiten der DDR regeln sollte. Das Schloss Niederschönhausen bildete ein erstes provisorisches Domizil.

Im Vorfeld der 15-Jahr-Feier der DDR im Oktober 1964 erkannte die Staats- und Parteiführung, dass sich der Umzug des Staatsrats von Pankow in die Mitte Berlins durch die

Inmitten des Gründungsgebietes der mittelalterlichen Doppelstadt Berlin-Coelln steht das heute denkmalgeschützte ehemalige Staatsratsgebäude der DDR.

Gebäudepass Staatsratsgebäude

1297__Anlage der Brüderstraße zwischen Petrikirche und Dominikanerkloster **Ende 14. Jh.**__erste Bebauung der Umgebung zwischen Breiter Straße und Spree **1. Hälfte 17. Jh.**__›Statthalterei‹ für den Statthalter Brandenburgs, Graf Adam von Schwarzenberg, Anlage einer Stechbahn für ritterliche Kampfspiele **um 1700**__Parzellierung der Grundstücke für die Bebauung mit Wohnhäusern **1943 bis 1945**__Zerstörung des innerstädtischen Viertels im Zweiten Weltkrieg **1960**__Gründung des Staatsrats der DDR nach dem Tod von Wilhelm Pieck, Pläne für ein Institut für Marxismus-Leninismus auf dem abgeräumten Baublock zwischen Schlossplatz und Neumanns-/Sperlingsgasse **1962**__Entwurf des Staatsratsgebäudes von Roland Korn und Hans-Erich Bogatzky **3.10.1964**__Eröffnung des Staatsratsgebäudes am Vorabend des 15. Jahrestages der DDR **1989**__Auflösung des Staatsrats der DDR **12.05.1994**__städtebaulicher Wettbewerb ›Spreeinsel‹; der erste Preisträger Bernd Niebuhr sieht Abriss des Staatsratsgebäudes vor – nicht realisiert **06.04.1995**__vorübergehende Nutzung durch das Bundesministeriums für Verkehr, Bauen und Wohnungswesen, Ausstellung ›Hauptstadtplanung für Berlin‹ **1999**__vorübergehender Sitz des Bundeskanzlers **ab 2001**__vorläufig Sitz einer Ausstellung über die künftige Gestaltung des Schlossplatzes

schleppenden Bauarbeiten verzögern würde. Seit Sommer 1960 lag ein Entwurf für das geplante Institut für Marxismus-Leninismus vor, das vis-à-vis zur geplanten Partei- und Regierungszentrale am jetzt Marx-Engels-Platz genannten Areal errichtet werden sollte. Es ist nicht mehr genau zu rekonstruieren, wer den Entwurf dafür lieferte. Mit den Plänen für das Hauptgebäude wurden schließlich die Architekten Roland Korn und Hans-Erich Bogatzky beauftragt. Vorgesehen war ein elfachsiges Gebäude mit einer Länge von 141 Metern. Die Höhe von 27,5 Metern entsprach fast der klassischen Berliner Traufhöhe von 22 Metern, die Tiefe sollte 25 Meter betragen. Das insgesamt 17.600 qm Bruttogeschossfläche umfassende Gebäude wurde am 15. März 1962 genehmigt. Nach sehr kurzer Bauzeit konnte das Staatsratsgebäude am 3. Oktober 1964 seiner neuen Bestimmung übergeben werden.

Im ersten Obergeschoss des insgesamt dreigeschossigen Stahlskelettbaus mit Natursteinverkleidung erstreckt sich an der östlichen Seite zur Breiten Straße ein Festsaal, der einen etwa 40 Meter langen und ein Meter hohen Fries aus Meissner Porzellan enthält. Das vom Berliner Maler Günter Bendel gestaltete Bildfries stellt das Leben in der DDR in zwölf Teilen dar, mit dem ›sozialistischen Werktätigen‹ in der Mitte. An den Festsaal schließt sich der 500 qm große Bankettsaal an, in dem repräsentative Staatsveranstaltungen durchgeführt wurden. Das farbige Glasfenster im Treppenhaus stammt von Walter Womocka und enthält Darstellungen aus der Geschichte der Arbeiterbewegung.

Bei der Sprengung des Berliner Schlosses verschonten die kommunistischen Machthaber das Portal, weil von diesem Balkon Karl Liebknecht am 9. November 1918 die Republik ausgerufen haben soll.

Das ins Staatsratsgebäude eingebaute Schlossportal IV entstammt (entgegen häufigen Behauptungen) nicht von Andreas Schlüter, sondern von Friedrich Eosander von Göthe und bildet eine Wiederholung des 1698–1706 entstandenen Portals V des Schlossbaumeisters. Die Atlantenhermen des um drei Meter vor das Staatsratsgebäude vorgelagerten Portals stammen von Balthasar Permoser, der sie zwischen 1706 und 1708 in Dresden geschaffen hatte. Der plastische Schmuck ist durchweg original erhalten. Der brandenburgische Adler wurde aus ideologischen Gründen aus der Kartusche im Giebel entfernt und statt dessen die Jahreszahlen 1713/1963 eingefügt. Die Sandsteinplatten mussten infolge starker Witterungseinflüsse größtenteils erneuert werden.

Das Portal blieb als einziger baulicher Rest des alten Schlosses im Stadtbild Berlins erhalten, da der Mitbegründer der Kommunistischen Partei Deutschlands, Karl Liebknecht, am 9. November 1918 von diesem Balkon aus gesprochen hatte. Ob er an dem Tag, an dem der Erste Weltkrieg zu Ende gegangen war, hier tatsächlich die sozialistische Republik ausgerufen hat, ist nicht gesichert. Möglicherweise hatte Liebknecht von einem Auto aus geredet, das vor dem Portal am Lustgarten stand, und ist erst dann in das Schloss gelangt.

Nach dem Ende der DDR wurde ein hoher Asbestgehalt im Palast der Republik festgestellt, so dass dieser am 19. September 1990 wegen großer Gesundheitsrisiken geschlossen werden musste. Im Zuge der Forderungen von Politik und Öffentlichkeit, den Wiederaufbau des auf Veranlassung von Walter Ulbricht gesprengten Schlosses im Maßstab 1:1 voranzutreiben, wurde am 12. Mai 1994 der städtebauliche Wettbewerb zur Neuordnung der Spreeinsel entschieden. Als erster Sieger ging der junge Berliner Architekt Bernd Niebuhr hervor. Seiner Planung nach sollte das Schloss zwar in seiner alten räumlichen Dimension wieder neu entstehen, dabei aber einer neuen Architektursprache folgen. In diesem Entwurf zur Neuordnung der Spreeinsel war der Abriss des gesamten DDR-Regierungsviertels und damit auch des denkmalgeschützen Gebäudes für den ehemaligen Staatsrat vorgesehen.

Statt dessen zog aber die Außenstelle des Ministeriums für Verkehr, Bau- und Wohnungswesen in das Gebäude ein. Ab dem 6. April 1995 war Klaus Töpfer als zuständiger Minister gleichzeitig der ›Beauftragte der Bundesregierung für den Berlin-Umzug und Bonn-Ausgleich‹. Seit 1999 ist hier vorübergehend das Bundeskanzleramt untergebracht, bis der Neubau im Spreebogen im Verlauf des Jahres 2001 fertiggestellt sein wird. An den Abriss des denkmalgeschützten Gebäudes ist unabhängig von der Diskussion zum Wiederaufbau des Stadtschlosses nicht gedacht.

Nach Auszug des Bundeskanzleramts im Mai 2001 soll das Gebäude übergangsweise Sitz einer Ausstellung über die künftige Gestaltung des Schlossplatzes sein. Über die entgültige Nutzung wird noch entschieden.

Presse- und Informationsamt der Bundesregierung
Reichstagufer 12–14 und Dorotheenstraße 74–84

Das Presse- und Informationsamt der Bundesregierung, im Regierungsviertel schlicht Bundespresseamt oder BPA genannt, nimmt etwa die Hälfte eines größeren Baublocks ein, der von der Wilhelm-, Dorotheen- und Neustädtischen Kirchstraße sowie vom Reichstagufer begrenzt wird. Das Bundespresseamt hat dabei mehrere ehemals voneinander getrennte Grundstücke und Gebäude erhalten, die hinsichtlich ihrer stadt-, kunst- und architekturgeschichtlichen Bedeutung von ganz unterschiedlicher Qualität sind.

Gemeinsam ist diesen unterschiedlichen Gebäuden aber die Verbindung mit der zweiten barocken Neustadt, der Dorotheenstadt, die auf Veranlassung von Kurfürstin Dorothea westlich vor den Toren der noch mittelalterlich anmutenden brandenburgischen Residenz Berlin-Cölln am 1. Januar 1674 gegründet wurde.

Im frühen 18. Jahrhundert kam es unter den wohlhabenden Berlinern in Mode, sich große Gärten am Rande der dicht bebauten Stadt anzulegen. Am 26. April 1712 bestätigte Friedrich Wilhelm I. seinem Staatsminister Ernst Bogislav von Kamecke dessen Grundstück. Kein geringerer als der Schlossbaumeister Andreas Schlüter realisierte als sein letztes Berliner Werk ein Landhaus, das zu den bedeutendsten Gebäuden der Stadt zählen sollte, bevor es im Bombenhagel des Zweiten Weltkriegs völlig zertrümmert wurde. Im 18. Jahrhundert hatte es mehrfach den Besitzer gewechselt und war unter anderem in die Hände des Porzellanfabrikanten Ernst Gotzkowsky gelangt, der auf dem heutigen Grundstück des Bundesrates und Berliner Abgeordnetenhauses ein zunächst wenig erfolgreiches Unternehmen betrieb, das später als Königliche Porzellanmanufaktur (KPM) verstaatlicht wurde.

Die Freimaurerloge, in der Friedrich II. ab 1738 Mitglied war und die sich in Berlin ab 1764 Loge Royal Yorck nannte, erwarb das Anwesen mit dem großen Garten, der bis an die Spree reichte, im Jahr 1779. Heute steht auf dem Gartengelände das Presse- und Besucherzentrum mit seinem Haupteingang zum Reichstagufer.

Das barocke Landhaus wurde 1881–83 nach den Plänen des bewährten Architektenteams Hermann Ende & Wilhelm Böckmann zum ersten Mal umgebaut und durch einen Anbau erweitert. Gleichzeitig wurde der östliche Teil des Gartens in seiner gesamten Tiefe von der Dorotheenstraße bis zum Reichstagufer abgetrennt und in die Grundstücke Neustädtische Kirchstraße 9 bis 15 parzelliert. Der Bauunternehmer Robert Guthmann erwarb am 4. Oktober

Typisch für ein Wohn- und Geschäftshaus im alten Berlin ist das Gebäude Dorotheenstraße 82, das für das Bundespresseamt frisch renoviert wurde. Die vielleicht schönste Immobilie des Presse- und Informationsamtes ist das Eingangsgebäude der alten Markthalle IV an der Dorotheenstraße.

Gebäudepass: Presse- und Informationsamt der Bundesregierung
1674__Gründung der zweiten, barocken Neustadt, der Dorotheenstadt, auf Veranlassung der Kurfürstin Dorothea; die ›Letzte Straße‹ wird abgesteckt **1674 bis 1696**__Schiffsbauhof auf der Nordseite der ›Letzten Straße‹ **1712**__Errichtung des Landhauses Kameke nach den Plänen des Schlossbaumeisters Andreas Schlüter, Anlage eines großen Gartens; das gesamte Grundstück umfasst die heutige Dorotheenstraße 74–80, die Nordwestseite der Neustädtischen Kirchstraße (Nr. 9–15) sowie Teile des Reichstagufers **1779**__nach mehrfachem Besitzerwechsel gelangt das Landhaus Kameke in den Besitz der Loge Royal Yorck **Ende 18. Jh.**__bis zur Reichsgründung 1871 waren auf den Nachbargrundstücken Dorotheenstraße 82 und 84 (einschließlich Reichstagufer 12–14) Handwerksbetriebe ansässig **1880**__der östliche Teil des Gartens der Loge Royal York wird in die Grundstücke Neustädtische Kirchstraße Nr. 9–15 parzelliert **1881**__Bebauung der Grundstücke Neustädtische Kirchstraße 10–15 mit vierstöckigen, herrschaftlichen Miethäusern (Nr. 16 an der Ecke zum Reichstagufer: 1895) **1881 bis 1883**__Erweiterungsbauten an das Logenhaus im verbliebenen Gartenteil nach Entwürfen von Ende & Böckmann **1886**__Errichtung der Markthalle IV der Stadt Berlin nach Plänen von Hermann Blankenstein auf dem Grundstück Dorotheenstraße 84 einschließlich Reichstagufer 12–14 **1887**__Errichtung eines viergeschossigen Wohn- und Geschäftshauses Dorotheenstraße 82 für den Eisenbahnbauunternehmer Damm **1913 bis 1917**__an Stelle der unrentabel gewordenen Markthalle IV Bau des Postscheckamtes nach Plänen von Alfred Lempp **1943 bis 1945**__Totalschaden an den Gebäuden Dorotheenstraße 74–80 (Loge Royal York einschließlich der Anbauten von 1881–83) sowie Neustädtische Kirchstraße 9–13 durch Bomben im Zweiten Weltkrieg **nach 1949**__Wiederherstellung der Altbauten Neustädtische Kirchstraße 14 und 15, Dorotheenstraße 82 und 84 sowie des Postscheckamts am Reichstagufer (jetzt: Hauptpostscheckamt, Postsparkassenamt und Rechenzentrum der Deutschen Post der DDR) **1964/65**__Neubau einer Betriebskantine in Pavillonbauweise für die Mitarbeiter der umliegenden Ministerien nach Plänen von Heinz Mehlan und Harry Reichert im ehemaligen Logengarten **1989**__Neubau eines Bürogebäudes in Plattenbauweise in der Dorotheenstraße 74–80 (vormals Loge Royal York) **1995**__EU-weiter mehrstufiger Wettbewerb zur Vorbereitung des Standorts für das Bundespresseamt im ehemaligen Postscheckamt; das Berliner Architekturbüro KSP Planung GmbH wird mit dem Projekt beauftragt **1996/97**__erster Bauabschnitt: an Stelle des Gaststättenkomplexes von 1964/65 Errichtung eines neuen Presse- und Besucherzentrums **1998/99**__zweiter Bauabschnitt: Sanierung des Plattenbaus Dorotheenstraße 74–80 **1996 bis 2001**__Wiederherrichtung des alten Postscheckamtes einschließlich der Fassadenrekonstruktion des Altbaus Dorotheenstraße 84 (nach Hermann Blankenstein) und der Dorotheenstraße 82; Anbau eines doppelverglasten Büroriegels von 120 Meter Länge entlang der Brandmauer zwischen altem Postscheckamt und neuem Presse- und Besucherzentrum am Reichstagufer, Verbindung aller Gebäude miteinander **2001**__Baukosten: 218 Millionen DM, Hauptnutzfläche: 15.683 qm, Mitarbeiter: ca. 550. **15.02.2001**__offizielle Einweihung

1880 alle sieben Grundstücke und ließ sie – abgesehen vom Eckgebäude zum Reichstagufer – ein Jahr später mit einer Reihe von hochherrschaftlichen und viergeschossigen Miethäusern bebauen. Die Gebäude Nr. 14 und Nr. 15 an der Ecke zur Neustädtischen Kirchstraße stehen noch. In der Nr. 15 befindet sich der Hauptzugang zum Bundespresseamt.

Die Stadt Berlin erwarb das Grundstück Dorotheenstraße im Jahre 1884 und veräußerte es bereits 1886 wieder. Ein Eisenbahnbauunternehmer namens Damm ließ hier im darauffolgenden Jahr ein viergeschossiges Wohn- und Geschäftshaus mit zwei Seitenflügeln errichten, das heute noch vom Presseamt der Bundesregierung genutzt wird. Das Nachbargebäude Nr. 29 (heute: Nr. 84) stammt aus dem Frühjahr 1886 und bildete den Kopfbau zur ehemaligen Markthalle IV.

In Berlin gab es seit dem 1. Januar 1909 offiziell den bargeldlosen Postscheckverkehr, dessen großer Erfolg das alte dorotheenstädtische Postamt, das heute noch gegenüber dem Haupteingang des Maritim-Pro-Arte Hotels in der Dorotheenstraße steht, bald zu klein werden ließ. Daher richtete sich die Aufmerksamkeit der Post auf dieses nahegelegene städtische Grundstück und dessen Markthalle, deren Kopfbau jetzt zum Entrée für ein große Schalterhalle umgebaut wurde. Diese bildete den baulichen Kern eines neuen, zentralen Postscheckamtes für Berlin, dessen Hauptgebäude nach Plänen von Alfred Lempp 1923–25 auf dem hinteren Teil des Grundstücks errichtet wurde. Das neue Postscheckamt, das nahezu 20% des gesamten Scheckverkehrs der Reichshauptstadt abwickelte, erstreckte sich mit seinen Büroetagen am Reichstagufer 12–14.

Das Postscheckamt erlitt im Zweiten Weltkrieg – gemessen an seiner innerstädtischen Lage – relativ wenige Bombenschäden. Vor allem das Verwaltungsgebäude am Reichstagufer hatte den Bomben weitgehend Stand gehalten, die Schauseite zur Dorotheenstraße war aber so beschädigt worden, dass die alte – noch von Blankenstein stammende Fassade – mit dem Wiederaufbau in der DDR heruntergeschlagen und durch eine nichtssagende und abweisende Raupputzfassade ersetzt wurde. Nach der Gründung der DDR wurde das alte Postgebäude als Postsparkassenamt und als Hauptpostscheckamt genutzt, in den 70er Jahren fand das Rechenzentrum der Deutschen Post der DDR hier seinen Sitz.

Den benachbarten Gebäuden auf dem ehemaligen Logengrundstück war es weniger gut ergangen. Die Loge Royal York ist während des Krieges völlig vernichtet worden, einschließlich der kurzfristig hier eingelagerten Bücher der Bibliotheken des Reichstags wie des Preußischen Landtags.

Bis auf die wieder hergerichteten Altbauten in der Neustädtischen Kirchstraße 14 und 15 wurde nach dem Zweiten Weltkrieg das gesamte alte Logengrundstück enttrümmert. 1964 erfolgte erstmals wieder eine Neubebauung. Das Architektenkollektiv von Heinz Mehlan und Harry Reichert errichtete hier – zurückgesetzt zum Reichstagufer – einen Gaststättenkomplex in Pavillonbauweise, in dem bis 1989 auch eine Kantine für die Mitarbeiter der umliegenden Ministerien der DDR untergebracht war. In der Dorotheenstraße 74–80 wurde noch 1989 vor dem Pavillon ein Plattenbau fertiggestellt, der ziemlich genau jenen Teil des Grundstücks einnimmt, auf dem bis 1943 das Logenhaus stand. In der Neustädtischen Kirchstraße 15 war bis zum Fall der Mauer der ›Sportverlag Berlin‹ untergebracht.

Das renovierte Gebäude Dorotheenstraße 74–80: jetziges Bundespresseamt

An der Ecke zur Neustädtischen Kirchstrasse erstrahlt ein ehemals herrschaftliches Wohnhaus in frischem Gelb, das während des Baubooms der Gründerjahre entstanden war.

Nach dem Hauptstadtbeschluss für Berlin entschied die Bundesregierung, das Presse- und Informationsamt im ehemaligen Postscheckamt am Reichstagufer 12–14 einzurichten. Dabei sollten die beiden Altbauten in der Dorotheenstraße 82 und 84, die in ihrem Kern aus den Jahren 1887 und 1886 stammten, integriert werden. Es wurde jedoch schnell deutlich, dass der erwartete Platzbedarf damit nicht gedeckt werden konnte. Deshalb wurden auch das alte Logengelände mit den beiden Altbauten an der Neustädtischen Kirchstraße sowie die aus der DDR-Zeit stammenden Gaststättenpavillons und der Plattenbau an der Dorotheenstraße dem Bundespresseamt zur weiteren Nutzung übergeben.

Das denkbar heterogene Gebäudeensemble, das die verschiedenen städtebaulichen und architektonischen Schichten wenigstens der letzten hundert Jahre deutlich aufzeigt, musste jetzt für den neuen Zweck umgestaltet werden. Diese schwirige Aufgabe übernahm das Berliner Architekturbüro KSP (Engel, Kraemer, Schmiedecke, Zimmermann) Planung GmbH, das ein EU-weites, mehrstufiges Auswahlverfahren für sich entschieden hatte.

Im September 1996 begann der Umbau des ehemaligen Gaststättenpavillons zum Presse- und Besucherzentrum. Das mit dem Altbau Neustädtische Kirchstraße 15 verbundene Haus wurde Ende Oktober 1997 bezugsfertig. Die Stahl-Glas-Fassade, die für die Transparenz und Offenheit des deutschen Pressewesens stehen soll, wurde in grauen Naturstein eingefasst, während der Hauptsaal im Inneren mit Edelstahl verkleidet ist. In dem Pressezentrum, dem ein großer Vorplatz zum Reichstagufer und zur Neustädtischen Kirchstraße vorgelagert ist, stehen neben modernen Kommunikationstechniken für die Journalisten sechs Säle mit einer Fläche von insgesamt 540 qm zur Verfügung.

Der zweite Bauabschnitt sah die vollständige Modernisierung des Plattenbaus an der Dorotheenstraße 74–80 vor. Da dieses Gebäude schon zu DDR-Zeiten zu Bürozwecken vorgesehen war, erstreckten sich die Arbeiten unter Beibehaltung des inneren Grundrisses mehr auf den Außenbereich. Die Fassaden erhielten eine moderne orangebraune Farbgestaltung; ein gläsernes Staffelgeschoss und vorstehende Fensterlaibungen setzen neue Akzente.

Der dritte und letzte Bauabschnitt galt dem Postscheckamt und dem ehemaligen Kopfgebäude der Markthalle. Die denkmalgeschützten Gebäude wurden unter weitestgehendem Erhalt der originalen Bausubstanz für eine moderne Büronutzung saniert. Selbst die ursprüngliche, von Hermann Blankenstein stammende und nach dem Zweiten Weltkrieg entfernte Fassade in der Dorotheenstraße 84 konnte originalgetreu rekonstruiert werden. Dieser im Juli 1997 begonnene Bauabschnitt wurde 2001 beendet. Bis 1999 verschwand auch die unansehliche Brandmauer, die von der Neustädtischen Kirchstraße aus zu sehen war, hinter einem verglasten Ergänzungsbau zwischen dem alten Postgebäude und dem 1997 fertiggestellten Presse- und Besucherzentrum. Der 120 Meter lange Gebäudeteil nimmt die großzügige Geschosshöhe des Altbaus wieder auf und verbindet alle Baulichkeiten miteinander.

Das gesamte Bauprojekt schlug mit etwa 218 Millionen DM zu Buche. Auf einer Hauptnutzfläche von 15.683 qm stehen ca. 550 Arbeitsplätze zur Verfügung. Die offizielle Eröffnung des Bundespresseamtes erfolgte am 15. Februar 2001.

Teil Eins_Regierungsbauten

Auswärtiges Amt
Werderscher Markt 1

Anstelle des alten Reichsbankgebäudes steht jetzt der neue Kopfbau für das Auswärtige Amt.

Die älteste Berliner Brücke, die Jungfernbrücke gibt den Blick frei auf den erhaltenen Teil der alten Reichsbank.

Das in der Rangfolge wichtigste Ministerium, das Auswärtige Amt, liegt auf dem Gebiet der ersten planmäßigen Stadterweiterung der mittelalterlichen Doppelstadt Berlin und Cölln. Kurz nach dem 30jährigen Krieg wurde das frühere Sumpfland westlich der brandenburgischen Residenz trockengelegt und zur Bebauung vorbereitet. Die kleine, der alten Stadt Cölln nach Westen vorgelagerte Insel befand sich bereits seit 1442 im Besitz der Hohenzollern und wurde als Lagerplatz genutzt. Durch die nahe Schleuse kam es zu regelmäßigen Überschwemmungen, die eine städtebauliche Entwicklung jahrhundertelang verzögerten. Lediglich ein Jägerhaus mit einem Garten, in dem man Bären hielt, fand sich in der morastigen Gegend. Dieser Garten, der auch zur Lagerung von Brennholz verwendet wurde, gab der erst 1934 aufgehobenen Holzgartenstraße ihren Namen, der die heutige nicht-öffentliche Verbindungsstraße zwischen Alt- und Neubau des Auswärtigen Amtes entspricht.

1662 entstand auf einem räumlich sehr kleinen Gebiet, nämlich zwischen dem heutigen Zeughaus Unter den Linden im Norden und dem kaum noch auszumachenden Spittelmarkt im Süden, der Friedrichswerder, der von seiner Gründung bis 1709 eigene Stadtrechte mit einem eigenen Magistrat und eigener Gerichtsbarkeit besaß. Das bis 1678 errichtete Rathaus der ersten barocken Neustadt lag in dem Straßengeviert, in dem heute der Neubau des Auswärtigen Amtes steht.

Das Rathaus wurde 1794 bei einem Brand zerstört. Heinrich Gentz, Schüler von Karl von Gontard und 1799 Mitbegründer der Bauakademie, entwarf einen Neubau für die Münze, die von 1798 bis 1800 auf dem alten Rathausgrundstück errichtet wurde. Das in frühklassizistischer Bauweise ausgeführte Gebäude trug als wichtigsten Fassadenschmuck einen bronzierten Sandsteinfries nach Plänen von Johann Gottfried Schadow. In die Münze zogen neben den Prägewerkstätten zunächst auch das Naturalienkabinett und die oberste Berliner Baubehörde, das Ober-Bau-Departement, ein. Alle preußischen Münzen mit dem Aufdruck ›A‹ sind hier geprägt worden.

Umgeben war die Münze von einer kleinparzellierten, dichten Mietshausbebauung, die vom Ende des 18. bis zum frühen 20. Jahrhundert mehrfach überformt worden ist. Ab 1861 wurde die Münze vom Werderschen Markt zur Blockseite an der Unterwasserstraße verlegt und der Altbau abgerissen. Nachweisbar sind unter anderem am Werderschen Markt 9–12/

56

Gebäudepass: Auswärtiges Amt

1442__sumpfige Insel westlich der mittelalterlichen Doppelstadt Berlin-Cölln **1650**__Trockenlegung des Sumpfes **1662**__Gründung der ersten barocken Stadterweiterung, dem Friedrichswerder **1678**__Rathaus Friedrichswerder (Stadtrechte bis 1709) **1798 bis 1800**__Bau der Münze nach Plänen von Heinrich Gentz an Stelle des 1794 abgebrannten Rathauses **1828 bis 1934**__Wohnhaus des Kaufmanns Weydinger in der Unterwasserstraße 5, Umbau nach Plänen von Karl Friedrich Schinkel **1861 bis 1871**__Verlegung der Münze in die Unterwasserstraße **1934 bis 1940**__Neubau der Reichsbank nach den Plänen von Heinrich Wolff, Abbruch der ersten Gebäude auf dem Baublock des heutigen Auswärtigen Amtes **1943 bis 1945**__Zerstörung der bis 1939 verbliebenen Bausubstanz im Zweiten Weltkrieg **1944**__Berliner Stadtkontor in der alten Reichsbank **1959 bis 1989**__Zentralkomitee (ZK) der SED **1990**__Haus der Parlamentarier; Beschluss der Abgeordneten der Volkskammer der DDR für den Beitritt zur Bundesrepublik Deutschland **11.05.1994**__Berliner Architekt Bernd Niebuhr gewinnt den städtebaulichen Wettbewerb ›Spreeinsel‹; Neubau des der alten Reichsbank vorgelagerten und seit 1945 unbebauten Baublocks **September 1996**__Thomas Müller und Ivan Reimann gewinnen den Wettbewerb zum Neubau eines Kopfbaus für das Auswärtige Amt; Baubeginn **15.12.1999**__Fertigstellung und Eröffnung; Baukosten Altbau: 288 Mio DM, Hauptnutzfläche: 62.000 qm; Neubau: 168 Mio DM, Hauptnutzfläche: 16.000 qm

Ecke Unterwasserstraße ein 1873 errichtetes Kaufhaus des auf Geschäftshäuser spezialisierten Architektenbüros Johann Becker & Schlüter, das im Bombenhagel des Zweiten Weltkriegs verschwunden ist. Das Gebäude des Oberlandeskulturamtes in der Unterwasserstraße 5 enthielt noch Bauteile aus der Zeit um 1700, ehe es der Kaufmann Weydinger 1828 – vermutlich unter Mitwirkung Schinkels – umbauen ließ. Dieses in der Baugeschichte Berlins äußerst bedeutende Haus gelangte 1850 in den Besitz des preußischen Staates. Es wurde 1934 abgerissen, um das Reichsbankviertel neu zu ordnen.

Die beiden vorangegangenen Beispiele stehen für die Entwicklung des Baublocks nach 1933. Die auf dem südwestlichen Nachbarblock befindliche Reichsbank, die 1869–76 von Schinkels Mitarbeiter Friedrich Hitzig errichtet worden war, sollte erweitert werden. Dafür ließen die Nationalsozialisten eines der ältesten und baugeschichtlich bedeutendsten Altstadtviertel der Reichshauptstadt flächenmäßig abräumen. Die Gebäude im Baublock des heutigen Auswärtigen Amtes wurden in den 1930er Jahren zur Hälfte abgerissen. Neben der Münze an der Unterwasserstraße blieben lediglich die Bebauung zum Werderschen Markt und die Häuser Kurstraße 8 und 9 stehen. Diese Blockhälfte wurde während des Zweiten Weltkrieges völlig zerstört, die Reste nach 1945 enttrümmert, so dass bis 1997 ein leeres innerstädtisches Areal zurückblieb. Am 5. Mai 1934 fand unter großer Beteiligung der NS-Prominenz die Grundsteinlegung zum neuen

→

Reichsbankgebäude statt. Obwohl ein Architekturwettbewerb mit bedeutenden Architekten veranstaltet worden war und Hitler persönlich den Fortgang der Ausschreibungen verfolgte, bestimmte das Reichsbankdirektorium den hauseigenen Architekten Heinrich Wolff mit der Ausführung der Pläne. Es entstand das damals größte Gebäude Berlins, das mit seinem unbebauten Raum das Reichstagsgebäude um fast das Anderthalbfache überstieg. Der Bau für etwa 5000 Mitarbeiter folgte zwar der aufkommenden Architekturauffassung des Dritten Reichs, weist aber Bezüge zur Moderne auf. Hierfür steht vor allem das sandsteinverkleidete Stahlskelett mit insgesamt acht Geschossen. In den drei unterirdischen Geschossen lagerten in Tresoren, die mit Lastautos durchfahren werden konnten, die Goldreserven des Reichs.

Das Bankgebäude trug im Zweiten Weltkrieg zwar Brandschäden davon, konnte aber bereits ab Juni 1945 wieder als Zentrale des Berliner Stadtkontors genutzt werden. Es war zu diesem Zeitpunkt die einzige noch autorisierte Bank im sowjetischen Sektor Berlins. Nach der Gründung der DDR zog zunächst das Finanzministerium ein, ehe ab 1959 das Zentralkomitee (ZK) der SED hier seinem Sitz fand. 1972 erfolgte eine umfassende Sanierung des Inneren. Das vormals öffentliche und offene Gebäude war bis zur Wende 1989 eines der am besten geschützten und verschlossenen Gebäude der DDR.

Nach den Wahlen zur ersten und einzigen freien Volkskammer der DDR am 18. März 1990 zogen deren Abgeordnete in das nun verwaiste Haus, das in dieser Übergangszeit ›Haus der Parlamentarier‹ genannt wurde. Da der Volkskammersaal im Palast der Republik im September 1990 durch den Asbestbefund nicht mehr zur Verfügung stand, stimmten die Abgeordneten des noch bestehenden DDR-Parlaments hier dem Beitritt zur Bundesrepublik Deutschland und damit auch der Wiedervereinigung zu. Am 2. Oktober 1990 löste sich die Volkskammer auf. Nach der Wiedervereinigung gab es kurzfristige Zwischenmieter, ehe 1995 Hans Kollhoff mit einem Sanierungsgutachten beauftragt wurde. 2.280 Räume waren herzurichten, die einzelnen Bauschichten aus den 30er, 50er und 70er Jahren sollten allerdings sichtbar bleiben. Das Haus wurde dem Auswärtigen Amt zugeteilt und bildet heute dessen ›Altbau‹.

Nach den Wettbewerben zur Gestaltung des Spreebogens und der Wilhelmstraße begann 1993 der dritte und für die Innenstadt von Berlin bedeutendste Wettbewerb, der zweistufige ›Städtebauliche Ideenwettbewerb Spreeinsel‹.

Am 11. Mai 1994 wurden schließlich fünf Preise und sieben Ankäufe vergeben. Den Wettbewerb hatte der junge Berliner Architekt Bernd Niebuhr für sich entschieden, der auf der Spreeinsel die Ansiedlung des Innen- und des Außenministeriums vorsah. Die meisten Häuser aus DDR-Zeiten sollten abgerissen und das alte Schlossgelände mit einem Gebäude bebaut werden, das den alten Schlossgrundriss zwar aufnehmen, aber sonst ein modernes Äußeres erhalten sollte.

Von besonderem Reiz ist der sogenannte Stadthof, von dem aus auch die Friedrich-Werdersche Kirche von Karl-Friedrich-Schinkel zu sehen ist, die der Bundesoberbehörde gegenüber liegt.

Die seit Anfang 1993 gehegten Pläne, auch das Bundesministerium des Innern im alten Reichsbankgebäude oder im ehemaligen Staatsratsgebäude unterzubringen, mussten im Sommer 1994 aufgegeben werden. Der Beschluss von 1995, das alte Reichsbank- und spätere ZK-Gebäude zum Sitz des Auswärtigen Amtes umzubauen, machten auch einen sogenannten ›Kopfbau‹ auf der vorgelagerten Freifläche notwendig. Den Bauwettbewerb gewannen die Berliner Architekten Thomas Müller und Ivan Reimann, die eine Erweiterung in Form von wechselnden Gebäudekubaturen mit drei verschiedenen Höfen vorgeschlagen hatten.

Zum Werderschen Markt hin entstand der Lichthof, der einen großzügigen Blick auf die städtische Platzanlage mit der Friedrichswerderschen Kirche freigibt. Die Bürofenster der Bediensteten gehen in den Lichthof. Die Verschmelzung der räumlichen Ebenen von Stadt und Büroanlagen soll den offenen Charakter des Hauses betonen und einen Kontrast zu den früher hier hermetisch abgeriegelten Regierungsgebäuden bilden.

Die baumbestandene Terrasse, die sogenannte Stadtloggia, öffnet sich als dritter Hof zur Unterwasserstraße. Eine geschickte Tageslichtführung erhellt die Bibliothek mit ihren ca. 500.000 Bänden. Zwischen dem Alt- und Neubau liegt endlich der Empfangshof, in dem der deutsche Außenminister die Staatsgäste begrüßt. Das Büro des Ministers befindet sich – mit Blick auf den Empfangshof – im zweiten Geschoss des Altbaus. Hier hatte vormals der Staatsratsvorsitzende der DDR seine Räume.

Der Grundriss ist der Baufluchtlinie des alten Bankgebäudes angepasst, die Außenfassade mit Terrakotta gedeckt. Alt- und Neubau werden von der Kurstraße aus erschlossen. Die Baukosten für den Neubau mit einer Hauptnutzfläche von 16.000 qm beliefen sich auf ca. 168 Millionen DM, die Renovierung des Altbaus kostete 288 Millionen DM. Insgesamt stehen dem Ministerium 62.203 qm Hauptnutzfläche zur Verfügung. Am 15. Dezember 1999 wurde das Gebäude seiner Bestimmung übergeben.

*Teil Eins*__Regierungsbauten

Bundesministerium des Innern
Alt-Moabit 101

Um die Straße Alt-Moabit herum siedelten sich im 19. Jahrhundert die Großbetriebe von August Borsig, Ludwig Loewe, von Schwarzkopff, der AEG, Schultheiss und anderen an. Zugleich florierte inmitten eines der wichtigsten und innovativsten Industriezentren Berlins in den 1830er Jahren auch ein traditioneller Gewerbezweig. 1832 ließ Johann Schumann auf dem Grundstück Alt-Moabit 104–105 eine gleichnamige Porzellanfabrik errichten – neben dem qualitativ hochwertigeren Porzellan der KPM war das Schumann-Porzellan das bekannteste Berliner Porzellan, das in Sammlerkreisen heute noch gesucht wird. Auf dem östlichen Nachbargrundstück Alt-Moabit 99–103 hatte sich der Fabrikant, dessen Sohn Adolf 1835 die Firma übernahm, eine Villa bauen lassen, deren parkähnlicher Garten bis an die Spree reichte.

Nach dem Tod Adolf Schumanns begann ab 1851 allmählich der Niedergang der Porzellanfabrik. 1886 erwarb der Handwerker Carl Bolle Villa und Garten und kaufte 1904 auch die östlichen Grundstücke Alt-Moabit 104–105, auf denen die eigentliche Fabrik stand. Reich wurde Bolle als Milchhändler, der die damals noch nicht konservierte Milch mit Wagen an seine Kundschaft ausfahren ließ. Ein 1886/87 erbauter, langgestreckter Bau für die Milchverwertung, der dreigeschossig in typischer Berliner Backsteinbauweise errichtet wurde, steht heute noch dem Neubau für das Innenministerium gegenüber und wird nun von einem Hotel genutzt.

Nach dem Niedergang des Unternehmens zog in den 70er Jahren der kleine Lieferbetrieb von Ernst Freiberger auf das verwahrloste Gelände. Freiberger erlebte – wenn auch nicht mit Milch, sondern mit Tiefkühlpizza – einen ähnlichen kometenhaften Aufstieg wie Carl Bolle hundert Jahre zuvor. Der heute größte Hersteller Europas für Pizza und Tiefkühlkost konnte das gesamte alte Meiereigelände noch kurz vor dem Fall der Mauer günstig erwerben.

Freiberger wollte in der alten Industriegegend einen Neubaukomplex errichten, der zumeist Büroflächen enthalten sollte. Dazu wurde ein eingeschränkter, städtebaulicher Wettbewerb ausgeschrieben, den das Berliner Architekturbüro Kühn-Bergander-Bley 1990 für sich entscheiden konnte. Bis 1995 entstand ein Komplex mit mehreren Neubauten, der sich um einen Teil der denkmalgeschützten Altbauten gruppierte.

Im Zentrum steht ein U-förmiges Bürogebäude mit zwölf Etagen und einer Fassade aus hellen Natursteinen und Glas. Umschlossen wird der doppelte Zylinder in der Beuge des ›U‹

Das alte Industriegelände inmitten des Ortteils Moabit wurde nach der Wiedervereinigung zu einem Bürogelände umgestaltet.

von einer kreisrunden Eingangshalle. Das Ministerium des Innern nutzt allerdings nicht den gesamten Komplex, sondern belegt lediglich den östlichen Zylinder samt angeschlossener Seite und damit etwa zwei Drittel der Gesamtfläche. Da das Innenministerium mit dem Auswärtigen Amt sowie dem Justiz-, Wirtschafts- und Finanzministerium zu den fünf wichtigen Kernressorts zählt, sind alle 900 Mitarbeiter vom Rhein an die Spree umgezogen. Die Hauptnutzfläche der einzigen von der Regierung genutzten Immobilie, die sich nicht im Besitz des Bundes befindet, beträgt etwa 24.000 qm. Der Innenausbau für das Ministerium begann am 1. Oktober 1997 und wurde am 31. Juli 1999 abgeschlossen. Das Arbeitszimmer des Ministers liegt im 13. Stock.

Gebäudepass: Bundesministerium des Innern
1527__Tiergarten als kurfürstliches Jagdrevier angelegt **1655**__Abtrennung des Teils nördlich der Spree als sogenannter ›Hinterer Tiergarten‹ **1717 bis 1719**__Anlage von Pulvermühlen und –wiesen zwischen heutiger Paul- und Kirchstraße **ab 1800**__Ausbau des Kasernenstandorts Moabit, Ansiedlung von großen Maschinenbaubetrieben im Rahmen der Industrialisierung Berlins (Borsig, Loewe, Schwarzkopff u.a.) **1832**__Einrichtung einer Porzellanfabrik von Johann Schumann auf dem Grundstück Alt-Moabit 103–104, Bau einer Villa mit parkähnlichem Garten auf den westlich benachbarten Grundstücken Alt-Moabit 99–103 **1851**__beginnender Niedergang der Schumann'schen Porzellanfabrik **1886/1904**__Kauf des gesamten Schumann'schen Areals durch den Maurer und Kaufmann Carl Bolle, Bau einer Meierei für Milchverwertung **1886 bis 1989**__Nutzung durch die Meierei Carl Bolle und ihre Nachfolgeeinrichtungen **1943 bis 1945**__schwere Kriegsschäden auf dem Gelände **nach 1955**__die Meierei und eine angeschlossene Supermarktkette verlieren in den folgenden Jahrzehnten an wirtschaftlicher Kraft **1989**__Verkauf des Areals an den Unternehmer Ernst Freiberger, der vorher selbst Mieter des Grundstücks gewesen war **1990**__eingeschränkter städtebaulicher Wettbewerb zur Neuordnung des Industrieareals; das Berliner Architekturbüro Kühn-Bergander-Bley setzt sich mit seinen Entwürfen durch **1990 bis 1995**__denkmalgerechte Wiederherrichtung der Altbauten, Neubau 1996__Beschluss des Bundes, zwei Drittel der Bürofläche des Neubaus auf 30 Jahre für das Innenressort anzumieten **1997 bis 1999**__Abschluss des Innenausbaus **01.07.1999**__offizieller Einzugstermin des Ministeriums

Teil Eins_Regierungsbauten

Bundesministerium der Justiz
Jerusalemer Straße 24–28

Der Hausvogteiplatz, der Standort des Bundesministeriums der Justiz, liegt zwischen zwei weitaus bekannteren Plätzen, dem Gendarmenmarkt und dem noch zu gestaltenden Schlossplatz, und wirkt auf den ersten Blick sehr unscheinbar. Dabei befindet sich das Justizministerium nicht nur an einer zentralen Stelle des Regierungsviertels, hinter der heterogenen Baustruktur verbirgt sich auch ein bedeutender Teil Berliner Stadtgeschichte.

Nach dem 30jährigen Krieg hatte der Große Kurfürst 1658 mit dem Bau einer Befestigungsanlage um seine brandenburgische Residenz begonnen, die sie im Fall einer erneuten Kriegsbedrohung besser schützen sollte. Die neue Befestigungsmauer wurde bis 1685 sternförmig um das alte Stadtgebiet gelegt – einige der ehemals dreizehn ›Zacken‹ des Sterns lassen sich – als unregelmäßig angelegte Plätze – noch heute im Stadtbild erkennen, so z.B. der Hackesche Markt im Norden und der Hausvogteiplatz im Süden.

Der Hausvogteiplatz erhielt seinen Namen nach dem Gefängnis, das Friedrich II. um 1750 als Untersuchungsgefängnis hatte errichten lassen. Im letzten Jahrzehnt des 19. Jahrhunderts entstand hier ein Erweiterungsbau der Reichsbank. Das heute freiliegende und unbebaute Areal gibt den Blick zum Auswärtigen Amt frei.

Der Platz bildete die Nahtstelle zwischen der Friedrichstadt und dem Friedrichswerder, der 1662 als erste barocke Stadterweiterung angelegt worden war, nachdem man hier die Sümpfe ausgetrocknet hatte. Die zunächst sehr schlichte Architektur ließ Friedrich II. gegen Ende seiner Regierungszeit durch einige steinerne Schmuckbrücken aufwerten – in diesem Zusammenhang entstanden auch die Mohrenkolonnaden nach den Entwürfen von Carl Gotthard Langhans, der kurz darauf mit den Planungen zum Bau des Brandenburger Tores beginnen sollte. Die Mohrenkolonnaden sind im heutigen Stadtbild die letzten Brückenaufbauten an historischer Stelle und werden – als südlicher Teil – zukünftig den Eingang zum ›Repräsentationshof‹ bilden, in dem die Gäste des Minsteriums empfangen und protokollarische Veranstaltungen durchgeführt werden. Nach den starken Beschädigungen, die die Mohrenkolonnaden im Zweiten Weltkrieg davongetragen hatten, mussten die Fronten aus jeweils fünf Arkaden auf gekuppelten toskanischen Säulen, die bekrönenden Triglyphenfriese und das ausladende Dachgesims ebenso restauriert werden wie der Risalit mit abschließendem Dreiecksgiebel. Der plastische Schmuck des kunsthistorisch wertvollen Ensembles stammt

Die Mohrenkolonnaden bilden den baulichen Höhepunkt des neuen Ministeriums für Justiz, das in einem Konglomerat aus den verschiedensten Gebäuden unweit des Gendarmenmarktes untergebracht ist.

aus der Werkstatt von Johann Gottfried Schadow, jenem Künstler, der unter anderem mit der Quadriaga auf dem Brandenburger Tor in die Berliner Kunstgeschichte eingegangen ist. Die Figuren auf den seitlichen Simsen symbolisieren, den damaligen Festungsgraben überschreitend, die Flussgötter der vier Erdteile.

Während die westliche und nördliche Umgebung des Gendarmenmarktes im Wesentlichen von den Repräsentationsgebäuden der großen deutschen Banken und Versicherungsgesellschaften bestimmt war, befanden sich an der Ostseite – abgesehen von der nahegelegenen Reichsbank am Werderschen Markt – viele Kontor- und Handelshäuser der Berliner Konfektionsindustrie, die bis zum Zweiten Weltkrieg Weltruf genoss. Die im Straßengeviert von Markgrafen-, Mohren-, Jerusalemer- und Kronenstraße ursprünglich im 17. und 18. Jahrhundert errichtete kleinparzellierte Wohnbebauung musste zwischen Reichsgründung und Erstem Weltkrieg mehr und mehr den großen Handelshäusern weichen.

In der Mohrenstraße 36 entstand nach den Plänen des Architekten Otto Rieth das Haus Stern, dessen Fassade deutliche Anklänge an den Jugendstil aufweist. Der linke Gebäudeteil wurde 1914 nach den Plänen von Hermann Muthesius hinzugefügt. Muthesius, ein Vordenker

Gebäudepass: Bundesministerium der Justiz
1658__Bastionsbau unter Leitung des Ingenieurs Johann Gregor Memhardt, Berlin erhält eine sternförmige Stadtmauer, eine der dreizehn ›Zacken‹ ist der spätere, unregelmäßig angelegte Hausvogteiplatz **1662**__erste barocke Stadterweiterung Berlins nach Westen; der Friedrichswerder entsteht innerhalb der Bastion auf dem Gelände trockengelegter Sümpfe **1688**__die Friedrichstadt entsteht als dritte barocke Stadterweiterung vor den Toren der Stadt; Anlegung der Mohren-, Kronen- und der Jerusalemer Straße **1750**__das Untersuchungsgefängnis für Häftlinge, die dem Hofgericht unterstellt sind, entsteht auf Veranlassung Friedrich II.; das Grundstück der sogenannte Hausvogtei wird später von der Reichsbank bebaut, heute unbebautes Trümmergrundstück **1787**__die Mohrenkolonnaden werden auf dem Festungsgraben, der die Stadtteile Friedrichswerder und Friedrichstadt trennt, nach den Plänen von Carl Gotthard Langhans gebaut, plastischer Schmuck aus der Werkstatt von Johann Gottfried Schadow **1858**__Bau des Wohn- und Geschäftshauses für den Hofjuwelier Wilm in der Jerusalemer Straße 25 nach Plänen des Architekten Hermann Waesemann (im Zweiten Weltkrieg zerstört) **1896**__›Haus Nagel‹ in der Mohrenstraße 37a, Architekt: Carl Bauer **1901/1914**__›Haus Stern‹ in der Mohrenstraße 36, rechter Gebäudeteil: Jugendstilfassade von Otto Rieth, linker Gebäudeteil: Fassadenentwurf von Hermann Muthesius **1912 bis 1914**__›Prausenhof‹ in der Mohrenstraße 37b, Architekt: Ludwig Otte; zweite Gebäudefront Kronenstraße 38–40 **nach 1933**__Enteignung der zumeist jüdischen Konfektionshäuser, Umbau zu Bürohäusern **1943 bis 1945**__schwere Kriegsschäden im gesamten Baublock **nach 1945**__Wiederaufbau der Gebäude Mohrenstraße 36–37b und der Mohrenkolonnaden **nach 1949**__Amt für Erfindungs- und Patentwesen der DDR im ›Prausenhof‹ und im ›Haus Nagel‹ (bis 1990) **1977 bis 1990**__Internationales Presseamt der DDR im ›Haus Stern‹ **09.11.1989**__Ankündigung der Reisefreiheit für alle DDR-Bürger durch das Politbüromitglied Günter Schabowski im Internationalen Presseamt führt am selben Abend zur Öffnung der Mauer **1990 bis 1994**__Plattenneubau an der Jerusalemer Straße 24–28 **1995**__Einzug des Bundesministeriums der Justiz **1997 bis 2000**__Umbau des gesamten baulich inhomogenen Blocks durch das Architekturbüro Eller & Eller, Düsseldorf/Berlin; Baukosten: 230 Millionen DM, Hauptnutzfläche: 22.950 qm **1999**__Neubau und Erweiterung Kronenstraße 41

der Moderne in den Zeiten der überladenen wilhelminischen Architektursprache, nahm mit seinem Entwurf zwar noch die traditionellen Elemente der beliebten historisierenden Formensprache auf, orientierte sich aber gleichzeitig schon an einer klareren Gliederung der Fassade, wie sie Alfred Messel vorgegeben hatte.

Benachbart in der Mohrenstraße 37b wurde von 1912–14 der sogenannte Prausenhof nach einem Entwurf von Ludwig Otte errichtet. Der Namen bezieht sich auf den Bauherrn, den Handelsrichter Oswald Prause. Dieses Kontorhaus umspannt die gesamte Blocktiefe und hat eine zweite Schauseite zur Kronenstraße 38–40. Schließlich grenzt das Haus Nagel an den Prausenhof an, das 1896 als Kaufhaus nach den Plänen von Carl Bauer errichtet worden ist.

Restaurierte Widderköpfe eines Säulenkapitells im ehemaligen ›Pausenhof‹.

Die zumeist jüdischen Konfektionshäuser wurden im Dritten Reich nach und nach enteignet und größtenteils schon vor dem Zweiten Weltkrieg zu Bürogebäuden umgebaut. Bis auf die genannten Handelshäuser und die Mohrenkolonnaden ist die gesamte Bausubstanz den Bombardements zum Opfer gefallen. Im Bombenhagel versunken ist auch das Wohn- und Geschäftshaus des Hofjuweliers Wilm, das 1858 nach den Plänen von Hermann Waesemann, dem Architekten des Roten Rathauses, auf dem Grundstück Jerusalemer Straße 25 errichtet worden war.

Erst in den 80er Jahren beschloss die DDR-Regierung, die Friedrichstadt städtebaulich aufzuwerten. Dabei konzentrierten sich die Bemühungen zwar auf die Neubebauung der Wilhelmstraße, den Ausbau der Friedrichstraße zur Geschäftsmeile und den Wiederaufbau des Gendarmenmarktes, für die Trümmergrundstücke Jerusalemer Straße 24–28, Mohrenstraße 38 und Kronenstraße 35–37 war jedoch ein Erweiterungsbau für das Patentamt der DDR in traditioneller Plattenbauweise vorgesehen. Das Bundesministerium der Justiz war zwar – wie alle anderen Ministerien auch – bereits seit 1990 mit einer Außenstelle in Berlin vertreten, wählte diesen Plattenbau aber erst Anfang Januar 1995 zu seinem Domizil, nachdem der Bund den Rohbau Ende 1994 fertiggestellt hatte.

Von 1977 bis zur Wiedervereinigung Deutschlands waren das Amt für Erfindungs- und Patentwesen der DDR im ›Haus Nagel‹ und im ›Prausenhof‹ sowie das Internationale Presseamt der DDR im ehemaligen Haus Stern benachbart. Hier hatte das Politbüromitglied und Bezirkssekretär der SED von Ost-Berlin, Günter Schabowski, am Abend des 9. November 1989 – wohl irrtümlicherweise – die Reisefreiheit für alle DDR-Bürger in den Westen garantiert. Diese historische Pressekonferenz führte wenige Stunden später zum Fall der Mauer und damit zum Ende der DDR. Das Mobiliar des Saales wurde in das Haus der Geschichte nach Bonn verbracht. Nach einer langen Diskussion über den Erhalt dieses für die jüngste deutsche Geschichte so wichtigen Saales entschied man sich für den Abriss, da der nachträglich in den Hof eingebaute Saal den übrigen Räumen das Licht nimmt.

1997 wurde das Düsseldorfer Architekturbüro Eller & Eller mit der Umgestaltung beauftragt. Für die Herrichtung des sehr inhomogenen Baukomplexes als Ministerialstandort standen 230 Millionen DM zur Verfügung, einschließlich 51 Millionen DM für einen Erweiterungsbau auf dem Trümmergrundstück Kronenstraße 41. Mit diesem Neubau und einer Hauptnutzfläche von etwas mehr als 4.800 qm steht dem Ministerium eine Fläche von 22.950 qm zur Verfügung.

Besonders schwierig für die Architekten war der Umgang mit der Hofsituation. Die bestehende Baustruktur musste nicht zuletzt aus denkmalpflegerischer Gründen bewahrt bleiben. Das ehemalige Haus Stern, später Presseamt der DDR und von 1990 bis 1995 vorübergehendes Domizil des Bundespresseamtes, wurde völlig entkernt. Hinter der Jugendstilfassade entstand im Grunde genommen ein Neubau, da die alte Statik sich als nicht mehr tragfähig erwiesen hatte.

Auch der benachbarte ehemalige Prausenhof erfuhr eine Aufwertung. In dem zunächst nicht als Teil des Ministeriums vorgesehenen Gebäude wurden nun, wie bereits erwähnt, die Mohrenkolonnaden zum Ausgangspunkt für die Ausgestaltung zum repräsentativen Haupttrakt. Hinter den Kolonnaden befinden sich der ›Repräsentationshof‹ und der ›Kasinohof‹, die beide durch Glasdächer geschützt sind. Der Hof zwischen dem Prausenhof und dem Plattenbau erhielt einen Bibliotheksaufbau, der bereits zu DDR-Zeiten gelegte Fundamente nutzt. Es handelt sich dabei um einen Glaskubus, der auf die drei Etagen dieses Hofgebäudes aufgesetzt wurde. Von hier gelangt man zu einem neuen Dachgarten.

Die übrigen Höfe sind durch ein aufwändiges Wegesystem miteinander verbunden. Der unterschiedliche Charakter der Höfe, vor allem die für die damaligen Gewerbebauten typischen, unterschiedlich gestalteten Fassaden mit zumeist glasierten Klinkern, ist auch nach der Renovierung noch wahrnehmbar.

Während die Fassaden in der Mohrenstraße erhalten wurden und selbst die Veränderungen eines vereinfachten Wiederaufbaus nach dem Zweiten Weltkrieg, namentlich die verkleinerten Fenster, noch ablesbar sind, wurde für den 1999 fertiggestellten Neubau in der Kronenstraße eine betont zeitgenössische Architektur gewählt, die sich durch die Glasfassade mit strengem Quadratraster auch nach außen zeigt.

Bundesministerium der Finanzen
Wilhelmstraße 97

Die Standortgeschichte des Bundesministeriums der Finanzen ist eng mit der Geschichte der benachbarten Grundstücke des Bundesrats und des Abgeordnetenhauses von Berlin verbunden. Ursprünglich gehörten die Grundstücke des Berliner Landesparlaments und des Bundesrats zum Palais Gröben, das im Zuge der westlichen Erweiterung der Friedrichstadt in den 30er Jahren des 18. Jahrhunderts in der Leipziger Straße 4 im Stil französischer Adelshotels errichtet worden war. Das nach Osten benachbarte Palais in der Leipziger Straße 5–7 hatte sich 1736 der Geheime Etats- und Kriegsminister Franz Wilhelm von Happe gebaut.

1753 gelangte das Grundstück in den Besitz des Prinzen Heinrich von Reuß, dessen Erben es wiederum 1819 dem preußischen Fiskus verkauften. Im selben Jahr, in dem das Auswärtige Amt Preußens in das nahegelegene Palais Pannewitz in der Wilhelmstraße 76 einzog, richtete sich im Happel'schen Palais das Preußische Kriegsministerium ein. Das war die Geburtsstunde der Regierungsmeile Wilhelmstraße, die dann im Bombenhagel des Zweiten Weltkriegs versank.

In den Jahren 1845–46 wurde das alte barocke Palais unter Leitung des Schinkelschülers August Stüler und nach den Plänen von Wilhelm Drewitz umgebaut sowie ein Erweiterungsbau an der Ecke zur Wilhelmstraße hinzugefügt. Von 1865–67 bis zur Jahrhundertwende kaufte man die benachbarten Grundstücke Wilhelmstraße 81–87 sukzessive hinzu und nutzte sie durch das Ministerium.

Nach dem Ende der Monarchie wurde das preußische Kriegsministerium aufgelöst, die Gebäudeteile an der Leipziger Straße und zur Ecke Wilhelmstraße überließ man dem Reichswehrministerium. Den Flügel zur Wilhelmstraße diente in der Weimarer Republik dem Berliner Arbeitsgericht, bis im Mai 1933 schließlich das neu gegründete Reichsluftfahrtministerium den gesamten Gebäudekomplex bezog.

Hermann Göring, als Reichstagspräsident, preußischer Ministerpräsident und Reichsluftfahrtminister einer der mächtigsten Männer im Dritten Reich, wollte seinen Einfluss auch im Berliner Stadtbild zum Ausdruck bringen. Zu diesem Zweck hatte er Ernst Sagebiel, vor 1933 Büroleiter des nach Palästina emigrierten Architekten Erich Mendelsohn, beauftragt, ein Büro- und Repräsentationsgebäude zu errichten, das heute noch zu den größten Bürobauten Berlins zählt.

Die Frontseite des ehemaligen Reichsluftfahrtministeriums von Hermann Göring.

Gebäudepass: Bundesministerium der Finanzen

1737__im Zuge der westlichen Erweiterung der 1688 angelegten barocken Neustadt, der Friedrichstadt, entsteht das Palais für den Kriegsrat von Happel in der Leipziger Straße 5 **1753**__Verkauf an die gräfliche Familie von Reuss **1819**__Verkauf an den preußischen Fiskus, Einrichtung des preußischen Kriegsministeriums (bis 1918) **1845 bis 1890**__mehrfache Um-, An- und Erweiterungsbauten am Ministerium, Hinzukauf der Grundstücke Wilhelmstraße 81–87 **1919 bis 1933**__Reichswehrministerium und Berliner Arbeitsgericht **1933**__Einzug des neu gegründeten Reichsluftfahrtministeriums **Dezember 1934**__Beginn der Planungen für ein neues Dienstgebäude, Ernst Sagebiel wird mit den Planungen betraut **1935/36**__Neubau und gleichzeitiger Abbruch der gesamten Altbausubstanz in der Leipziger- und der Wilhelmstraße einschließlich der benachbarten Wohngebäude Wilhelmstraße 88–97/Ecke Prinz-Albrecht-Straße (heute: Niederkirchnerstraße); Bauvolumen: 112.000 qm Bruttogeschossfläche, 2.400 Büros **1941**__Widerstandsgruppe Schulze-Boysen/Harnack operiert im Haus **1945**__Verwendung durch die Militärverwaltung der sowjetisch besetzten Zone ein **1947**__Deutsche Wirtschaftskommission **07.10.1949**__Gründung der DDR durch den Deutschen Volksrat, Wilhelm Pieck als erster und einziger Staatspräsident der DDR gewählt **1951 bis 1990**__Haus der Ministerien, zentrale Wirtschaftsverwaltung der DDR **1961**__das Gebäude gerät durch den Mauerbau teilweise ins Sperrgebiet **03.10.1990**__Außenstelle Berlin des Bundesministeriums der Finanzen und des Bundesrechnungshofs **November 1991 bis Juni 1996**__Sitz der Treuhandanstalt und ihrer Nachfolgerin, der Bundesanstalt für vereinigungsbedingtes Sondervermögen (BvS) **Dezember 1992**__Abrisspläne des Bundesbauministeriums **Februar 1994**__Haushaltsausschuss des Deutschen Bundestags stoppt vorerst die meisten Berliner Regierungsneubauten; das Auswärtige Amt und das Bundesministerium für Wirtschaft interessieren sich für das Gebäude; Beschluss nach erheblichen Widerständen des Bundesministeriums der Finanzen, das Haus zum Sitz des Ministeriums umzubauen **1994 bis 1999**__nach den Plänen den Büros HPP, Hentrich, Petschnigg & Partner Umbau und Renovierung; Baukosten: 350 Millionen DM, Hauptnutzfläche insgesamt: 41.000 qm **2000**__Fertigstellung

Teil Eins__Regierungsbauten | Bundesministerium der Finanzen

Das alte Kriegsministerium, das in Größe und Aussehen nicht mehr der nationalsozialistischen Herrschaftsarchitektur entsprach, wurde – wie die Nachbarwohnhäuser auch – für das Neubauvorhaben abgerissen. Der im Dezember 1934 erteilte Bauauftrag sah die Schaffung von etwa 2.400 Arbeitszimmern sowie verschiedenen Sitzungs- und Repräsentationsräumen vor. Auch eine Tiefgarage für 250 Autos war geplant.

Bis Mitte Oktober 1935, nach nur zehn Monaten Bauzeit, war bereits die Hälfte des Gebäudes fertiggestellt, die Einweihung konnte im Juni 1936 stattfinden. Das vier- bis siebengeschossige Gebäude wird von einem Stahl- und Betonskelett getragen und folgt in seiner Konstruktion durchaus den modernen Büro- und Verwaltungsbauten, die im Berlin der Weimarer Republik von eben jenen Architekten geschaffen worden waren, die sich nun zumeist im Exil befanden oder Auftragsverbot hatten. Sagebiel hatte die moderne, amerikanische Bauart geschickt hinter einer Fassade aus fränkischem Muschelkalkstein verborgen. Die einzigen Schmuckelemente der Außenfassade, NS-Hoheitsadler und Steinreliefs mit den preußischen und deutschen Heerführern von Clausewitz bis Hindenburg, sind nach 1945 entfernt worden.

Die Bruttogeschossfläche beträgt ca. 112.000 qm, ein Drittel davon ist nutzbare Bürofläche. Hinter einer 4 ha bzw. 40.000 qm großen Fassade, die mit 4.000 Fenstern durchbrochen ist, liegen ca. 2.400 Büroräume, 17 Treppenhäuser und 6,8 km Flure. Den Nationalsozialisten kam es bei den Raumproportionen vor allem auf die Abfolge der Hauptsäle an. Die inszenierte Raumfolge von Ehrenhof, Säulenhalle, Haupttreppe und Großem Festsaal sollte die Architektur ins Gewaltige steigern und dem einzelnen Besucher, auch mit Hilfe der Lichtführung, ein Gefühl der Verlorenheit vermitteln. Das über zwei Etagen reichende Arbeitszimmer Görings, das an der Seite zur Leipziger Straße eingerichtet wurde, ist auch von außen durch seine zehn Fenster zu erkennen ist, die das zweite und dritte Geschoss umspannen.

Das Reichsluftfahrtministerium ist durch die Aktivitäten der Gruppe Schulze-Boysen/Harnack eng mit der Geschichte des Deutschen Widerstands verbunden. Neben verschiedenen anderen Aktionen informierte Harro Schulze-Boysen als Oberleutnant der Luftwaffe die Sowjetunion über den geplanten deutschen Angriff im Juni 1941. Ein Jahr später wurde der Offizier von der Gestapo verhaftet und ermordet.

Den Bombenkrieg überstand der ganze Komplex erstaunlich gut. Schäden entstanden lediglich am südlichen Treppenhaus, davon abgesehen konnte das Haus nach Kriegsende sofort wieder für neue Funktionen eingesetzt werden. Zunächst fand die Militärverwaltung der sowjetisch besetzte Zone Deutschlands hier ihren Sitz, ab 1947 folgte die Deutsche Wirtschaftskommission, die jetzt die politische Kontrolle der Länder in der Ostzone übernahm.

Am 7. Oktober 1949 fand im Festsaal des Gebäudetrakts in der alten Wilhelmstraße, dem Symbol der preußischen und reichsdeutschen Politik, die Gründung der DDR statt. Der Deutsche Volksrat, eine Art Übergangsparlament mit Sitz im nahegelegenen ehemaligen Reichspropagandaministerium von Goebbels, verabschiedete die Verfassung. Wilhelm Pieck wurde zum ersten und einzigen Präsidenten der DDR gewählt.

1951 zog das ›Haus der Ministerien‹ in das jetzt vollständig wieder aufgebaute Gebäude ein. Bis zu zehn Ministerien waren hier bis zur Auflösung der DDR untergebracht, im weitesten Sinne waren dies die DDR-Zentralverwaltungen der verschiedenen Produktionszweige.

Das heutige Bundesministerium für Finanzen in den dreißiger Jahren.

Anstelle des denkmalgeschützten Porzellanfrieses von Max Lingner, das den Aufbau der sozialistischen Gesellschaft demonstrieren soll, hatten die Nationalsozialisten zuvor ein die Armee verherrlichendes Relief angebracht.

Im sogenannten ›Haus I‹ wie im benachbarten ehemaligen Landtagsgebäude für Preußen (›Haus III‹) und Teilen des alten Herrenhauses an der Leipziger Straße (›Haus II‹) wurde auch der Fünfjahresplan erstellt. Aus diesem Grund zogen am 16. Juni 1953 zahlreiche Bauarbeiter vor das Gebäude, um gegen die Erhöhung der Arbeitsnormen zu protestieren. Dieser Protest führte einen Tag später, am 17. Juni 1953, zum Volksaufstand gegen die SED-Diktatur, der mit Hilfe von sowjetischen Panzern blutig niedergeschlagen wurde.

Ein Mahnmal wird auf dem Vorplatz an der Ecke zur Wilhelmstraße in Zukunft an diesen Aufstand erinnern. Die in den Boden eingelassene, etwa 25 x 4 Meter große kratzfeste Glasplatte des Künstlers Wolfgang Rüppel, unter der ein Fotomotiv von Demonstranten zu sehen ist, soll einen bewussten Kontrast zum Wandbild Max Lingners setzen, das sich seit 1953 in der Säulenhalle befindet. Das auf Keramikfliesen aufgetragene und denkmalgeschützte Bild zeigt den Aufbau der sozialistischen Gesellschaft. Es wurde restauriert und wird auch in Zukunft als Zeugnis einer vergangenen Epoche deutscher Geschichte zu sehen sein. Das ursprünglich 1941 von Arno Waldschmidt geschaffene und hier angebrachte Natursteinrelief, das Soldaten der Wehrmacht zeigte, wurde bereits 1951 entfernt.

Mit dem Bau der Berliner Mauer am 13. August 1961 geriet das Gebäude direkt in die Schnittstelle des geteilten Berlin, sieben Achsen des Südflügels an der Niederkirchnerstraße ragten in das Grenz- und Sperrgebiet hinein, Hof- und Gebäudedurchgänge wurden aus Sicherheitsgründen bis 1990 verriegelt.

Am Tag der Deutschen Wiedervereinigung am 3. Oktober 1990 erhielten das Bundesministerium der Finanzen und der Bundesrechnungshof Berliner Außenstellen im abgewickelten ›Haus der Ministerien‹. Die Treuhandanstalt, eine dem Bundesfinanzminister unterstehende Holding, die in erster Linie die verstaatlichten Betriebe der DDR privatisieren bzw. sanieren oder abwickeln sollte, hatte (einschließlich ihrer Nachfolgerin, die Bundesanstalt für vereinigungsbedingtes Sondervermögen (BvS)), von November 1991 bis Juni 1996 im alten Luftfahrtministerium ihren Sitz. Das Gebäude, das seit der Ermordung des ersten Präsidenten der Treuhandanstalt, Detlev Rohwedder, seinen Namen trägt, wurde nach einem Gutachten des

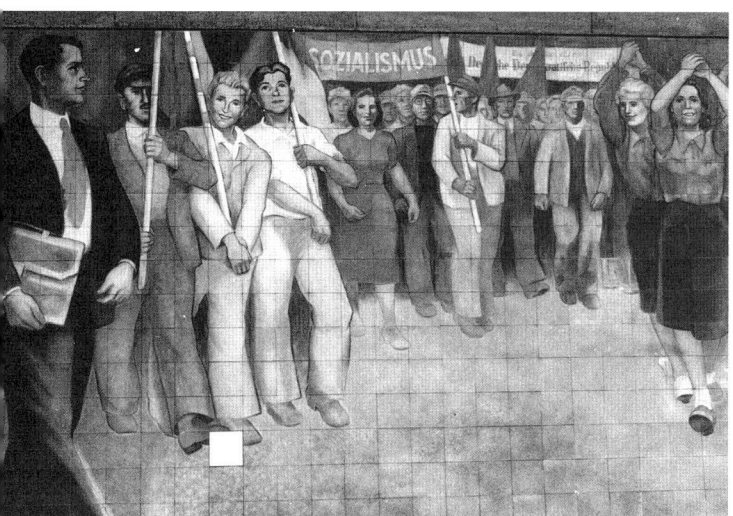

Büros Hentrich, Petschnigg & Partner (Berlin/Düsseldorf) als ein ›anpassungsfähiges und umbaubares Gebäude‹ eingestuft. Nach dem Ministerwechsel zu Klaus Töpfer (CDU) begann die Herrichtung des Hauses für seine neue Aufgaben. Ein dem alten Herrenhaus direkt benachbarter Flügel an der Wilhelmstraße wurde 1997 dem Bundesrat zur Nutzung übergeben, der dort seit dem 28. September 2000 über insgesamt 6.500 qm Bürofläche verfügt. Hinzu kommen etwa 43.500 qm im alten Luftfahrtministerium. Die Wiederherrichtung des Gebäudes für das Bundesministerium der Finanzen kostete etwa 350 Millionen DM.

Teil Eins__Regierungsbauten

Bundesministerium für Wirtschaft und Technologie
Scharnhorststraße 34–37

Der heutige Standort des Bundesministeriums für Wirtschaft und Technologie vereint ein Gebäudeensemble, das aus drei Jahrhunderten stammt und immer für medizinische oder militärische Zwecke genutzt wurde.

Den baulichen Kern des heutigen Regierungsstandortes bildet das ehemalige Invalidenhaus, das Friedrich II. in Folge der Schlesischen Kriege, die er ab 1740 geführt hatte, zu bauen beschloss. Am 2. Mai 1747 fand die Grundsteinlegung einer dreiflügeligen und mit zwei Geschossen versehenen Anlage statt. Der Entwurf stammte von Friedrich Feldmann, die Bauausführung leitete der Ingenieur und preußische Offizier Isaak Jakob Petri.

Das ursprünglich für einen Kommandanten, zwölf Offiziere und 600 Soldaten einschließlich Unteroffiziere ausgerichtete Invalidenhaus wurde am 15. November 1748 seiner Bestimmung übergeben. Der Hof der Anlage, der von der Scharnhorststraße (damals Kesselstraße) einsehbar ist, diente anfänglich als Marktplatz, auf dem die versehrten Militärs ihre selbst angebauten Produkte verkauften. Um die barocke Anlage herum, die man sich als eine Mischung aus Kaserne und Landhaus vorstellen muss, gruppierten sich große Gärten wie z.B. der Offiziersgarten. Seitlich der beiden Flügel hatte man nach 1747 zwei Kapellen hinzugefügt. Die rechts an das insgesamt 220 Meter lange Hauptgebäude anstoßende katholische Kapelle war das erste katholische Gotteshaus seit der Reformation in Berlin.

Bereits im ersten Drittel des 19. Jahrhunderts war die Anlage nur noch mit etwa 300 Kriegsversehrten belegt. Nach mehrfachen Umbauten erfüllte das Haus noch bis kurz vor dem Zweiten Weltkrieg seinen ursprünglichen Zweck, ehe dann 1939 die Invalidensiedlung in Frohnau – mit wiederum 600 Wohnplätzen – fertiggestellt wurde.

Kurz vor dem Zweiten Weltkrieg wurde das nun verwaiste Gebäude der benachbarten Militärärztlichen Akademie zur weiteren Nutzung zugeschlagen. Während der Luftangriffe auf Berlin erhielten das Hauptgebäude, der

Die Postkarte (rechts oben) aus der Zeit des Ersten Weltkriegs zeigt das alte Casino, das vom Lehrpersonal der Akademie und den angehenden Militärärzten genutzt wurde.

Am Abend des 9. November 1989 fiel die Mauer am Grenzübergang Invalidenstrasse. Die Sandkrugbrücke liegt im Schatten des heutigen Wirtschaftsministeriums, das die alte Militärärzteakademie als Sitz zugewiesen bekam.

Gebäudepass: Bundesministerium für Wirtschaft und Technologie

19.12.1746__Stiftungsurkunde von Friedrich II. für ein Invalidenhaus, Baubeginn auf dem insgesamt 134 ha großen Areal **1747**__Baubeginn für eine katholische und eine lutherisch-reformierte Kirche (beide im Zweiten Weltkrieg zerstört) **15.11.1748**__Einweihung des Invalidenhauses für einen Kommandanten, zwölf Offiziere und 600 Soldaten (einschließlich Unteroffiziere) und deren Familienangehörige, Prinzip der Selbstversorgung **02.08.1795**__Gründung der ersten medizinisch-chirurgischen Bildungsanstalt für angehende Militärärzte in der Georgenstraße durch den Arzt Johann Goercke; 1872 Verlegung der Anstalt mit Baubeginn des Bahnhofs Friedrichstraße **1843**__Umgestaltung der Garten- und Parkanlagen um das Invalidenhaus nach Plänen von Peter Josef Lenné, Ausgestaltung des Ehrenhofs an der Scharnhorststraße zum ›Kanonenhof‹; Kanone 1928 durch heute noch vorhandenen Brunnen ersetzt **1903**__Bauwettbewerb zur Errichtung eines Neubaus für das Friedrich-Wilhelms-Institut, vormals ›Pepinière‹; Umwandlung eines fast 2 ha großen Teilstücks des alten Invalidengartes zwischen Invalidenhaus und –straße in einen Bauplatz, eingeschränkter Bauwettbewerb, Gewinner: Cremer & Wolffenstein **10.06.1910**__Grundsteinlegung **10.06.1910**__Einweihung der neuen ›Kaiser-Wilhelm-Akademie für das militärärztliche Bildungswesen‹ einschließlich Hörsälen, Laboratorien und Internatsgebäude für 300 Studierende **1919**__Versailler Vertrag verlangt Abrüstung in Deutschland, Auflösung der Akademie **1919 bis 1934**__Reichsarbeitsministerium **1933**__Neubegründung der Militärärzteakademie, Einzug in das alte Akademiegebäude und in das alte Invalidenhaus **1939**__Verlegung des Invalidenhauses in die neugebaute Invalidensiedlung nach Frohnau **1939 bis 1945**__Lazarett der Wehrmacht **1945**__Zerstörung der beiden Kapellen und des 220 Meter langen Hauptflügels des alten Invalidenhauses durch Bomben **nach 1945**__Lazarett der Roten Armee **1949 bis 1951**__Akademiegebäude Invalidenstraße: Sitz des Obersten Gerichts der DDR (bis 1989) und der Generalstaatsanwaltschaft der DDR, Gesundheitsministerium der DDR (bis in die 60er Jahre); Invalidenhaus Scharnhorststraße: Regierungskrankenhaus der DDR (1949 bis 1989) und NVA-Krankenhaus (1955 bis 1989) **13.08.1961**__nach Bau der Mauer liegt das Areal direkt an der Grenze, vor dem alten Akademiegebäude Übergang Invalidenstraße **1973**__Umbau und Erweiterung des Regierungskrankenhauses zum Regierungs- und Diplomatenkrankenhaus der DDR (bis 1989), Auszug der Generalsstaatsanwaltschaft der DDR in die Luisenstr. 33 **1990**__vorübergehende Nutzung des alten Invalidenhauses durch das Deutsche Herzzentrum **1994**__Wiederherrichtung des alten Internatstraktes der Akademie für das Bundesministerium für Wirtschaft und Technologie **1996 bis 2000**__Sanierung, Umbau und Neubau des gesamten Areals des ehemaligen Invalidenhauses und der Militärärzteakademie für das Bundesministerium für Wirtschaft und Technologie, Pläne von Thomas Baumann und Dieter Schnittger; Baukosten: ca 380 Millionen DM, Hauptnutzfläche 37.240 qm, 1.400 Mitarbeiter

Mitteltrakt und auch die beiden Kapellen schwere Bombentreffer, die Ruinen der barocken Gebäude wurden nach 1945 abgerissen. Seit dem 13. August 1961 verlief das Grenz- und Sperrgebiet direkt über die erst in den 90er Jahren wieder freigelegten Fundamente.

Nach der Gründung der DDR wurde der wiederhergestellte Südflügel als Personaltrakt des Regierungskrankenhauses der DDR genutzt, das in die benachbarte Militärärztliche Akademie eingezogen war. Den Nordflügel erhielt das Krankenhaus der Nationalen Volksarmee (NVA). Nur wenige Meter vom alten Invalidenhaus entfernt fiel am Abend des 9. November 1989 die Mauer an einem der nur insgesamt acht Grenzübergänge zu West-Berlin. Dem folgte 1990 auch die Auflösung der medizinischen Staatseinrichtungen der DDR. Anfänglich und nur vorübergehend wurden die Gebäude vom Deutschen Herzzentrum zu Büro- und Verwaltungszwecken genutzt.

Nach der Entscheidung, das Bundesministerium für Wirtschaft hier unterzubringen, begann man mit der Umgestaltung der verbliebenen Seitenflügel für das Wirtschaftsministerium. Der fehlende Mitteltrakt wurde nach Plänen von Thomas Baumann und Dieter Schnittger ergänzt. Der Neubau orientiert sich nur in Größe, Form und Fassade am barocken Vorgängerbau. Er enthält etwa 400 Büros und eine Kantine, die auch vom benachbarten Bau- und Verkehrsministerium genutzt wird. Auf der Hofseite zur Scharnhorststraße entstand ein Satteldach, während zur Wasserseite eine Photovoltaikanlage zeitgerechtes Bauen zum Ausdruck bringt. Vor dem Neubau befindet sich eine öffentlich begehbare Uferpromenade, die ebenso wie der Neubau durch einen dachbegrünten Vorbau ergänzt wird.

Die Gartenanlagen, die südöstlich an die barocke Dreiflügelanlage bis zur Invalidenstraße grenzten, waren bereits zu Beginn des 20. Jahrhunderts für eine Bebauung vorgesehen worden. Auf dem fast 2 ha großen Bauplatz sollte ein Neubau der Kaiserlichen Militärärzteakademie entstehen. 1903 wurde ein beschränkter Wettbewerb ausgeschrieben, den die Architekten Wilhelm Cremer und Richard Wolffenstein für sich entscheiden konnten. Ein Spätwerk aus der umfangreichen Bautätigkeit des Architektenteams ist unter anderem die ehemalige Villa Stauss in Dahlem, in der heute der Außenminister residiert.

Die Grundsteinlegung für das neue Haus fand am 10. Juni 1905 statt, genau fünf Jahre später, am 10. Juni 1910, wurde es feierlich eingeweiht. Die heute vollständig erhaltene Anlage entstand auf Wunsch Kaiser Wilhelms II., dessen Namen sie bis 1919 trug, in friederzianischem Neobarockstil.

Um den 56 x 87 großen Mittelhof, bis heute nach dem Begründer der Anstalten, dem im 18. Jahrhundert bedeutenden und einflussreichen Arzt Johann Goercke benannt, sind vier Bauteile gruppiert. An der Invalidenstraße liegt das Hauptgebäude mit drei Geschossen. Während sich im Erdgeschoss ursprünglich die Wohnungen befanden, enthielt das erste Geschoss eine Abfolge repräsentativer Säle, die sich nach einer umfassenden Sanierung von 1996 bis 2000 wieder nahezu im Originalzustand befinden. Im zweiten Obergeschoss waren die reichhaltigen musealen und anatomischen Sammlungen untergebracht. An der Seite zur Scharnhorststraße befand sich der Hörsaaltrakt. Der größte Saal konnte 200 Personen fassen. An der Seite zum Schifffahrtskanal steht das dreigeschossige Gebäude, das früher die Laboratorien enthielt.

Dem Wirtschaftsministerium benachbart liegt der älteste Bahnhof Berlins, der Hamburger Bahnhof, der heute ein Museum für moderne Kunst ist.

Am Hauptgebäude an der Ecke Invaliden-/Scharnhorststrasse zeugt ein restauriertes Relief von der ursprünglich militärischen Funktion des Gebäudes.

Der vierte Bauteil zwischen dem Neubau und dem angrenzenden barocken Invalidenhaus bildete ein Wohnhaus für Studierende, in dem auf fünf Etagen etwa 300 Zimmer zur Verfügung standen. Gerade dieser Trakt eignet sich in seiner baulichen Struktur für eine Büronutzung. Deshalb zog das Ministerium ab 1994 zunächst in diesen Gebäudeteil ein, zumal alle Gebäude miteinander verbunden sind.

Nach der Eröffnung der neuen ›Kaiser-Wilhelm-Akademie für das militärärztliche Bildungswesen‹ stand die Ausbildung von Militärärzten bis 1919 im Vordergrund. Nach dem Ersten Weltkrieg wurde das Gebäude an der Invalidenstraße bis 1934 als Dienstsitz des Reichsarbeitsministeriums genutzt, während im benachbarten Invalidenhaus weiter die versehrten Soldaten mit ihren Angehörigen wohnten.

In Vorbereitung des Zweiten Weltkriegs wurde die Militärärztliche Akademie 1934 von den Nationalsozialisten wiederbelebt. Sie kehrte an ihren alten Standort zurück und nutzte, wie bereits erwähnt, nun auch das benachbarte Invalidenhaus als Bürotrakt. Während des Zweiten Weltkriegs dienten die Räume auch als Lazarett. Dieselbe Funktion erfüllte das im Bombenkrieg nur wenig beschädigte Gebäude nach dem Krieg für die Rote Armee.

Haupthaus, Hörsaaltrakt und Laboratorien wurden nach der Gründung der DDR zum vorübergehenden Sitz des Gesundheitsministeriums der DDR umgebaut, außerdem arbeiteten hier das Oberste Gericht sowie die Generalstaatsanwaltschaft der DDR.

Nach dem 1972 zwischen der Bundesrepublik Deutschland und der DDR unterzeichneten Grundlagenvertrag zogen im Jahr darauf – einschließlich der Ständigen Vertretung der Bundesrepublik Deutschland in der nur wenige Schritte entfernten Hannoverschen Straße 30 – 96 diplomatische Vertretungen nach Ost-Berlin. Für deren medizinische Versorgung erweiterte man – direkt am Grenzübergang Invalidenstraße – das Regierungskrankenhaus zum Diplomatenkrankenhaus. Aus diesem Grund wurden einige Anbauten an das alte Internatsgebäude und an die Kanalseite angefügt, die nach einer abgeschlossenen Sanierung als bauhistorische Schichtungen weiter Bestand haben.

Mit den großen Repräsentationsräume verfügt das Bundesministerium für Wirtschaft und Technologie über eine der schönsten Innenarchitekturen, die sich nach den Zerstörungen des Zweiten Weltkriegs und der anschließenden Neubauwelle in Berlin erhalten haben. Die beeindruckenden Räumlichkeiten werden – ähnlich wie beim Abgeordnetenhaus von Berlin mit seinem ehemaligen Preußischen Landtagsgebäude – nicht nur vom Ministerium selbst genutzt, sondern können auch gemietet werden.

Gemäß Bauantrag beträgt die Hauptnutzfläche 37.240 qm, mehr als 1.400 Mitarbeiter der Bundesoberbehörde haben hier ihren Arbeitsplatz. Die Baukosten für die Gesamtmaßnahme, die in mehreren Bauabschnitten von Juli 1996 bis September 2000 durchgeführt wurde, betrugen etwa 380 Millionen DM.

Teil Eins_Regierungsbauten

Bundesministerium für Arbeit und Sozialordnung
Mauerstraße 45–53

Der heutige Standort des Bundesministeriums für Arbeit und Sozialordnung ist mit einem Gebäude verbunden, das es nicht mehr gibt. Es handelt sich um das ehemalige Palais des Prinzen Friedrich Karl, das in der Berliner Stadt- und Baugeschichte auch als ›Ordenspalais‹ bekannt geworden ist.

Mit der ab 1734 nach Westen erweiterten barocken Friedrichstadt wurde auch das ehemalige Grundstück Wilhelmplatz 8/9 mit der Ecke Wilhelmstraße zum Bau eines adligen Palais nach den Plänen von Jean de Bodt vorbereitet. Allerdings verstarb der Erstbesitzer Generalmajor Karl Truchseß Graf zu Waldburg schon während der Bauarbeiten, so dass Friedrich Wilhelm I. in Anbetracht der vielen Palaisvorhaben bei der geringen Zahl potientieller Bauherren Mühe hatte, den Neubau zu Ende bringen zu lassen. Er konnte dafür einen Vetter zweiten Grades, den Markgrafen Carl, gewinnen, der Vorsteher bzw. ›Herrenmeister‹ des Johanniterordens war. Der 1810 in Preußen aufgelöste Verein hatte sich vornehmlich wohltätigen Zwecken verschrieben. Carl kaufte im Folgenden einige Grundstücke um das Palais hinzu, um dort die Nebengebäude wie Reitstall und Küche errichten zu können. Das Grundstück nahm die ganze Blocktiefe bis zur Mauerstraße ein.

Bis 1833 blieben Grundstück und Palais in den Händen der königlich-preußischen Familie. Der Baumeister Karl Friedrich Schinkel hatte Pläne zu einer umfassenden Modernisierung des Inneren geliefert, die sein Schüler August Stüler umsetzte. Die neue, klassizistische Einrichtung des barocken Palais ging durch Vandalismus und Brandstiftung erst nach dem Ende des Zweiten Weltkriegs verloren.

Im November 1833 kaufte der preußische Staat das Anwesen, der dort sein Auswärtiges Amt unterbrachte. Nach 1918 arbeitete hier die Presseabteilung der Reichsregierung, bis Preußen das kunsthistorisch äußerst bedeutende Palais im Januar 1934 an das Deutsche Reich verkaufte. Im März 1933 hatte sich bereits Joseph Goebbels als Chef des gerade geschaffenen Ministeriums für Volksaufklärung und Propaganda im alten Palais eingerichtet.

Am Erfolg der Nationalsozialisten hatten Joseph Goebbels und sein Propagandaapparat großen Anteil. Seit 1926 ›Gauleiter‹ der NSDAP in Berlin, wurde er drei Jahre später Reichspropagandaleiter. Goebbels hatte nach der Machtergreifung Hitlers bis zum Ende des Zweiten Weltkriegs die Leitung des äußerst subtil und brutal arbeitenden Machtapparates inne,

In der Mauerstrasse erstreckt sich der 1940 fertiggestellte Erweiterungsbau für das ehemalige Reichspropagandaministerium.

Gebäudepass: Bundesministerium für Arbeit und Sozialordnung

1737__nach Westerweiterung der 1688 angelegten barocken Friedrichstadt Erstbebauung des Grundstücks Wilhelmstraße 8/9 mit dem Palais Waldburg nach Plänen von Jean de Bodt **1738**__nach dem plötzlichen Tod des Bauherrn wird auf königlichen Befehl das Palais vom Johanniterorden (›Ordenspalais‹) unter dessen Vorsteher, dem Markgrafen Carl, fertiggestellt **1828**__das Palais gelangt in den Besitz des Prinzen Friedrich Karl, vorherige Umbauplanungen von Karl-Friedrich Schinkel, Bauausführung durch dessen Schüler August Stüler **1833**__Verkauf des Palais an Preußen, Nutzung durch das Auswärtige Amt **um 1880**__Anbauten an das barocke Palais, Hofbeamtenhaus **1912**__Errichtung des Bankgebäudes von der Heydt in der Mauerstraße 53 nach Plänen von Bodo Ebhardt, im Vorgängerbau des ›Kleisthauses‹ wohnte für wenige Monate Heinrich von Kleist **1919**__Nutzung des Palais des Prinzen Friedrich Karl als Pressestelle der Reichsregierung **März 1933**__das neugegründete NS-Ministerium für Propaganda und Volksaufklärung zieht in das barocke Palais am Wilhelmplatz **Januar 1934**__Verkauf des Palais an das Deutsche Reich **1934**__erster Erweiterungsbau für das Ministerium im Garten (Abbruch 1938), Umbau des Hofbeamtenhauses am Wilhelmplatz, heute Haupteingang des Bundesministeriums für Arbeit und Sozialordnung **ab 1938**__zweiter Erweiterungsbau in der Wilhelmstraße 62 (Abbruch der 1737 errichteten Erstbebauung, in dem ab 1907 das Reichskolonialamt angesiedelt war, zweiter Erweiterungsbau für das Propagandaministerium), Flügel entlang der Grundstücksgrenze Wilhelmstr. 63, 102 Meter langer Neubau an der Mauerstraße 49–52 **bis 1940**__dritter Erweiterungsbau, Südflügel **1945**__Zerstörung des barocken Palais nach dem Ende des Zweiten Weltkrieges **1946/47**__Abbruch des Palais und des durch Bomben zerstörten zweiten Erweiterungsbaus in der Wilhelmstraße 62 **ab 1945**__die unbeschädigten Gebäudeteile in der Mauerstraße werden für den Deutschen Volksrat und den Deutschen Volkskongress hergerichtet, Amtszimmer von Wilhelm Pieck **1949 bis 1989**__Sitz des Nationalrates der Nationalen Front in der Mauerstraße, Pressestelle beim Ministerrat der DDR **1945 bis 1996**__Sitz des Deutschen Roten Kreuzes der DDR im ›Kleisthaus‹, Mauerstr. 53 **1990 bis 1996**__Sitz des Umweltbundesamtes in der Mauerstraße 49–52 **1997 bis 1999**__Umbau des ›Kleisthauses‹ und des alten NS-Ministeriums für das Bundesministerium für Arbeit und Sozialordnung nach den Plänen von Josef Kleihues und Partnern, Herrichtung von 280 Büros für ca. 330 Mitarbeiter; Hauptnutzfläche: 11.160 qm, Baukosten: 15,2 Millionen DM **bis 2001**__Abschluss aller Bauarbeiten

sein Ministerium übernahm die Gleichschaltung und Lenkung von Presse, Medien, Literatur, Film und bildender Kunst. Sämtliche Informationen wurden kontrolliert, gefiltert und gesteuert. Für diese Schaltstelle, die zu den berüchtigsten im Dritten Reich gehörte, wurden mehr und mehr Bedienstete und Büroflächen benötigt. Der Personalbestand wuchs in wenigen Jahren auf über 2.000 Mitarbeiter.

Die Denkmalpflege untersagte nach 1933 aber jede äußere, bauliche Veränderung des alten ›Ordenspalais‹. Im rechten Winkel zum Palais lag in den 1880er Jahren ein benachbartes Wohngebäude für Hofbedienstete. Das nach 1934 umgebaute und mit dem alten Palais verbundene Gebäude hat Krieg und Nachkriegszeit überstanden und bildete heute den ältesten Trakt des Bundesminsteriums für Arbeit und Sozialordnung. In diesem Gebäudeteil liegt, von der Wilhelmstraße kommend, der Haupteingang der Behörde.

Der erste Anbau zum Propagandaministerium wurde auf dem Grundstück Wilhelmstraße 62, das nördlich an das alte Palais Friedrich Karl anschloss, realisiert. Das 1738 erstmals bebaute Grundstück hatte – ungewöhnlicherweise – zunächst einem Tischler gehört und war nach mehreren Besitzerwechseln 1905 vom Reichsfiskus gekauft worden. Zwei Jahre später richtete sich hier das Reichskolonialamt ein. Die Ruine des 1937 fertiggestellten ersten Erweiterungsbaus für das Propagandaministerium wurde ebenso wie die Reste des nach schwersten Kriegsschäden kaum noch erkennbaren barocken Palais bereits 1946 bzw.1947 beseitigt.

Der zweite, größere Anbau für das ehemalige Propagandaministerium bildet heute im Wesentlichen den Dienstsitz des Arbeitsministeriums. Bis zum August 1940 waren mehrere neue Flügel und Anbauten unter der Zuständigkeit der Reichsbauverwaltung und der Leitung des Architekten Karl Reichle entstanden. Auf dem hinteren Grundstück Wilhelmstraße 62 wurde ein Bürotrakt gebaut, der – wie ein weiterer Flügel im Garten – in voller Länge erhalten ist. Mit dem Ministerium war dieser Bürotrakt durch ein 102 Meter langes Gebäude verbunden, das sich auf den Grundstücken Mauerstraße 49–52 befand. Dort hatte man die alte Wohnhausbebauung abgerissen, die im Kern noch aus dem 18. Jahrhundert stammte. Auch dieser Gebäudetrakt ist vollständig erhalten. Durch die lange, geschlossene Front wirkte die neue NS-Architektur in direkter Nachbarschaft zur kleinparzellierten Stadtstruktur der vorangegangenen Jahrhunderte überdimensioniert und abweisend.

Das ausschließlich in Ziegelmauerwerk errichtete, viergeschossige Gebäude erhielt eine Verblendung aus Muschelkalkplatten. Über die Innenausstattung ist im gesamten Gebäude wenig zu sagen, besondere Schmuck- und Ausstattungsstücke oder Materialien wurden nicht verwandt. Das mag in diesem Fall – und im Gegensatz zu anderen im Dritten Reich errichteten Ministeriumsbauten – daran liegen, dass die Repräsentationsräume von Karl Friedrich Schinkel im barocken Palais für gesellschaftliche Ereignisse ausreichend waren und man so auf eine besondere Ausstattung verzichten konnte.

Nach dem Zweiten Weltkrieg wurde das Propagandaministerium vom Deutschen Volksrat und vom Deutschen Volkskongress genutzt. Dahinter verbargen sich das von der SED gesteuerte und kontrollierte Übergangsparlament und die Übergangsregierung. Auch Wilhelm Pieck hatte hier seinen Sitz. Nach der Gründung der DDR richtete der Nationalrat der Nationalen Front hier seine Büros ein, und auch das Amt für Information wurde im alten Propagandamini-

Der Wilhelmplatz zählte zu den ehemals schönsten Plätzen im alten Berlin. Bis auf einen Erweiterungsbau für das alte Palais des Prinzen Karl, in dem später der Reichspropagandaminister Joseph Goebbels seinen Sitz hatte, ist hier nichts übrig geblieben.

1. Die Reichskanzlei und das Propagandaministerium

sterium von Goebbels untergebracht. Spätestens seit dem Mauerbau 1961 befanden sich hier auch die Deutsche Liga für die Vereinten Nationen und das Presseamt beim Vorsitzenden des Ministerrats. Die beim Verlag Volk & Welt angesiedelte Abteilung der ›Presse der Sowjetunion‹ übersetzte ausgesuchte Publikationen aus der Sowjetpresse und gab sie heraus.

Nach den ersten freien Wahlen zur Volkskammer der DDR zog im März 1990 das neu gegründete Ministerium für Medienpolitk ein, das bis zur Wiedervereinigung im Oktober desselben Jahres bestand. Anschließend war das Umweltbundesamt hier untergebracht (bis 1996).

1996 erhielten der Architekt Josef Kleihues und seine Mitarbeiter Norbert Hensel und Peter Bastian den Auftrag, die Altbauten mit einer Hauptnutzfläche von 10.160 qm wieder herzurichten. In zwei Bauabschnitten sollten 280 Büros für etwa 330 Arbeitsplätze renoviert werden. Der Bau begann im August 1997, bis zum Dezember 2000 wurden insgesamt etwa 115 Millionen DM verbaut.

Das südliche Nachbargrundstück Mauerstraße 53 wurde dem Sitz des heutigen Bundesministeriums hinzugefügt und baulich mit ihm verbunden. Es trägt bis heute den Namen ›Kleisthaus‹. In einem Vorgängerbau hatte sich hier Heinrich von Kleist, der im Februar 1810 mittellos nach Berlin zurückgekehrt war, bei einem Quartiermeister Müller ein einfaches möbliertes Zimmer gemietet. Das Zimmer behielt Kleist bis zu seinem Selbstmord am 21. November 1811 am Wannsee.

Das Gebäude, das heute auf dem Grundstück steht, wurde 1912 von Bodo Ebhardt für das Bankhaus von der Heydt errichtet. Seitdem befindet sich an dem vierstöckigen, mit einer Sandsteinfassade verkleideten Gebäude eine von Georg Kolbe geschaffene und mit einem Penthelisea-Relief versehene Gedenktafel für den großen Schriftsteller.

Nach dem Zweiten Weltkrieg zog das Deutsche Rote Kreuz der DDR in das wenig beschädigte und dann enteignete Bankhaus, das auch dem Bezirkskommitee Berlin des Deutschen Roten Kreuzes der DDR als Domizil diente. Die denkmalgerechte Sanierung ist seit Februar 2001 abgeschlossen. Das alte Bankgebäude soll in Zukunft als Informations- und Besucherzentrum genutzt werden. Direkt benachbart ist der kleinste der drei Höfe des alten Propagandaministeriums, der überdacht wurde und künftig als Versammlungs- und Vortragsraum Verwendung finden soll.

Bundesministerium für Familie, Senioren, Frauen und Jugend
Taubenstraße 42–43 und Jägerstraße 9

Das Bundesministerium für Familie, Senioren, Frauen und Jugend bleibt mit seinem ersten Dienstsitz vorerst in Bonn. Nur die Spitze des Ministeriums mit insgesamt etwa 400 Mitarbeitern wird vom Rhein an die Spree wechseln. Für diesen zweiten Dienstsitz sind in der Bundeshauptstadt zwei Altbauten vorgesehen, die sich in der Friedrichstadt befinden. Die 1688 auf Beschluss des Kurfürsten Friedrich III. angelegte barocke Neustadt bildet heute einen wesentlichen Kern des Parlaments- und Regierungsviertels.

Die beiden Altbauten weisen bis heute die typische Grundstücksgröße – häufig von Doppelwohnhäusern – auf, die noch auf die Gründungszeit dieser ehemals dritten barocken Neustadt zurückgeht. Die Wohnbebauung für den gehobenen Mittelstand inmitten der Achsen der adligen Palais und großbürgerlichen Wohnpaläste zwischen der Leipziger Straße im Süden, den ›Linden‹ im Norden und der Wilhelmstraße im Westen erlangte im Lauf der Jahrhunderte keine besondere architektonische Bedeutung. Insgesamt ist wenig über sie bekannt. Lediglich für die Nr. 42 findet sich im Verzeichnis des Kunsthistorikers Julius Kothes, das 1923 erstmals veröffentlicht wurde, ein Hinweis. Das Wohnhaus stammte aus der Zeit um 1750 und bestand aus zwei Etagen, von denen das Erdgeschoss ursprünglich gequadert und das Obergeschoss in ›der Art von Knobelsdorff‹ gestaltet gewesen sein soll.

1927 wurden dieses barocke Wohnhaus und das benachbarte dreigeschossige Gebäude in der Nr. 43 für einen Neubau für die Versicherungsgesellschaft ›Deutscher Herold‹ abgerissen und durch einen modernen Verwaltungsbau nach Plänen der Architekten Ernst Moritz Lesser und Leopold Stelten ersetzt. Das siebengeschossige Geschäftshaus mit sieben Achsen erlitt im Zweiten Weltkrieg starke Beschädigungen, die expressionistisch gestaltete Fassade ging verloren. Bis zum Jahre 1951 wurde es in veränderter Form nach Plänen von Erich Kuhnert für das Verkehrsministerium der DDR wieder aufgebaut, das hier bis zum Ende der DDR seinen Sitz hatte. Kuhnert wählte eine strenge Lochfassade, die vom zweiten bis zum sechsten Geschoss eine einheitliche Gestaltung aufweist. Lediglich die oberste siebte Etage hebt sich durch Rundbogenfenster stilistisch ab. Das Sockelgeschoss ist rustiziert, die in der frühen DDR angebrachten Fenstergitter wurden nach 1990 entfernt.

Im Inneren weist das Gebäude kaum noch Spuren aus seiner Erbauungszeit auf. Wie bei vielen anderen Beispielen auch, ist lediglich das Haupttreppenhaus samt Geländer in der Ur-

Das unscheinbare Gebäude in der Jägerstrasse 9 beherbergt heute das Ressort für Familien, Frauen, Jugend und Senioren.

sprungsform erhalten. Noch vorhandene Spuren des Wiederaufbaus sind im Zuge der Sanierung trotz denkmalpflegerischer Bedenken entfernt worden. Für den 1999 abgeschlossenen Umbau zeichnete das Büro Gibbins, Bultmann und Partner verantwortlich.

Im gleichen Baublock liegt in der Jägerstraße 9 der zweite Altbau des Ministerium. Es handelt sich dabei um ein 1896 von Kayser & Groszheim entworfenes Geschäftshaus, das nach Kriegsbeschädigungen in einfacherer Form wieder aufgebaut worden ist. Das alte fünfgeschossige Bankgebäude erhielt eine Sandsteinfassade, die im dritten und vierten Obergeschoss von zwei durchgängigen Erkern aufgelockert wird. Dazwischen befindet sich im vierten Stock an den mittleren drei der ingesamt sieben Achsen ein freihängender Balkon.

Spätestens nach dem Mauerbau wurde hier die Zollverwaltung der DDR untergebracht, die noch kurz vor dem Fall der Mauer einen Neubau in der Grellstraße in Prenzlauer Berg bezog. Das Gebäude Jägerstraße 9 wurde nach seiner Renovierung 1991 zunächst als Außenstelle Berlin des Bundesministeriums für Arbeit und Sozialordnung genutzt, das in Kürze in das nahegelegene Gebäude des ehemaligen Ministeriums für Volksaufklärung und Propaganda in der Mauerstraße einziehen wird. Beide Altbauten verfügen zusammen über eine Hauptnutzfläche von etwas mehr als 3.000 qm.

Gebäudepass: Bundesministerium für Familie, Senioren, Frauen und Jugend
1688__Gründung der dritten barocken Neustadt, der Friedrichstadt **um 1750**__Errichtung des zweigeschossigen Wohnhauses Taubenstraße 42 **1896**__Bau des Bankhauses Jägerstraße 9 nach den Plänen des Architekturbüros Kayser & Groszheim; Abbruch der Wohngebäude Taubenstraße 42 und 43, Neubau eines siebengeschossigen Versicherungsgebäudes für die ›Deutsche Herold‹ nach Plänen von Ernst Moritz Lesser und Josef Stelten, Fassade in expressionistischem Stil **1943 bis 1945**__Kriegsschäden an beiden Geschäftshäusern **nach 1949**__Vereinfachter Wiederaufbau der Jägerstraße 9, von 1961–89 Sitz der Zollverwaltung der DDR; veränderter Wiederaufbau der Taubenstraße 42–43 nach Plänen von Erich Kuhnert, Ausführung einer strengen Lochfassade **1951 bis 1990**__Verkehrsministerium der DDR in der Taubenstraße 42–43 **1991**__Außenstelle Berlin des Bundesministeriums für Arbeit und Sozialordnung in der Jägerstraße 9 **bis 1999**__Renovierung und Umbau der Taubenstraße 42–43 für das Bundesministerium für Familie, Senioren, Frauen und Jugend; Hauptnutzfläche: 3.000 qm.

Bundesministerium für Verkehr, Bau- und Wohnungswesen
Invalidenstraße 44–46

Die Bau- und Nutzungsgeschichte des heutigen Standorts des Bundesministeriums für Verkehr, Bau- und Wohnungswesen beginnt unmittelbar nach der Erhebung des Kurfürstentums Brandenburg zum Königreich Preußen im Jahre 1701. Von der Gründung der mittelalterlichen Doppelstadt Berlin-Cölln bis zum Beginn des 18. Jahrhunderts erstreckten sich vor allem im Nordwesten der alten Residenzstadt und jetzigen Hauptstadt Preußens sandige, sumpfige und größtenteils unfruchtbare Gebiete.

1702 hatte König Friedrich I. auf dem heutigen Gelände des Ministeriums am Ufer der Panke Schleif- und Poliermühlen anlegen lassen, die im Lauf des 18. Jahrhunderts zur einer Tabaksmühle umgebaut wurden. 1804, also etwa hundert Jahre später, gab man den Betrieb auf und begann statt dessen unter der Leitung des Grafen von Reden, des Chefs des Berg-Departements (heute vergleichbar mit einem Ministerressort), mit der Errichtung der Königlichen Eisengießerei. Diese Eisengießerei wurde zum Grundstein der Maschinenbauindustrie, die im Lauf des 19. Jahrhunderts Berlin zu einem der wichtigsten Industriezentren Europas aufsteigen ließ.

Die Einstellung der Produktion in der Königlichen Eisengießerei erfolgte 1873. Zu diesem Zeitpunkt waren die in der nächsten Nachbarschaft gelegenen Industrieunternehmen von Borsig, Schwartzkopff, Wöhlert, Freund und anderen, die als junge Männer zum Teil selbst noch in der Eisengießerei ihr Handwerk gelernt hatten, bereits zu Großbetrieben aufgestiegen.

Nach der Reichsgründung platzten die wissenschaftlichen Institute, die sich zu dieser Zeit im Umfeld der Friedrich-Wilhelm-Universität und des benachbarten Akademiegebäudes Unter den Linden befanden, aus allen Nähten. Die heutigen Grundstücke der Staatsbibliothek und der Humboldt-Universität, deren Neubau bzw. Erweiterungsflügel bis 1914 ebenfalls auf die chronische Raumnot zurückzuführen ist, reichten nicht mehr aus.

Von 1875 bis 1889 entstand daher nach Plänen von August Tiede ein dreiteiliger Gebäudekomplex in der Tradition der Nach-Schinkel-Schule, der aber schon deutliche Bezüge zur norditalienischen Renaissance aufweist, die ab der Mitte des 19. Jahrhunderts in Berlin modern geworden war. Sie bildet den Übergang zwischen der strengen neoklassizistischen Architektur und Fassadengestaltung Schinkels und der Epoche des Historismus, die mit ihren neobarocken Formen etwa die benachbarte ehemalige Militärärzteakademie prägt, in der

Wegen der beengten Platzverhältnisse durch die Zusammenlegung der Ressorts Bauen und Verkehr wird in nächster Zukunft ein identischer Baukörper nach den Plänen des Schweizer Architekten Max Dudler hinzugefügt.

Gebäudepass: Bundesministerium für Verkehr, Bau- und Wohnungswesen

1702__Anlegung von Polier- und Schleifmühlen auf Anordnung von Friedrich I., später Umwandlung in eine Tabaksmühle **1789**__Graf von Reden, der Chef des Berg-Departements, schlägt die Einrichtung einer Eisengießerei vor **1804**__Anlage der Königlichen Eisengießerei als erste Maschinenbauanstalt Berlins, anfänglich sechs Mitarbeiter **1813 bis 1815**__Ausweitung der Produktion von Zierrat auf Geschütze und Kanonen **1873**__Stilllegung der Königlichen Eisengießerei **1875 bis 1889**__Bau eines dreiteiligen Gebäudeensembles nach Plänen von August Tiede für das Naturkundliche Museum (1883–89, Invalidenstraße 43), für die 1810 von Albert Thaer gegründete Königlich-Landwirtschaftliche Lehranstalt (1876–80, Invalidenstraße 42) und die Geologische Landesanstalt und Bergakademie (1875–75, Invalidenstraße 44–46) **1916**__Bergakademie zieht nach Charlottenburg **1934 bis 1939**__Fusion der Geologischen Landesanstalt Preußen mit den anderen deutschen Landesanstalten zur Geologischen Reichsanstalt **1939 bis 1945**__Reichsstelle für Bodenforschung **1946**__Deutsche Geologische Landesanstalt im teilbeschädigten Institutsgebäude **1949 bis 1989**__Zentrale Geologische Landesanstalt und Ministerium für Geologie der DDR **1994**__Beschluss zur Herrichtung des Gebäudes für das Bauministerium **April 1996**__Max Dudler wird mit einem Erweiterungsgebäude zum Schwarzen Weg beauftragt **01.07.1996**__Beginn der Altbau-Renovierung Invalidenstraße **01.09.1997**__Beginn des Neubaus nach Plänen von Max Dudler **1998**__Beschluss, Bau- und Verkehrministerium zusammenzulegen, zweiter Anbau von Max Dudler **2001**__Abschluss der Bauarbeiten; Baukosten: 292 Millionen DM, Hauptnutzfläche ca. 20.000 qm, 800 Mitarbeiter

Teil Eins__Regierungsbauten | Bundesministerium für Verkehr, Bau- und Wohnungswesen

heute das Bundesministerium für Wirtschaft und Technologie seinen Dienstsitz hat. Nach der Einweihung im Jahr 1878 wurde im südlichen Flügel die 1770 unter Friedrich II. gegründete Bergakademie untergebracht. 1916 zog die Bergakademie wieder aus, da sie der Königlich Technischen Hochschule Charlottenburg, der Vorläuferin der Technischen Universität Berlin, eingegliedert worden war. Den Südflügel nutzte daraufhin die Geologische Landesanstalt Preußens, deren Aufgabe in der Erforschung der Bodenschätze des preußischen Staatsgebietes bestand.

Im Mittelbau, der schon eine reichere Fassadengestaltung als die beiden Flügelbauten aufweist, befindet sich seit seiner Fertigstellung im Jahr 1889 bis heute das Naturkundliche Museum, das als eine der wenigen Sammlungen in Berlin die Folgen des Zweiten Weltkriegs relativ unbeschadet überstanden hat. Im nördlichen, 1880 vollendeten Flügel kam schließlich die 1810 von Albrecht Thaer gegründete Königliche Landwirtschaftliche Lehranstalt unter, die heute noch als Institut für Agrarwissenschaften der Humboldtuniversität an ihrem traditionellem Standort fortbesteht.

Der Altbau des heutigen Ministeriums entspricht in Grundriss und Architektur dem nördlichen Pendant. Ähnlich wie das Institutsgebäude der Humboldtuniversität ist auch dieser Bau mit einem großen Lichthof unter einer Glas-Eisen-Konstruktion ausgestattet, der auf zwei Etagen von umlaufenden Bogengalerien eingefasst ist. Die nach 1949 entstandenen und den Lichthof entstellenden Einbauten sind mit der Sanierung des Gebäudes ab Juli 1996 beseitigt worden. Er präsentiert sich nun wieder im alten Glanz der Kaiserzeit. Die im Vorderflügel zweiläufige Mamortreppe ist mit verschiedenen Arbeiten ausgeschmückt, die noch aus der Königlichen Eisengießerei stammen. 1890–92 wurde der Altbau nach Plänen von Fritz Laske durch einen Flügelanbau nach Nordwesten verlängert. Dieser Flügelanbau bildet heute den Übergang zu den neuen Anbauten am Schwarzen Weg.

Vom Platz vor dem neuen Tor hat man einen guten Blick auf die alte Geologische Landesanstalt, in der jetzt der Minister für Bauen, Wohnen und Verkehr residiert.

Die Geologische Landesanstalt blieb in ihrer ursprünglichen Erscheinungsform bis 1934 erhalten und wurde 1939 als größte aller deutschen Landesanstalten mit den übrigen Institutionen zur Geologischen Reichsanstalt verbunden. Bis 1945 trug die Reichsbehörde den Namen Reichsstelle für Bodenforschung. Bereits 1946 zog die Deutsche Geologische Landesanstalt in das zum Teil durch Bomben beschädigte Institutsgebäude ein, die an diesem traditionellen Standort die Arbeit ihrer Vorgängerinnen fortsetzen. 1949 enstand daraus das Zentrale Geologische Institut, das bis 1990 hier arbeitete.

Im Zuge des Umzugsbeschlusses der Bundesregierung wurde die alte Geologische Landesanstalt zum zukünftigen Sitz des Bauministeriums bestimmt. 1996 konnte sich der Schweizer Architekt Max Dudler, der für die etwa 500 Beschäftigten einen Anbau an das alte Institutsgebäude vorgeschlagen hatte, gegen neun konkurrierende Entwürfe durchsetzen.

An die 1799 gegründete Bergakademie erinnert am Altbau in der Invalidenstrasse noch immer der Ruf der Bergleute: ›Glück auf‹.

Dudler respektierte die Proportionen aus dem 19. Jahrhundert und setzte sie fort, wählte mit einer grau-grünen Natursteinfassade aber einen sichtbaren farblichen Kontrast zum älteren Hauptgebäude. Die Neu- und Altbauten aus zwei Jahrhunderten sind nun miteinander verbunden. Die Lochfassade des ersten im November 1999 fertiggestellten Neubaus mit insgesamt sechs Etagen entspricht den restriktiven architektonischen Vorgaben, die das Land Berlin gesetzt hat. So ist der Hof in der Mitte des vorderen Neubaus bereits oberhalb des Erd-

geschosses verglast. Unter dieser Verglasung mit verschieden begrünten Dächern befinden sich drei Konferenzräume, die in den Neubauten installierten Büros haben eine durchschnittliche Größe von 15 qm.

Die Baukosten für das gesamte Projekt mit insgesamt etwas mehr als 20.000 qm Hauptnutzfläche betrugen 292 Millionen DM. Die Sanierung des Altbaus in der Invalidenstraße begann am 1. Juli 1996, die Bauarbeiten zur Errichtung des Erweiterungsbaus am 1. September 1997. Das Gebäudeensemble dient insgesamt 800 Mitarbeitern der Bundesoberhörde als Arbeitsplatz.

Teil Eins__Regierungsbauten

Bundesministerium für Verbraucherschutz, Landwirtschaft und Ernährung
Wilhelmstraße 54

Von 1919 bis 1945 befand sich der alte Sitz des Reichsministeriums für Landwirtschaft und Ernährung in der Wilhelmstraße 72, das dem Reichspräsidentenpalais im ehemaligen Palais Schwerin direkt benachbart war. Die adligen Palais aus der ersten Hälfte des 18. Jahrhunderts sind im Zweiten Weltkrieg zerstört und später abgetragen worden. Heute befinden sich hier die noch nach 1990 fertiggestellten Plattenbauten der DDR. Auf den rückwärtigen Grundstücken, den sogenannten ehemaligen Ministergärten, beginnt im Jahre 2001 der Bau des Holocaust-Denkmals nach den Plänen des amerikanischen Architekten Peter Eisenman, das an die Ermordung von sechs Millionen europäischer Juden erinnern soll.

Schräg gegenüber von diesen für die Stadtgeschichte bedeutenden Grundstücken befindet sich auf dem heutigen Grundstück Wilhelmstraße 54 der Berliner Dienstsitz des Bundesministeriums für Verbraucherschutz, Landwirtschaft und Ernährung. Der erste Dienstsitz verbleibt in Bonn, lediglich zehn Prozent der etwa 1.000 Mitarbeiter arbeiten zur Zeit in der deutschen Hauptstadt. Zunächst als Außenstelle Berlin begründet, hat das Ministerium hier seit dem 7. Januar 1991 seinen Sitz. Es war anfänglich in dem Gebäude Scharrenstraße 2–3 untergebracht, das 1960 für das Bauministerium der DDR errichtet worden war.

Im Zuge der westlichen Stadterweiterung der barocken Neustädte, der Dorotheen- und der Friedrichstadt, wurde zwischen 1734 und 1737 die Wilhelmstraße angelegt. Das heutige Grundstück des Ministeriums erhielt 1741 ein ›Geheimer Secretarius‹ Formé zur erstmaligen Bebauung. Nach mehrmaligem Besitzerwechsel innerhalb der Familie von Arnim-Boitzenburg ging das Palais im März 1868 an den jüdischen Bankier Gerson Bleichröder, der für Bismarck die Staatsfinanzierung leitete. Die Erben Bleichröders verkauften das Grundstück im April 1894 an den königlichen Fiskus. Das als baufällig eingestufte Gebäude wurde zunächst dem benachbarten preußischen Justizministerium zugeschlagen.

Nach den Plänen des Architekten Carl Vohl enstand hier nach dem Abbruch des alten Palais ein Neubau in neobarockem Stil für das Geheime Civilkabinett, das persönliche Regierungsbüro des Kaisers. Nach dem Ende der Monarchie zog der preußische Ministerpräsident in die 300 qm große Dienstwohnung ein. Von hier aus leitete von 1922–30 Otto Braun (SPD) die Kabinettssitzungen der preußischen Regierung. Die zu Büros umgebaute Wohnung wurde außerdem zu repräsentativen Zwecken genutzt.

> **Nur 5 Prozent der Vorkriegsbebauung hat in der Wilhelmstraße die verheerenden Zerstörungen des Zweiten Weltkrieges überstanden. Der heutige zweite Dienstsitz des Bundesministeriums für Verbraucherschutz, Landwirtschaft und Ernährung gehört dazu.**

Der Kölner Oberbürgermeister sowie erster und einziger Präsident des Preußischen Staatsrats, Konrad Adenauer, hatte zum Ende der Weimarer Republik hier ebenfalls sein Berliner Domizil. Nach der Auflösung der ersten Kammer des Preußischen Landtages, des Herrenhauses, hatte Adenauer die Aufgabe, die preußischen Staatsfinanzen zu kontrollieren. Die preußischen Verfassungsorgane, Regierung, Landtag und Staatsrat wurden nach der Machtergreifung Hitlers 1933 gleichgeschaltet. Im selben Jahr zog der Verbindungsstab der NSDAP in die verwaisten Räume ein, der seit 1944 auch als Eigentümer im Grundbuch eingetragen war. Rudolf Hess, als Stellvertreter Hitlers auch Chef des Verbindungsstabes, nutzte die Räumlichkeiten bis 1941, ehe Martin Bormann die Amtsgeschäfte übernahm.

Wie fast alle Immobilien trug auch dieses Gebäude im Bombenhagel über Berlin schwere Schäden davon. Der Zerstörungsgrad bezifferte man 1947 mit 40%. Die besonders schwer beschädigten Seitenflügel wurden in der DDR in veränderter Form wieder aufgebaut. 1,3 Millionen Mark kostete von 1948–50 die Wiederherstellung eines der letzten Gebäude aus der Zeit vor 1945, die es heute noch in der Wilhelmstraße gibt. In den zunächst als Studentenheim der Humboldt-Universität Unter den Linden genutzten Bau zog 1954 das Staatssekretariat für Hoch- und Fachschulwesen der DDR ein.

Ab 1970 wurde das Gebäude Sitz des Staatsverlages der DDR, der bis zur Wende 1989 hier sein Domizil hatte. Ein noch 1988/89 begonnener Umbau wurde mit der Wiedervereinigung eingestellt.

Die erneut erforderlichen Umbauten führte das Berliner Architektenbüro von Elisabeth Rüthnick durch. Die Naturstein-Fassade zur Wilhelmstraße wurde in der vereinfachten Form der Nachkriegszeit belasssen und das Dachgeschoss auf dem gesamten Gebäude den alten Proportionen neu angepasst. Die ersten beiden Obergeschosse werden heute zu Bürozwecken genutzt. Zudem erlauben die erhaltene Treppenanlage aus der Erbauungszeit und der im zweiten Geschoss liegende Festsaal eine repräsentative Nutzung. Die Umbaukosten des Regierungsgebäudes mit einer Hauptnutzfläche von etwa 3.300 qm liegt bei 24 Millionen DM.

Gebäudepass: Wilhelmstraße 54

1741__erste Bebauung des ehemaligen Grundstücks Wilhelmstraße 61 **1778 bis 1868**__mehrfacher Besitzwechsel innerhalb der Familie von Arnim-Boitzenburg **1894**__die Erben des Bankiers Gerson Bleichröder, der seit 1868 im Besitz des Grundstücks war, verkaufen es an den preußischen Staat; Nutzung durch das benachbarte Preußische Justizministerium **1898/99**__Neubau für das Geheime Civilkabinett des Kaisers nach Plänen von Carl Vohl **1922 bis 1930**__Dienstwohnung des preußischen Ministerpräsidenten Otto Braun **1932/33**__Dienstwohnung des Präsidenten des Preußischen Staatsrats, Konrad Adenauer **1933 bis 1945**__Verbindungsstab der NSDAP – Dienstsitz von Rudolf Hess, ab 1941 von Martin Bormann **1948 bis 1950**__Wiederaufbau des kriegsbeschädigten Gebäudes als Studentenheim der Humboldt-Universität **1970 bis 1989**__Sitz des Staatsverlages der DDR **1999/2000**__Umbau nach den Plänen der Berliner Architektin Elisabeth Rüthnick zum zweiten Dienstsitz des Ministeriums für Ernährung, Landwirtschaft und Forsten

Teil Eins__Regierungsbauten

Bundesministerium für Verteidigung
Reichpietschufer 74–76

Der Standort für den zweiten Dienstsitz des Bundesministeriums der Verteidigung war ehemals durch eine Vielzahl eigenständiger, kleinparzellierter Grundstücke bestimmt, die mit der Anlegung der Tiergartenvorstadt ab 1790 nach und nach mit Sommerhäusern und später mit Villen und Mietshäusern bebaut worden sind.

Das – auch unter heutigen städtebaulichen Kriterien gesehen – sehr große Grundstück für das Bundesministerium der Verteidigung war bis zur Mitte des 19. Jahrhunderts weitgehend unbebaut und umfasste die Gärten der Grundstücke Tiergartenstraße 15 und 16. Das Verteidigungsministerium steht somit – historisch gesehen – auf den bereits vor 1938 abgetrennten Gärten jenes Grundstücks, auf dem sich heute die Landesvertretung für Baden-Württemberg beim Bund befindet.

Als erste Verbindungsstraße zwischen Tiergartenstraße und Landwehrkanal entstand 1836 die Bendlerstraße unter der Aufsicht des Ratsmaurermeisters Johann Christoph Bendler. Nach der Gründung des Deutschen Reichs wurden die zumeist freistehenden Villen abgebrochen und bis zur Jahrhundertwende durch mehrgeschossige Mietshäuser ersetzt.

Das heutige Reichpietschufer bestand vor der Anlegung des Landwehrkanals in den Jahren 1845 bis 1850 nur aus einem schmalen, unbefestigten Weg. Erst die Pläne des Garten- und Landschaftsarchitekten Peter Joseph Lenné leiteten eine städtebauliche Aufwertung des 1849 in Grabenstraße umbenannten Weges ein. Zwischen Potsdamer Brücke und von-der-Heydt-Brücke wurde ein Boulevard angelegt, auf dem allmählich ettliche Mietshäuser entstanden. 1866 erhielt die Uferstraße den Namen Königin-Augusta-Straße.

Die sehr inhomogene Baustruktur wurde bis 1911 zur Errichtung eines repräsentativen Gebäudes für das Reichsmarineamt abgerissen. Das Grundstück Bendlerstraße 14, 1856 mit einem dreigeschossigen Mietshaus und zwei Seitenflügeln bebaut, war für den Ostflügel abgeräumt worden. Vorgesehen war ein Monumentalbau in Muschelkalkstein nach Plänen des Architekturbüros von Heinrich Reinhardt und Georg Süssenguth, die unter anderem die Rathäuser von Charlottenburg, Spandau, Steglitz und Treptow entworfen hatten.

Das fünfgeschossige Gebäude mit seiner 60 Meter langen Schaufront sollte nicht nur das Reichsmarineamt als oberste Verwaltungsbehörde des Reichs aufnehmen, sondern auch den Admiralstab, in dessen Händen die militärischen Angelegenheiten lagen. Schließlich zog hier

Das alte Reichsmarineamt am heutigen Reichpietschufer sprengte in seiner baulichen Größenordnung die gediegene und vornehme Stadtlandschaft des alten Tiergartenviertels. Kaiser Wilhelm II. wollte damit seinen ehrgeizigen Flottenplänen auch architektonischen Ausdruck verleihen.

Gebäudepass: Bundesministerium der Verteidigung

ab 1790__Bebauung der Tiergartenvorstadt mit zumeist freistehenden ein- bis zweigeschossigen Sommer- und Gartenhäusern für wohlhabende Berliner Bürger **1836**__Durchbruch der Bendlerstraße als Privatstraße des Ratsmaurermeisters Johann Christoph Bendler **1845 bis 1850**__Anlegung des Landwehrkanals an Stelle des alten Schafgrabens nach den Plänen von Peter Joseph Lenné, städtebauliche Aufwertung des Tiergartenviertels durch die Verbreiterung der Grabenstraße **1853 bis 1856**__erstmalige Bebauung der Bendlerstraße 21–24 (nach 1878: Nr. 11–14) mit ingesamt vier jeweils dreigeschossigen Mietswohnhäusern **1911 bis 1914**__Bau des Reichsmarineamtes an der Kaiserin-Augusta-Straße nach den Plänen von Reinhardt & Süssenguth **1919 bis 1935**__Reichswehrministerium **1935**__Reichskriegsministerium mit den Unterabteilungen Oberkommando der Marine (OKM), der Wehrmacht (OKW) und des Heeres (OKH) **1938/39**__Erweiterungsbau an der Bendlerstraße 11–14 nach den Plänen von Richard Bielenberg und Josef Moser, dem sogenannten ›Bendler-Block‹ **ab 1937**__Pläne Albert Speers zur Errichtung der Welthauptstadt ›Germania‹, vollständiger Abbruch des Geländes zur Errichtung einer Soldatenhalle vorgesehen, Bauverbot in diesem Teil des Tiergartenviertels seit 1937 **20.07.1944**__Führung der militärischen Widerstandsbewegung um den Obersten Claus Schenk Graf von Stauffenberg wird nach dem gescheiterten Attentatsversuch auf Hitler noch am selben Abend im Hof des Bendlerblocks standrechtlich erschossen **1943 bis 1945**__schwere Bombenschäden am gesamten Gebäude **1949**__Wiederherrichtung für verschiedene Bundesoberbehörden **1953**__Einrichtung eines Ehrenhofes in Erinnerung an die Opfer der Widerstandsbewegung ›20. Juli 1944‹, Bronzeplastik von Richard Scheibe **1955**__Umbenennung der Bendler- in Stauffenbergstraße **1968**__Einrichtung der Gedenkstätte Deutscher Widerstand **1983/86**__Erweiterung der Gedenkstätte Deutscher Widerstand **1991**__ehemaliges Reichsmarineamt und Bendlerblock nach der Hauptstadtentscheidung für Berlin ursprünglich für zwei Ministerialstandorte vorgesehen **September 1993 bis Ende 1997**__Berliner Büro des Verteidigungsministers; Auftrag für das Schweizer Büro Burckhardt, Emch und Berger, das Gelände für das Bundesministerium der Verteidigung umzubauen. **1997 bis 2001**__Umbau; Baukosten: ca. 107 Millionen DM; Einzug des Ministers und etwa 400 Beschäftigter im Jahr 2001

das Marinekabinett ein, die Verbindungsstelle zum deutschen Kaiser Wilhelm II., der zugleich Oberbefehlshaber der Seestreitkräfte war. Vor allem der dreiachsige Mittelrisalit, der durch einen schweren Dreiecksgiebel gekrönt wird und eine strenge symmetrische Fassadengestaltung mit dorischen Pilastern aufweist, betont den Repräsentationsanspruch. Der letzte deutsche Kaiser verfolgte mit seiner überspannten Militärpolitik vor allem den Ausbau Deutschlands zur Seemacht, um endlich mit England und dessen Flotte konkurrieren zu können.

Ursprünglich umfaßte die axial gegliederte Anlage vier Gebäudeflügel, die eine Grundstückstiefe von 180 Metern einnahmen und um 25 unterschiedlich große Höfe der verschiedensten Größen gruppiert waren. Mit dem sogenannten Bendlerblock wurden 1938 noch zwei weitere große Höfe hinzugefügt, deren Flügel wiederum durch zwei Querachsen miteinander verbunden waren. Neben den etwa 800 Büros befanden sich im Gebäude noch etwa 30 Wohnungen. Die größte Dienstwohnung mit 24 Zimmern hatte bis 1916 der Staatssekretär des Reichsmarineamtes, Großadmiral Alfred von Tirpitz, inne. Nach 1918 wurde sie vom sozialdemokratischen Reichswehrminister Gustav Noske bewohnt. Die Wohnungen sind ebenso verloren gegangen wie die ihnen vorgelagerten und großzügig gestalteten Gartenanlagen.

Die mutigen Offiziere um Schenk Graf von Stauffenberg wurden noch am Abend des letzten und gescheiterten Attentatsversuchs auf Adolf Hitler am 20. Juli 1944 in diesem Hof hingerichtet.

Nach dem Ende des Ersten Weltkriegs zog 1919 das Reichskriegsministerium in das Gebäude ein. Der Versailler Vertrag hatte die deutsche Armee auf 100.000 Mann reduziert, das ehemalige Reichsmarineamt war für die neue Aufgabe also groß genug. Die Nationalsozialisten verfolgten nach der Machtergreifung Hitlers am 30. Januar 1933 das Ziel, die international verbindlichen Verträge aus der Weimarer Republik zu revidieren und Deutschland durch Militarisierung und Aufrüstung in ihrem Sinne zu verändern. 1935 wurde mit der Einführung der Allgemeinen Wehrpflicht das Reichswehr- in Reichskriegsministerium umbenannt. Die neue militärische Spitze bestand aus einem Oberkommando der Wehrmacht (OKW), einem Oberkommando des Heeres (OKH) und einem Oberkommando der Marine (OKM). Sämtliche oberste Dienststellen zogen im Tirpitzufer 74–76 ein, wie jetzt die alte Kaiserin-Augusta-Straße hieß. Dem folgten eine Umgestaltung des Altbaus aus der Kaiserzeit sowie Planungen für einen Erweiterungsbau an der Bendlerstraße.

Die Grundstücke Bendlerstraße 22, 23 und 24, bereits seit 1926 im Besitz des Deutschen Reichs, wurden 1938 vollständig abgeräumt. An Stelle der kunsthistorisch wenig bedeutenden Wohngebäude entstand nun der Erweiterungsbau für die obersten Militärbehörden, der bis heute unter dem Begriff ›Bendlerblock‹ firmiert und stellvertretend für den gesamten Gebäudekomplex gebraucht wird.

Die von Richard Scheibe geschaffene Skulptur erinnert an die Widerstandskämpfer.

Diesen Erweiterungsbau führte das Architektenteam Richard Bielenberg und Josef Moser aus, die sich in Berlin seit dem Vorabend des Ersten Weltkriegs vor allem mit Büro- und Geschäftshäusern einen Namen gemacht hatten. Stilistisch paßten sie sich meisterhaft der jeweils gefragten Architektursprache an. Arbeiteten die Architekten vor dem Ersten Weltkrieg noch mit der vertikalen Fassadengestaltung, so gelang ihnen mit dem Europa-Haus, dem heutigen Berliner Dienstsitz des Ministeriums für wirtschaftliche Entwicklung und Zusammenarbeit in der Stresemannstraße, ein modernes Gebäude im Sinne des Bauhaus. Jetzt bedienten sie sich des ästhetischen Kanons der Nationalsozialisten, in dem sie eine dunkle Werksteinfassade entwarfen, die einen vereinfachten, fast vergröberten Klassizismus charakterisiert.

Im Bendlerblock spielten sich auch wichtige Ereignisse der Widerstandsbewegung ›20. Juli‹ ab. Nachdem das letzte Attentat auf Hitler in seinem Bunker in Rastenburg in Ostpreußen gescheitert war, wurden die mutigen Offiziere um den Stabschef im OKE, Oberst Claus Schenk Graf von Stauffenberg, der maßgeblich die Vorbereitungen für den Staatsstreich geplant und auch das Bombenattentat auf Hitler selbst durchgeführt hatte, noch am selben Abend im Hof des Erweiterungsflügels an der Bendlerstraße verhaftet und erschossen. Stauffenberg zu Ehren wurde die alte Bendlerstraße am 20. Juli 1955 nach ihm unbenannt. Im Hof erinnert eine Bronzeplastik von Richard Scheibe, die 1953 enstand und einen nackten Jüngling mit gefesselten Händen zeigt, an den Mut der Offiziere, gegen die Nationalsozialisten zu opponieren. 1980 wurde die Anlage von Erich Reusch umgestaltet

Der Bombenkrieg hinterließ auch an diesem Gebäude seine Spuren. Der Ostflügel des alten Reichsmarineamtes in der Bendlerstraße 14 wurde völlig zerstört. Um die für dieses Viertel ungewöhnlich hohe bauliche Verdichtung aufzulockern, riss man nach dem Zweiten Weltkrieg einige Gebäudeflügel ab, daher befindet sich an der Ecke Reichpietschufer, wie die Uferstraße seit 1946 heißt, und Stauffenbergstraße ein unbebautes Areal. Nach 1949 siedelten sich in dem Gebäude eine Reihe von Bundesoberbehörden an, die in den 90er Jahren nach Bonn umzogen.

Kurz nach der Hauptstadtentscheidung für Berlin wurde das Schweizer Architekturbüro von Burckhardt, Emch und Berger beauftragt, die Bundesliegenschaft zunächst für zwei Ministerien herzurichten. Seit September 1993 befindet sich hier aber nur der zweite Dienstsitz des Bundesministeriums der Verteidigung. Die Entscheidung, dieses Ressort ausgerechnet in dem Gebäude unterzubringen, in dem der Zweite Weltkrieg strategisch geplant worden war, stieß nicht überall auf Zustimmung. Der damalige Verteidigungsminister Volker Rühe (CDU) wies allerdings darauf hin, dass es gerade Militärs gewesen seien, die hier im Kampf gegen die nationalsozialistische Diktatur ihr Leben riskiert und verloren haben. Seit 1968 befindet sich hier die nach 1983 erheblich erweiterte ›Gedenkstätte Deutscher Widerstand‹. Das Arbeitszimmer von Stauffenberg kann dabei nahezu im Originalzustand besichtigt werden.

Bombenschäden und Nachkriegszeit haben von der ursprünglichen Innengestaltung sonst nur wenig übrig gelassen. Eigentlich entsprechen lediglich noch die Außenfassaden und einige Treppenhäuser der originalen Version. Das Haus erhielt ein neues technisches Kommunikationsnetz, den bedeutendsten Eingriff in die historische Bausubstanz stellt aber die verglaste Überdachung von zwei Höfen für protokollarische Anlässe und für ein Besucherzentrum dar. Der Umbau, der mit 107 Millionen DM veranschlagt wird, begann am 1. Dezember 1997 und ist noch nicht vollständig abgeschlossen. Zunächst werden etwa 400 Büros mit einer Hauptnutzfläche von 11.655 qm für etwa 400 Mitarbeiter hergerichtet.

Bundesministerium für Gesundheit
Mohrenstraße 62

Inmitten der 1688 angelegten und 1734 erweiterten barocken Friedrichstadt befindet sich der zweite Dienstsitz des Bundesministerium für Gesundheit. Der Altbau wurde 1999 durch das Berliner Architekturbüro Gibbins, Bultmann und Partner für die etwa 50 Mitarbeiter des Ministeriums wieder hergerichtet. Ab dem 17. Januar 1991 nahm die Außenstelle ihre Arbeit in der neuen Dienststelle in den Rathauspassagen auf.

Ursprünglich war der Baublock mit einer zweigeschossigen, barocken Wohnbebauung und zugehörigen Gärten versehen. Das Nachbargrundstück Taubenstraße 3 mit den ehemaligen Pfarrhäusern der im Krieg zertrümmerten Dreifaltigkeitskirche gibt noch einen Eindruck davon. Diese Häusergeneration wurde bereits ab der Mitte des 19. Jahrhunderts überformt von einer vier- bis fünfgeschossigen Mietshausbebauung mit Seiten- und Quergebäuden. In Folge der immer stärkeren Bedeutung des tertiären Sektors riss man diese kaum 30–40 Jahre alten Wohnhäuser wieder ab und ersetzte sie durch moderne Geschäftshäuser.

Die Preußische Lebensversicherungs-Aktiengesellschaft vergab 1906 einen Auftrag an den Architekten Georg Rathenau, an der Ecke zur damaligen Kanonier-, heute Glinkastraße ein neues Versicherungsgebäude zu errichten. Das mit einer Sandsteinfassade ausgeführte Gebäude weist ein hohes Souterrain und vier Vollgeschosse auf, die Fassade selbst wurde dem damaligen Geschmack folgend vertikal gestaltet. Die vom zweiten bis zum vierten Obergeschoss reichenden und zu beiden Straßenseiten ausgeführten Pilaster verliehen dem Haus einen zusätzlichen repräsentativen Charakter. Im zweiten Stock befand sich eine große Dienstwohnung, die bereits 1923 zu Büros umgebaut wurde.

Das südlich vom heutigen Bundesministerium für Gesundheit gelegene Verwaltungsgebäude Mohrenstraße 64 wurde 1916 von Bodo Ebhardt für die Allianz Versicherung AG errichtet, die in den 30er Jahren nahezu den gesamten benachbarten Baublock zwischen Friedrich-, Tauben-, heutiger Glinka- und Mohrenstraße erwarb, um hier räumlich expandieren zu können. Ein Großteil der Mietshausbebauung des 19. Jahrhunderts wurde dann für einen bis 1937 errichteten Verwaltungsneubau der Lebensversicherungsgesellschaft abgerissen, der den Zweiten Weltkrieg wenig beschadet überstand und die Umgebung heute noch mit seiner langgestreckten, düsteren und noch nicht renovierten Fassade aus Muschelkalkstein prägt.

> Inmitten des alten Versicherungsviertels wird heute ein Teil des alten Allianz-Komplexes für den zweiten Dienstsitz des Bundesministeriums für Gesundheit genutzt.

Gebäudepass: Ministerium für Gesundheit
1734 bis 1737__Erstbebauung mit barocken Wohnhäusern **19. Jahrhundert**__Viergeschossige Mietshausbebauung **1906**__Neubau eines Verwaltungsgebäudes für die Preußische Lebensversicherungs-Gesellschaft nach Plänen von Georg Rathenau **nach 1933**__Verkauf des Gebäudes an die Allianz Versicherung AG **bis 1937**__Abbruch fast aller Gebäude im Baublock zur Errichtung des benachbarten neuen Verwaltungsgebäudes für die Allianz; Einfügung und Umbau des einzig erhaltenen Eckgebäudes in den neuen Komplex **seit 1999**__Sitz des Bundesminsteriums für Gesundheit

Das alte Gebäude der Allianz wurde an den repräsentativen Neubau angegliedert, da es vom Baualter und den Nutzungsmöglichkeiten her– anders als die niedergelegten Nachbarhäuser – den neuen Ansprüchen der bis heute größten deutschen Versicherungsgesellschaft entsprach. Im Zweiten Weltkrieg trug das Eckhaus Brandschäden im oberen Geschoss davon. Es wurde verändert wiederaufgebaut, zur Straßenseite hin aber wiederum mit Sandstein verkleidet und mit einer vereinfachten Version der ursprünglich reich untergliederten Fassade versehen. Nach der Gründung der DDR zog das Robotron-Kombinat in das nun in Volkseigentum überführte Gebäude, das seit 1995 auf der Denkmalliste des Landes Berlin steht.

Teil Eins__Regierungsbauten

Bundesministerium für Umwelt, Naturschutz und Reaktorsicherheit
Alexanderplatz 6

Mit der Adresse Alexanderplatz 6 des zweites Dienstsitzes des Bundesministeriums für Umwelt, Naturschutz und Reaktorsicherheit in Berlin verbindet sich einer der bekanntesten Plätze der Stadt. Ähnlich wie der heutige Potsdamer Platz war auch der historische Alexanderplatz weitaus kleiner, als es das nun damit bezeichnete Areal vermuten läßt. Ursprünglich berührten die damals kleinparzellierten Grundstücke, auf denen das heutige, langgestreckte Gebäude steht, nicht einmal den Rand des Platzes.

An der nordöstlichen Grenze der mittelalterlichen Doppelstadt Berlin-Cölln gelegen, befand sich der alten Vieh- und Ochsenmarkt, der erst 1805 anlässlich eines Besuchs des russischen Zaren Alexander I. seinen heutigen Namen erhielt, bis zum Ende des 19. Jahrhunderts noch vor den Toren der Stadt.

Die unmittelbare Bebauung des Alexanderplatzes stand zu keiner Zeit im Interesse der regierenden Hohenzollern, die ihre städtebaulichen Schwerpunkte eher westlich des ehemaligen Residenzschlosses setzten. Der Osten der Berliner Innenstadt kam erst mit dem Bau der Stadtbahn 1882 in das Bewusstsein der Städtebauer. Eine grundsätzliche und geschlossene Stadtplanung der weiteren Umgebung des Alexanderplatzes fand aber eigentlich erst nach der Gründung der DDR im Jahre 1949 statt.

Nachdem die Stalinallee, die 1961 in Karl-Marx-Allee umbenannt wurde, als erste ›sozialistische Wohnstraße‹ in zwei Bauabschnitten von 1952–57 und von 1959–65 fertiggestellt worden war, konzentrierten sich die Wiederaufbaupläne der SED nach ihrem 1962 aufgestellten Generalplan auch auf den Alexanderplatz und seine nächste Umgebung. Ein 1964 ausgeschriebener städtebaulicher Wettbewerb hatte die Auflösung des zuletzt ab 1927 modernisierten radialen Straßensystems zur Folge, die Einmündungen in den Platz wurde zugunsten eines dezentralisierten Rastersystems aufgegeben. Die Alte Schützenstraße verschwand und die Nordseite des Alexanderplatzes wurde zwischen Prenzlauer Allee und heutiger Otto-Braun-Straße nach Norden zurückgesetzt.

Durch diese Neuordnung der Straßenführung entstand ein sehr großes Grundstück, das mit dem Ministerium für Elektrotechnik und Elektronik der DDR besetzt wurde. Das 220 Meter lange und 38 Meter hohe Gebäude entstand 1967–69 nach Plänen der Architekten Heinz Mehlan, Emil Leibold und Peter Skujin. Das in fünf Abschnitte horizontal unterteilte Gebäude

Am nördlichen Platzrand des Alexanderplatzes ist derzeit das Bundesministerium für Umwelt untergebracht. Auf der Fassade des Gebäudes befinden sich Auszüge aus dem berühmten Roman ›Berlin-Alexanderplatz‹ von Alfred Döblin.

Gebäudeminsterium: Bundesministerium für Umwelt

13. – 17. Jahrhundert__Acker- und Weideflächen zwischen den alten Landstraßen nach Norden und Osten **1701**__Anlegung der Königsvorstadt nördlich und östlich des Vieh- oder Ochsenmarktes vor den Toren der Stadt, militärische Nutzung der näheren Umgebung **um 1800**__Bau eines Exerzierhauses und Militärlazaretts für das Alexander-Regiment an der Ecke Alte Schützenstraße 2–3/ Keibelstraße, im Zweiten Weltkrieg zerstört **1805**__Umbenennung des Ochsenmarktes in Alexanderplatz anlässlich des Besuchs des russischen Zaren Alexander I. **19. Jahrhundert**__Verlagerung der militärischen Einrichtungen, bauliche Verdichtung mit Wohn- und Geschäftshäusern **1943 bis 1945**__schwere Verwüstungen in der Umgebung des Alexanderplatzes **1962**__Generalwiederaufbauplan zur Hauptstadt der DDR **1964**__städtebauliche Planungen zum Alexanderplatz, das zuletzt ab 1927 modernisierte Radialsystem der Straßen wird zugunsten eines dezentralisierten Rastersystems aufgegeben; Aufhebung der Alten Schützenstraße **1967 bis 1969**__Errichtung des Ministeriums für Elektrotechnik und Elektronik der DDR nach Plänen von Heinz Mehlan, Emil Leibold und Peter Skujin **1990**__Übertragung des Hauses auf die Treuhandanstalt **1993**__städtebaulicher Ideenwettbewerb der Stadt Berlin, nach den Entwürfen von Hans Kolhoff und Helga Timmermann Abbruch des Gebäudes und Neubau von zwei 150 Meter hohen Hochhaustürmen vorgesehen **1995**__Treuhand Liegenschafts-Gesellschaft **23.08.1999**__Sitz des Bundesumweltministeriums mit einem auf zunächst drei Jahre befristeten Mietvertrag **2000/01**__Erneuerung der Fassade unter Verwendung von Zitaten aus Alfred Döblins ›Berlin-Alexanderplatz‹ aus dem Jahre 1929

besaß ursprünglich eine Aluminiumfassade aus rotem und grünem Material, die in den Jahren 2000/01 renoviert wurde. Die Treuhand Liegenschafts-Gesellschaft (TLG), die seit 1995 im Besitz des Gebäudes ist, ließ eine neue, graue Aluminiumfassade mit verschiedenen Zitaten aus dem 1929 erschienenen Roman ›Berlin-Alexanderplatz‹ von Alfred Döblin anbringen.

Das Ministerium bezog am 23. August 1999 für zunächst drei Jahre einige Büroetagen zur Miete, nachdem es vorher in einem bedeutungslosen und unscheinbaren Plattenbau am Schiffbauerdamm 17 in der Nähe des Reichstagsgebäudes gearbeitet hatte. Noch ist die zukünftige städtebauliche Entwicklung des Alexanderplatzes nicht endgültig erkennbar. Einen 1993 ausgeschriebenen städtebaulichen Ideenwettbewerb für das insgesamt etwa 30 ha große Areal konnten Hans Kolhoff und Helga Timmermann für sich entschieden. Es ist geplant, das ehemalige DDR-Verwaltungsgebäude abzureißen und statt dessen unter anderem zwei 150 Meter hohe Bürotürme an dieselbe Stelle zu setzen. Ein genau terminierter Baubeginn steht noch aus. Nach einer Vorlage der Senatsverwaltung für Stadtentwicklung vom 5. Dezember 2000 soll das Ministerium in der Leipziger Straße 1–2 einen Neubau zum dauerhaften Sitz erhalten. Das heutige Trümmergrundstück ist dem Bundesrat im ehemaligen Preußischen Herrenhaus direkt benachbart.

Teil Eins__Regierungsbauten

Bundesministerium für Bildung und Forschung
Hannoversche Straße 30

Das nur wenige Meter vom Oranienburger Tor – als altes Berliner Stadttor nur noch dem Namen nach erhalten – entfernte Gebäude, in dem sich heute der zweite Dienstsitz des Bundesministeriums für Bildung und Forschung, ist untrennbar mit der preußischen Militärgeschichte verbunden.

Nach dem 30jährigen Krieg hatte der Große Kurfürst das ›stehende Heer‹ eingeführt. Potentielle Soldaten wurden nun nicht mehr erst zu Beginn der Konflikte und Kriege rekrutiert, sondern für eine ständig präsente und einsetzbare Armee ausgebildet. In den folgenden hundert Jahren entstanden allerdings keine eigenen Unterkünfte für die Offiziere und Soldaten, die per staatlicher Anordnung noch immer in privaten Bürgerhäusern einquartiert werden mussten.

Nach den Schlesischen Kriegen begann dann Friedrich II., in der Stadt Kasernen für die Militärs errichten zu lassen. In den zunächst ›Kasarmen‹ genannten Unterkünften lebten auch die Ehefrauen und Kinder der Armeeangehörigen. Die räumlichen Schwerpunkte für die gesamten Kasernenanlagen einschließlich der Stallungen und Exerzierplätze befanden sich in der Gegend um das Schlesische Tor im heutigen Kreuzberg und im nördlichen Areal der Dorotheenstadt um den heutigen Bahnhof Friedrichstraße bis zur Höhe Oranienburger Tor und von da bis an die Invalidenstraße. An Stelle der ersten Kasernen aus dem 18. Jahrhundert wurden zu Beginn des 20. Jahrhunderts Nachfolgebauten am Kupfergraben und Weidendamm errichtet, die jetzt für die Humboldt-Universität, das Deutsche Historische Museum und das Katholische Militärbischofsamt wiederhergerichtet worden bzw. in Renovierung begriffen sind.

Die Artillerie, deren Gründung auf das Jahr 1672 zurückgeht, bildete 1784 mit etwa 20.000 Angehörigen (einschließlich der Zivilpersonen) etwa 20% der gesamten Berliner Einwohnerschaft. Direkt am Oranienburger Tor, von der heutigen Ecke Hannoversche- und Friedrichstraße bis etwa zur Einmündung in die Philippstraße, entstanden die Ställe der Artilleriekasernen. Das heutige Minsterium bildete dabei nur einen mittleren, kleinen Teil des gesamten Grundstücks.

Die Ställe wurden erst kurz vor dem Ersten Weltkrieg abgerissen. Auf einem Teil des Areals, dem Grundstück Hannoversche Straße 28–30, entstand als Ersatz ein Mannschaftshaus

In der Umgebung des heutigen Bundesministeriums für Bildung und Forschung lagen die ausgedehnten Gärten der Charite, des Invalidenhauses und die Artilleriekasernen.

Gebäudepass: Bundesministerium für Bildung und Forschung

1789__Gründung der Tierarzneischule durch Friedrich Wilhelm II., Einrichtung zur Pflege von kranken Pferden der berittenen Artillerieeinheiten **1802 bis 1804**__Bau der Pferdeställe für die Artillerieregimenter; die Kasernen der Regimenter befanden sich in der Friedrichstraße und in der (heutigen) Schumannstraße, die Ställe in der Hannoverschen Straße von der Ecke zur Friedrichstraße zur Einmündung der heutigen Philippstraße; Nutzung bis 1912 **1912 bis 1914**__nach Abriss der Pferdeställe Bau eines Mannschaftshauses für zwei Maschinengewehrkompanien auf dem Teilgrundstück Hannoversche Straße 28–30 **1919 bis 1945**__Polizeischule **1945**__Gebäude brennt infolge eines Bombenangriffs vollständig aus **1947**__Gründung des Instituts für Bauwesen der Deutschen Akademie der Wissenschaften zu Berlin **1948 bis 1951**__Wiederaufbau der ausgebrannten Kaserne nach Plänen von Hans Scharoun, wesentliche Planungen zum Wiederaufbau der DDR finden im Haus statt **1951**__Umwandlung des Instituts in Deutsche Bauakademie der DDR **1965**__Auszug der Bauakademie in das ›Lindencorso‹ und in die Wallstraße **1974**__Umbau des Gebäudes zur ›Ständigen Vertretung der Bundesrepublik Deutschland in der Deutschen Demokratischen Republik‹ **24.06.1974 bis 02.10.1990**__Sitz der ›Ständigen Vertretung‹ **1998 bis 2000**__Umbau und Anfügung eines Neubaus nach den Plänen des Frankfurter Architektenteams Jourdan & Müller für den zweiten Dienstsitz des Bundesministeriums für Bildung und Forschung; Hauptnutzfläche: 4.500 qm, Baukosten: 24 Millionen DM, 120 Mitarbeiter **August 2000**__Einzug des Ministeriums

für zwei Maschinengewehrkompanien der Berliner Garnison, über deren Gestaltung nichts Näheres bekannt ist. Am Ende des Zweiten Weltkriegs brannte das Gebäude vollständig aus.

Die zweite wichtige militärgeschichtlichen Verknüpfung bezieht sich auf die Wahl Hans Scharouns, das verwaiste Gebäude ab 1948 als Arbeitsstätte für Architekten und Stadtplaner des erst ein Jahr zuvor gegründeten Instituts für Bauwesen der Deutschen Akademie der Wissenschaften zu Berlin herzurichten. Der 1951 abgeschlossene Wiederaufbau der Kriegsruine zählte zu den ersten in der riesigen Trümmerwüste Berlins. Bis 1965 hatte hier die Deutsche Bauakademie der DDR, wie sich das Institut ab 1951 nannte, ihren Sitz, ehe sie sukzessive in einen Neubau Unter den Linden, das ›Lindencorso‹, umzog, das 1995 einem gleichnamigen Neubau an der Ecke zur Friedrichstraße weichen musste.

Die besondere architektonische Leistung des Architekten Hans Scharoun lag im Ausbau des zweistöckigen Dachgeschosses zu lichtdurchfluteten Büros, die von einer innenliegenden Galerie umspannt waren. In den Atelierräumen sollten alle wesentlichen baulichen und städtebaulichen Perspektiven für den Wiederaufbau der DDR entwickelt werden. Unter der Präsidentschaft von Kurt Liebknecht, dem Neffen des KPD-Gründers Karl Liebknecht, wurde hier nicht nur der Aufbau Potsdams geplant, unter der maßgeblichen Leitung von Hermann Henselmann entstand hier auch die Stalinallee, die heute als Karl-Marx-Allee das längste geschützte Denkmal Europas ist. Die äußere Gestaltung des Dachaufbaus erinnerte mit seiner Holzverschalung eher an eine Baracke. Mit dieser improvisierten Architektur traf Scharoun durchaus den Geist der zerbombten Stadt Berlin, in der jeder versuchte, mit minimalen Mitteln größtmöglichen Wohn- und Nutzwert wieder herzustellen.

Mit der Entspannungspolitik zwischen Ost und West, die Ende der 60er Jahre begann, änderte sich auch die politische Landschaft in Ost-Berlin. Dies bildet die dritte Verknüpfung des Gebäudes mit der deutschen Geschichte. Nach der Unterzeichnung des Grundlagenvertrages am 21. Dezember 1972 im Alten Stadthaus, dem jetzigen Sitz des Innensenators des Landes Berlin, nahm die Bundesrepublik offizielle diplomatische Beziehungen zur DDR auf. Nicht zuletzt wegen der Nähe zu den Grenzübergängen Friedrich- und Invalidenstraße wurde das freistehende Gebäude Hannoversche Straße 30 als Sitz der ›Ständigen Vertretung der Bundesrepublik Deutschland bei der Deutschen Demokratischen Republik‹ eingerichtet. Am 20. Juni 1974 machte Günter Gaus seinen Antrittsbesuch bei Erich Honecker, vier Tage später konnte der Bau in der Hannoverschen Straße mit etwa 80 Mitarbeitern bezogen werden. Völkerrechtlich hatte die Einrichtung keinen diplomatischen Status, ihre Mitarbeiter aber schon.

Im Zuge der erforderlichen Veränderungen wurden die alten, jetzt leeren Ateliers zu Wohnungen umgebaut und die ursprüngliche Scharounsche Innenraumgestaltung durch Blech- und Trockenbauwände verstellt. Im übrigen Gebäude verschwanden jetzt nicht nur die weiteren Spuren des Nachkriegswiederaufbaus, sondern möglicherweise auch die letzten baulichen Reste aus der Zeit der militärischen Nutzung.

Die wichtigste Neuerung in dieser Zeit war der Einbau eines zweigeschossigen Hofgebäudes, dass unter schwierigen Bedingungen von West-Berliner Firmen errichtet wurde und neben der Haustechnik im ersten Obergeschoss einen Empfangs- und einen Besprechungsraum enthielt. Im Foyer, das Alt- und Neubau miteinander verbindet, fanden im Lauf der Jahre eine Vielzahl von Kunstausstellungen mit westdeutschen Künstlern wie Joseph Beuys und DDR-Künstlern wie Gerhard Altenbourg und A.R. Penck statt. Diese Tradition der Kunstausstellungen soll in Zukunft wieder belebt werden. Kurz vor dem Ende der DDR wurde das exterritoriale Gebiet der Bundesrepublik, dessen näheren Umfeld die Staatssicherheit der DDR in besonderem Maße beobachtete, Ziel von etwa 130 Flüchtlingen, die so im Sommer 1989 ihre Ausreise aus der DDR erzwingen wollten. Insgesamt hatten von 1974 bis 1989 etwa 2.000 DDR-Bürger ihre Ausreise aus der DDR erreicht, indem sie bis in die Ständige Vertretung, die im Volksmund ›Das Weiße Haus‹ genannt wurde, vorgedrungen waren. Am Vorabend der Wiedervereinigung, am 2. Oktober 1990, wurde die Vertretung geschlossen.

Nach dem Umzugsbeschluss der Bundesregierung erhielt das Bundesministerium für Bildung und Forschung, zwischenzeitlich auch ›Zukunftsministerium‹ genannt, das geschichtsträchtige Haus als Berliner Domizil. Die bestehenden Baulichkeiten sollten so wenig wie möglich verändert werden. Lediglich das Dachgeschoss wurde zurückgebaut und erhielt wieder Form und Aussehen der Scharounschen Version von 1949. Auch das Innere der Ateliers ist nun wieder in originaler Form zu sehen, die in den 70er Jahren hinzugefügten Einbauten sind entfernt worden. Aus der Zeit der ›Ständigen Vertretung‹ stammt das Dienstzimmer im ersten Obergeschoss, das Günter Gaus und Hans Otto Bräutigam nacheinander innehatten.

Der Haupteingang für das heutige Ministerium wurde an die Seite verlegt. Der ursprüngliche Eingang lag von 1974 bis 1990 an der Hannoverschen Straße.

Hier erstreckt sich der Denkmalschutz selbst auf die Büromöbel sowie auf die Vorhänge und Gardinen. Somit bleiben auch in Zukunft im gesamten Gebäude die unterschiedlichen baulichen Schichtungen deutlich.

Das mit dem Umbau beauftragte Architekturbüro Jourdan & Müller aus Frankfurt/Main lieferte 1998 auch die Pläne für einen westlichen Anbau an das denkmalgeschützte Gebäude. Es entstand ein sechsgeschossiger Neubau, der sich bewusst vom Haupthaus absetzt. So wie der Scharounsche Altbau einer sehr sparsamen und dennoch funktionalen Wiederaufbaulösung der unmittelbaren Nachkriegszeit entspricht, soll der Neubau der Aufbruch in die neue Zeit dokumentieren. Die leuchtend Rot gehaltene Ecke des letzten Obergeschosses, die weit herausragt, ist dafür das markanteste Beispiel. Die Leichtigkeit der Architektur wird am neuen Gebäudeteil – im Gegensatz zum schweren Kubus des Altbaus – auch durch die beiden schräg gestellten Stützen markiert, die auf einer Höhe von zwei Etagen die gesamte Last des Anbau aufnehmen. Der Haupteingang wurde vom Altbau in das neue Gebäude verlegt.

Damit ergibt sich nach Fertigstellung des Neubaus im Jahre 2000 eine Hauptnutzfläche von etwa 4.500 qm. Die Baukosten betrugen insgesamt ca. 24 Millionen DM. Von den 1.200 Mitarbeitern des Ministeriums sind im August 2000 nur etwa 10% vom Rhein an die Spree umgezogen, die Kopfstelle mit den übrigen Bediensteten bleibt vorerst in Bonn.

Teil Eins__Regierungsbauten

Bundesministerium für wirtschaftliche Zusammenarbeit und Entwicklung
Stresemannstraße 90 – 102

Die Geschichte des zweiten Dienstsitzes des Bundesministeriums für wirtschaftliche Zusammenarbeit und Entwicklung nahm einen anderen Anfang, als es der Blick auf eines der modernsten Bürogebäude, die seinerzeit in der Weimarer Republik nach amerikanischen Vorbild errichtet wurden, heute vermuten lässt.

Ein französischer Baron namens Franziskus Matthäus Vernezobre de Laurieux hatte sich in Berlin niedergelassen und beabsichtigte, ganz nach den Vorstellungen Friedrich Wilhelms I., ein Palais in der nach Westen erweiterten Friedrichstadt zu bauen. Das an der Wilhelmstraße 102 gelegene Palais wurde von 1737–39 errichtet und zählte zu den bedeutendsten Bauten Berlins im 18. Jahrhundert. Der auch für damalige Zeiten außerordentlich große und luxuriöse Garten reichte von der Wilhelmstraße entlang der heutigen Anhalter Straße bis an die Stadtmauer, die heutige Stresemannstraße.

Nach mehrmaligen Besitzerwechsel erwarben 1772 die Hohenzollern Palais und Garten, denen es dann bis zum Ende der Monarchie 1918 gehörte. Albrecht, der jüngste Sohn Friedrich Wilhelms III. und der legendären Königin Luise, ließ das Palais durch Schinkel 1830–33 umbauen. Nach 1933 erlangte das sogenannte Prinz-Albrecht-Gelände traurige Berühmtheit, als sich hier die Gestapo, die SS und das Reichssicherheitshauptamt einquartierten.

Zwischen den beiden Weltkriegen wurde der südwestliche Teil des Gartens, der im 19. Jahrhundert mit dem Völkerkundemuseum und dem heute noch vorhandenen Martin-Gropius-Bau teilweise bebaut worden war, an die Stadt Berlin verkauft. 1924 kam dann ein städtebaulicher Wettbewerb ›zur Errichtung des schönsten und größten Hotel Europas‹ zur Ausschreibung, den das Berliner Architektenbüro Bielenberg & Moser sowie Otto Firle gewannen. Das assoziierte Büro der beiden Architekten hatte – ganz im Stil der Zeit vor 1914 – eine Reihe historisierender Bauten entworfen, etwa das Gebäude der heutigen Landesvertretung Bayerns in der Behrenstraße oder den Erweiterungsbau für die Diskonto-Gesellschaft Unter den Linden, in dem sich heute die Deutsche Bank und das Guggenheim-Museum befinden.

Nach den Plänen von Bielenberg & Moser begann 1926 der erste Bauabschnitt mit der Errichtung des heutigen Deutschlandhauses, in dem zur Zeit noch der Besucherdienst des Bundesrates untergebracht ist. Das Gebäude sowie eine angrenzende Ladenpassage wurden 1935 um zwei Geschosse aufgestockt.

Das zunächst als Hotel geplante Europa-Haus war eines der modernsten Stahlskelettbauten im Berlin der Weimarer Republik und beherbergt heute den zweiten Dienstsitz des Bundesministeriums für wirtschaftliche Zusammenarbeit und Entwicklung.

Nach mehrjähriger Bauverzögerung konnte 1931 eines der ersten Hochhäuser Berlins fertiggestellt werden, das mit seinen elf in Stahlskelettbauweise errichteten Geschossen die vorgesehene Traufhöhe bei weitem überschritt. Diese moderne Lösung nach amerikanischem Vorbild wurde damals nach den Plänen des anderen Preisträgers Otto Firle ausgeführt. Eine überdimensionierte Leuchtreklame und ein etwa 15 Meter hoher Lichtturm auf dem insgesamt 50 Meter hohen Gebäude gaben der Umgebung um den Anhalter Bahnhof jenes moderne Gesicht, das für das damalige Berlin charakteristisch war. Das geplante Hotel wurde wegen Geldmangels bereits in der Bauphase zum Bürogebäude umfunktioniert.

In das Bürogebäude zog nach 1933 das Reichsarbeitsministerium ein. Namentlich der schwere Bombenangriff vom 3. Februar 1945 verwandelte die Gegend um den Anhalter Bahnhof in ein rauchendes Trümmerfeld. Das Europahaus brannte vollständig aus und wurde ab 1960 in veränderter Form wieder aufgebaut. Im älteren Trakt, dem Deutschlandhaus, befanden sich in der Zeit des geteilten Berlins u.a. die Räume für das Gesamtdeutsche Institut.

Nach der Vereinigung Deutschlands am 3. Oktober 1990 erhielt das Ministerium für wirtschaftliche Zusammenarbeit eine Außenstelle in Berlin und wurde zunächst im alten Reichsbank- und späteren Gebäude des ZK der SED untergebracht. Beim Umbau des größten Gebäudes, das in Berlin im III. Reich errichtet worden war, entstanden ab 1996 in den obersten vier Stockwerken des ehemaligen Europahauses vis-á-vis der Ruine des Anhalter Bahnhofs auch die Büroräume für den zweiten Dienstsitz des Ministeriums. Für den gesamten Umbau zeichnete der Architekt Wolfgang Schäfer verantwortlich. Die unteren Etagen werden für den Fall frei gehalten, dass das Ministerium im Lauf der nächsten Jahre doch noch vollständig von Bonn nach Berlin zieht.

Gebäudepass: Bundesministerium für wirtschaftliche Zusammenarbeit
1737 bis 1739__Bau eines Palais für den Baron Vernezobre in der Wilhelmstraße 102, Anlage eines großen Gartens bis zur heutigen Stresemannstraße **1772**__Verkauf von Palais und Garten an die Hohenzollern **1830 bis 1833**__Umbau des Palais für den Prinzen Albrecht nach Plänen von Karl Friedrich Schinkel, Anbau von Reit-, Stall- und Gewächshäusern am westlichen Ende des Gartens auf dem heutigen Grundstück des Europahauses **1923**__Verkauf des südwestlichen Gartenanteils an die Stadt Berlin, städtebaulicher Wettbewerb zur Errichtung des ›schönsten und größten Hotels Europas‹, erste Preisträger Bielenberg & Moser sowie Otto Firle **1927 bis 1931**__erster Bauabschnitt am Askanischen Platz – heute ›Deutschlandhaus‹ **1931**__Errichtung des Europahauses nach Plänen von Otto Firle **1945**__das Europahaus brennt vollständig aus **1960 bis 1966**__Wiederaufbau der Gebäude, Abriss der Ladenpassage nördlich des Hochhauses an der Stresemannstraße **1996**__Zweiter Dienstsitz des Ministeriums für wirtschaftliche Zusammenarbeit und Entwicklung **1999/2000**__Umbau nach den Plänen von Wolfgang Schäfer

Teil Zwei__Die deutschen Bundesländer

Landesvertretungen Brandenburg und Mecklenburg-Vorpommern
In den Ministergärten

Die beiden nordöstlichen Bundesländer Brandenburg und Mecklenburg-Vorpommern haben sich entschieden, ihre Landesvertretungen beim Bund in einem gemeinsamen Gebäude einzurichten. Dazu fand ein EU-offener, anonymer Wettbewerb statt, den das Lübecker Büro Mai, Zill und Kuhsen am 15. Mai 1998 für sich entscheiden konnte. Dennoch wurde das Büro von Gerkan, Marg und Partner beauftragt, ihre Pläne umzusetzen. Die Verantwortlichen erkannten in dem Entwurf, der mit dem zweiten Preis bedacht worden war, eine bessere und für die Zwecke einer Landesvertretung geeignetere Raumaufteilung als in den Plänen des Lübecker Büros. Das Hamburger Architekturteam ist in Berlin bereits mehrfach vertreten, unter anderem mit dem Flughafen Tegel, dem neuen Lehrter Bahnhof und dem Gebäude für die Dresdner Bank am Pariser Platz 6.

Der Entwurf sieht für jedes Bundesland einen eigenen Gebäudeteil mit einem L-förmigen Grundriss vor, bei dem beide Gebäudewinkel diametral entgegengesetzt zueinander stehen. Die aus städtebaulichen und lichttechnischen Gründen nicht völlig identischen Riegel sind in der Mitte durch eine gemeinsam nutzbare, mehrgeschossige Halle miteinander verbunden.

Im Untergeschoss entstehen zwei Restaurationsbetriebe, die – der jeweiligen Landestradition entsprechend – ›Fontaneklause‹ und ›Kajüte‹ heißen werden. Das Erdgeschoss und die ersten beiden Obergeschosse sind für die Büro- und Verwaltungsräume vorgesehen, die dritte Etage beherbergt die Leitungsebene.

Bei der Gartengestaltung werden heimatliche Gewächse der deutschen Nord-Ost-Region und vor allem Kiefern berücksichtigt. Interessant ist die abweichende Fassadengestaltung, die trotz des einheitlichen Gebäudes die beiden unterschiedlichen Mentalitäten der Länder verdeutlichen soll: Brandenburg hat sich für eine Schieferfassade mit strenger Rasterung entschieden, während Mecklenburg-Vorpommern mit einer Holzfassade eher seinen ›nordischen Charakter‹ betonen möchte. Die Grundsteinlegung zu diesem Bauprojekt erfolgte am 21. Februar 2000.

Die Landesvertretungen Brandenburgs und Mecklenburg-Vorpommerns beziehen ein gemeinsames Gebäude, dessen Fassadengestaltung die Besonderheiten beider Länder zum Ausdruck bringen soll.

Gebäudepass: LV Brandenburg, Mecklenburg-Vorpommern
ab 1732__Erweiterung der 1688 angelegten Friedrichstadt nach Westen **1736**__Bau des Palais Wilhelmstraße 76 für den Obersten Pannewitz **1738**__Bau des Palais Wilhelmstraße 75 für den Kriegsrat Stolze **17.05.1819**__Ankauf des Palais Wilhelmstraße 76 durch den Königlichen Preußischen Fiskus, Einrichtung des Auswärtigen Amtes für Preußen, Geburtsstunde des Regierungsviertels Wilhelmstraße **1886 bis 1945**__Auswärtiges Amt des Deutschen Reiches im Palais Wilhelmstraße 75 **1929**__Preußen verkauft Wilhelmstraße 75 an das Deutsche Reich, Erweiterung des Auswärtigen Amtes des Reichs (bis 1945) **1943 bis 1945**__beide Palais werden fast vollständig durch Bomben zerstört **1948 bis 1950**__Abriss der Kriegsruinen **13.08.1961**__durch den Mauerbau liegen die Grundstücke im Grenzgebiet; Sperrzone **1950 bis 1997**__Grundstücke bleiben unbebaut **15.05.1998**__Hamburger Büro Gerkan, Marg und Partner gewinnt zweiten Preis im EU-offenen, anonymen Wettbewerb zum Neubau der Landesvertretungen Brandenburg und Mecklenburg-Vorpommern; Auftragserteilung **01.02.2000**__Grundsteinlegung **Anfang 2001**__Eröffnung der Landesvertretung beim Bund

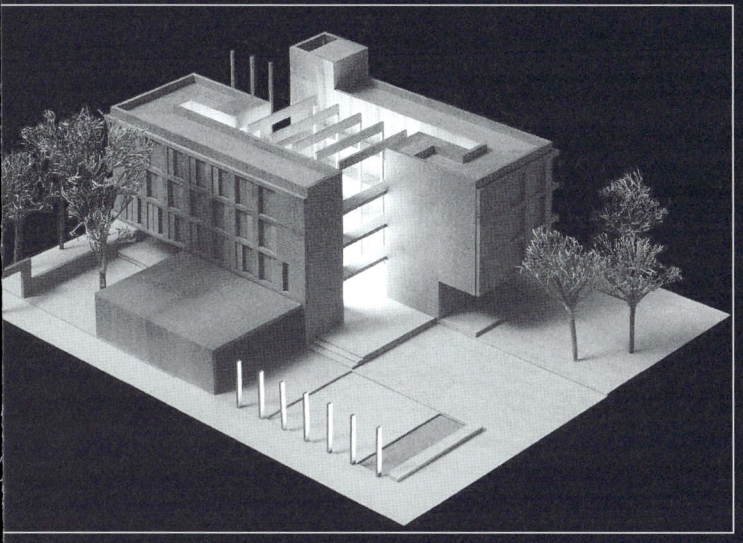

Landesvertretung Hessen
In den Ministergärten

Die hessische Landesvertretung bietet wie die Nachbargebäude der sechs anderen Bundesländer auch ein gelungenes Beispiel moderner Architektur auf historisch bedeutendem Boden.

Das Bundesland Hessen besaß am Klingelhöferdreieck noch ein Grundstück aus der Zeit vor dem Zweiten Weltkrieg. Dort beabsichtigten allerdings die nordeuropäischen Länder Dänemark, Finnland, Island, Norwegen und Schweden ein gemeinsames Botschaftsareal mit insgesamt sechs Gebäuden zu errichten. Um dieses Vorhaben realisieren zu können, erhielt Hessen im Austausch ein Grundstück von etwa 3.000 qm auf dem Gebiet der ehemaligen Ministergärten, nahe der Kleinen Querallee.

Nachdem der Grundstückstausch und -kauf im Dezember 1997 besiegelt worden war, schrieb das Bundesland im März 1998 einen EU-offenen, anonymen Wettbewerb aus, den die Architekten Michael Christl und Joachim Bruchhäuser aus Frankfurt/Main für sich entscheiden konnten. Der Entwurf sieht die Errichtung eines fünfgeschossigen Gebäudes mit einem weit auskragenden Vordach auf Höhe des zweiten Geschosses vor.

Mehrere Baukörper folgen einer kubisch orthogonalen Komposition. Die dazu verwandten, großen Betonkuben wurden im hessischen Landtag vor allem von den Grünen kritisiert, da sie nicht den Vorstellungen des ökologischen Bauen nicht genügend verpflichtet seien. Die Jury befand hingegen bei ihrer Entscheidung, dass der Bau, der das Grundstück optimal ausnutzt, Ähnlichkeiten mit den Werken des amerikanischen Architekten F.L. Wight aufweise und sich damit in die große Schule der klassischen Moderne einreihe.

Das Gebäude mit seiner horizontal gegliederten Fassade aus hellem Sandstein wird über die Straßenseite zur Kleinen Querallee erschlossen. Im ersten Obergeschoss befinden sich weitere Räumlichkeiten für öffentliche Veranstaltungen, hier gibt es auch eine hessische Weinstube. Im zweiten und dritten Obergeschoss liegen die Büro- und Verwaltungsräume für die etwa 40 Mitarbeiter der Landesvertretung, dazu kommen im Obergeschoss – wie bei den anderen Landesvertretungen in der Regel auch – je ein Wohnappartement für den Ministerpräsidenten und den Bevollmächtigten des Landes Hessen beim Bund sowie fünf weitere Übernachtungszimmer. Etwa 20% der Nutzfläche möchte das Land vermieten, so z.B. ein noch einzurichtendes ›Literaturbistro‹ im Erdgeschoss. Die Fertigstellung des etwa 32 Millionen DM teuren Gebäudes ist für Anfang 2001 avisiert.

Gebäudepass: LV Hessen
ab 1732__Erweiterung der 1688 angelegten Friedrichstadt nach Westen **1736**__Bau des Palais Wilhelmstraße 76 für den Obersten Pannewitz **1739**__Bau des Palais Wilhelmstraße 75 für den Kriegsrat Stolze **17.05.1819**__Ankauf des Palais Wilhelmstraße 76 durch den Königlichen Preußischen Fiskus, Einrichtung des Auswärtigen Amtes für Preußen, Geburtsstunde des Regierungsviertels Wilhelmstraße **1886 bis 1945**__Auswärtiges Amt des Deutschen Reiches im Palais Wilhelmstraße 75 **1929**__Preußen verkauft Wilhelmstraße 75 an das Deutsche Reich, Erweiterung des Auswärtigen Amtes des Reichs (bis 1945) **1943 bis 1945**__beide Palais werden fast vollständig durch Bomben zerstört **1948 bis 1950**__Abriss der Kriegsruinen **13.08.1961**__durch den Mauerbau liegen die Grundstücke im Grenzgebiet; Sperrzone **1950 bis 1997**__Grundstücke bleiben unbebaut **Dezember 1997**__Kauf des Grundstücks in den Ministergärten zur Errichtung der Landesvertretung **März 1998**__den EU-offenen, anonymen Wettbewerb gewinnt das Architektenteam Christl und Bruchhäuser, Frankfurt/Main **Dezember 1998**__Baubeginn **Anfang 2001**__Eröffnung der Landesvertretung

Teil Zwei__Die deutschen Bundesländer

Landesvertretungen Niedersachsen und Schleswig-Holstein
In den Ministergärten

Die Bundesländer Niedersachsen und Schleswig-Holstein haben sich wie ihre nordöstlichen Nachbarn Brandenburg und Mecklenburg-Vorpommern zum Bau einer gemeinsamen Landesvertretung entschlossen, um bei einer gemeinsamen Planung und Bauausführung Kosten zu sparen. Die Landesvertretung der beiden nordwestlichen Länder nimmt in der Kleinen Querallee, in der insgesamt fünf Gebäude für sieben Landesvertretungen errichtet wurden, den südwestlichen Block ein.

Im Dezember 1997 wurde ein EU-weiter, offener Wettbewerb mit der Vergabe von zwei ersten Preisen entschieden. Nach einer Überarbeitung der Entwürfe entschied sich die Jury aber gegen das renommierte Hamburger Büro von Böge und Lindner-Böge und für den Konkurrenzentwurf des Büros von Birgit Cornelsen und Caspar Seelinger sowie von Martin Seelinger und Maximilian Vogels, die in Darmstadt und Amsterdam ihren Sitz haben. Nach den Plänen der Büros wurden zwei geschlossene Baukörper auf einem quadratischem Grundriss parallel zueinander gesetzt und mit einer lichtdurchfluteten, über die gesamte Gebäudehöhe reichenden Halle verbunden, die mit einem freitragenden Flachdach und Glaswänden ausgestattet ist. Eine derartige verglaste Dachterrasse eignet sich hervorragend für ein Café mit Blick auf das Regierungsviertel. Rechts und links der Halle befinden sich auf sechs Etagen die beiden Gebäuderiegel für je eine Landesvertretung.

Bei der Fassadengestaltung hatte es sogar einen politischen Eklat gegeben. Einige Wochen vor der Grundsteinlegung am 30. Juni 1999 wurde im niedersächsischen Landtag darüber diskutiert, warum italienischer Naturstein zur Ausführung bestellt worden war und nicht etwa heimatlicher, niedersächsischer Naturstein. Der italienische Stein Pietra Serena weist

Aus Sparsamkeitsgründen entschieden sich die beiden nordwestdeutschen Bundesländer Schleswig-Holstein und Niedersachsen für den Bau einer gemeinsamen Landesvertretung.

Gebäudepass: LV Niedersachsen, Schleswig-Holstein

ab 1732__Erweiterung der 1688 angelegten Friedrichstadt nach Westen **1736**__Bau des Palais Wilhelmstraße 76 für den Obersten Pannewitz **1740**__Bau des Palais Wilhelmstraße 75 für den Kriegsrat Stolze **17.05.1819**__Ankauf des Palais Wilhelmstraße 76 durch den Königlichen Preußischen Fiskus, Einrichtung des Auswärtigen Amtes für Preußen, Geburtsstunde des Regierungsviertels Wilhelmstraße **1886 bis 1945**__Auswärtiges Amt des Deutschen Reiches im Palais Wilhelmstraße 75 **1929**__Preußen verkauft Wilhelmstraße 75 an das Deutsche Reich, Erweiterung des Auswärtigen Amtes des Reichs (bis 1945) **1943 bis 1945**__beide Palais werden fast vollständig durch Bomben zerstört **1948 bis 1950**__Abriss der Kriegsruinen **13.08.1961**__durch den Mauerbau liegen die Grundstücke im Grenzgebiet; Sperrzone **1950 bis 1997**__Grundstücke bleiben unbebaut **Dezember 1997**__Architekturbüro Cornelsen, Seeliger/Seeliger, Vogels aus Darmstadt und Amsterdam gewinnt EU-weiten, offenen Wettbewerb **30.06.1999**__Grundsteinlegung **Anfang 2001**__Eröffnung der Landesvertretung beim Bund; Baukosten: 56 Millionen DM

allerdings nur wenige farbige Adern auf, so dass eine einheitliche graue Farbgebung erzielt werden konnte – eben dies war das Ziel der Architekten. Ebenso planmäßig wurde die Fassade durch zinnoberrote, horizontal um das gesamte Gebäude verlaufende und jeweils in Höhe der Etagendecken liegende Metallprofile aufgelockert und gleichzeitig strukturiert.

Die Eröffnung der Landesvertretungen, deren Baukosten bei etwa 56 Millionen DM liegen, ist für den Anfang des Jahres 2001 vorgesehen.

Landesvertretung Saarland
In den Ministergärten 4

Das nach der Bevölkerungszahl zweitkleinste Bundesland nach Bremen, das Saarland, hat sich wie sechs weitere Bundesländer dazu entschlossen, in den Ministergärten seine Landesvertretung beim Bund zu bauen. Die saarländische Vertretung ist dem Gebäude von Rheinland-Pfalz benachbart. Die beiden Südwestländer haben mit den beiden nordwestlichen Ländern Schleswig-Holstein und Niedersachsen eine gemeinsame Koordination bei der Planung und Bauausführung vorgenommen, was eine erhebliche Reduzierung der Kosten ermöglichte.

Als einziges Bundesland hatte das Saarland keinen EU-weiten, sondern nur einen regional beschränkten Bauwettbewerb ausgeschrieben, bei dem sich das Saarbrücker Büro von Peter Alt & Thomas Britz durchsetzen konnte. Mit einem Baukubus, der mit seinen etwa 20 Metern Höhe dem Idealmaß einer Stadtvilla entspricht, erinnert die Vertretung des Saarlandes weniger an die Pracht der barocken Palais als vielmehr an den Charakter der nahegelegenen – und ebenfalls im Zweiten Weltkrieg untergegangenen – Villen im Tiergartenviertel. Das längsrechteckige und wie alle anderen Landesvertretungen freistehende Gebäude mit insgesamt sechs Stockwerken lebt von seinem Wechsel offener und geschlossener Fassadenflächen, die mit hellem Sandstein verkleidet wurden. Zur Straße hin entstand eine großzügige, lichtdurchflutete Halle, während sich im hinteren Gebäudeteil in Richtung Brandenburger Tor ein laubengesäumtes ›Haus im Garten‹ befindet.

Im Erdgeschoss liegt ein großer Empfangssaal, der je nach Veranstaltung um weitere, benachbarte Nebensäle vergrößert werden kann. Im ersten Obergeschoss sind die Speiseräume untergebracht, die durch eine angeschlossene Terrasse einen besonderen Reiz haben. In den oberen Geschossen befinden sich die Büro- und Verwaltungsräume. Wie bei den benachbarten Gebäuden auch, sind im obersten, sechsten Geschoss die Räume des Ministerpräsidenten angesiedelt, die einen Blick auf das Reichstagsgebäude und das Brandenburger Tor freigeben.

Bei der Planung wurde besonders auf das ökologische Bauen Wert gelegt. So ist die Südfassade zur Kleinen Querallee mit Solarkollektoren ausgestattet, während die Nordseite in Richtung Reichstagsgebäude von massiven Wänden verschlossen wird. Die Grundsteinlegung erfolgte am 16. Juni 1999. Die Eröffnung des Hauses fand mit 800 Gästen am 25. Januar 2001 statt. Die Baukosten des Gebäudes mit seinen 1.836 qm Hauptnutzfläche liegen bei 18 Millionen DM.

> Ähnlich wie die übrigen Gebäude In den Ministergärten nimmt auch die Landesvertretung des Saarlands die Tradition der freistehenden Villa in Blockrandbebauung, wie sie für die Umgebung des Tiergartens früher üblich war, wieder auf.

Gebäudepass: LV Saarland
ab 1732__Erweiterung der 1688 angelegten Friedrichstadt nach Westen **1736**__Bau des Palais Wilhelmstraße 76 für den Obersten Pannewitz **1742**__Bau des Palais Wilhelmstraße 75 für den Kriegsrat Stolze **17.05.1819**__Ankauf des Palais Wilhelmstraße 76 durch den Königlichen Preußischen Fiskus, Einrichtung des Auswärtigen Amtes für Preußen, Geburtsstunde des Regierungsviertels Wilhelmstraße **1886 bis 1945**__Auswärtiges Amt des Deutschen Reiches im Palais Wilhelmstraße 75 **1929**__Preußen verkauft Wilhelmstraße 75 an das Deutsche Reich, Erweiterung des Auswärtigen Amtes des Reichs (bis 1945) **1943 bis 1945**__beide Palais werden fast vollständig durch Bomben zerstört **1948 bis 1950**__Abriss der Kriegsruinen **13.08.1961**__durch den Mauerbau liegen die Grundstücke im Grenzgebiet; Sperrzone **1950 bis 1997**__Grundstücke bleiben unbebaut **April 1999**__Saarbrücker Architekturbüro Peter Alt & Thomas Britz gewinnt den offenen, regionalen Wettbewerb **16.06.1999**__Grundsteinlegung **25.01.2001**__Eröffnung der Landesvertretung beim Bund; Hauptnutzfläche: 1.836 qm, Baukosten: 18 Millionen DM

Landesvertretung Rheinland-Pfalz
In den Ministergärten

Die neue Landesvertretung ist Teil einer Gemeinschaftsanlage, die das Bundesland Rheinland-Pfalz mit den Ländern Niedersachsen und Schleswig-Holstein bildet. Die rheinland-pfälzische Vertretung beim Bund liegt zwischen der Doppelvertretung der nördlichen Länder Schleswig-Holstein und Niedersachsen und der Vertretung des kleinsten Bundeslandes, dem Saarland. Eine gemeinsame Tiefgarage, eine durchgehende und gemeinschaftlich geplante und genutzte Freifläche sowie die von einer Hand geplante Gebäudetechnik wurden zur Kostenreduzierung realisiert. Der Stuttgarter Freie Landschaftsarchitekt Kienle erhielt den Auftrag für die Gartengestaltung, bei der Baumhain, Hecken und Rasenflächen die wesentlichen gestalterischen Elemente bilden.

Bei einem europaweit ausgeschriebenen Wettbewerb erhielt das Stuttgarter Büro Heinle, Wischer & Partner im September 1997 den ersten Preis. Ende November 1998 begann der Bau, das Richtfest fand am 6. September 1999 statt. In Anwesenheit des Bundespräsidenten Johannes Rau und des Bundestagspräsidenten Wolfgang Thierse wurde das Gebäude durch den amtierenden Ministerpräsidenten Kurt Beck am 18. Dezember 2000 seiner Bestimmung übergeben. Die Baukosten beliefen sich auf 42 Millionen DM, von denen 14 Millionen DM für den Ankauf des Grundstücks verwendet wurden.

Auf dem 3.150 qm großen Grundstück entstand ein viergeschossiges, U-förmiges Gebäude, das zur einen Hälfte für Verwaltungs- und zur anderen Hälfte für Repräsentationsaufgaben genutzt wird. Die beiden streng voneinander geteilten Nutzungsbereiche des mit einer Natursteinfassade verkleideten Baus sind mit einer ›schwebenden‹ Treppe verbunden, auf der man die einzelnen Etagen durch Glasgalerien erreichen kann. Ein nach Nordosten angrenzender, separater Flügel nimmt die Gästewohnungen auf. Der Zugang erfolgt über drei Galerien.

Die beiden Veranstaltungssäle im Erdgeschoss können mit dem lichtdurchfluteten Foyer, das den Blick in den Garten freigibt, verbunden werden. Hier ist auch eine Weinstube vorgesehen, die den Namen ›Weinland Pfalz‹ tragen soll. Oberhalb des Foyers befinden sich die Büroräume der etwa 50 Mitarbeiterinnen und Mitarbeiter, der Ministerpräsident erhält eine Suite mit Dachterrasse, die einen schönen Ausblick auf das Regierungsviertel mit dem Reichstagsgebäude bietet und über einen gläsernen Aufzug erreicht werden kann. Auf dieser Ebene befinden sich Besprechungs- und Frühstückszimmer.

> Rheinland-Pfalz hat als erstes von insgesamt sieben Bundesländern, die auf dem historischen Boden in den alten Ministergärten eine Landesvertretung beim Bund bauen wollten, seine Repräsentanz eröffnet.

Gebäudepass: LV Rheinland-Pfalz

ab 1732__Erweiterung der 1688 angelegten Friedrichstadt nach Westen **1736**__Bau des Palais Wilhelmstraße 76 für den Obersten Pannewitz **1741**__Bau des Palais Wilhelmstraße 75 für den Kriegsrat Stolze **17.05.1819**__Ankauf des Palais Wilhelmstraße 76 durch den Königlichen Preußischen Fiskus, Einrichtung des Auswärtigen Amtes für Preußen, Geburtsstunde des Regierungsviertels Wilhelmstraße **1886 bis 1945**__Auswärtiges Amt des Deutschen Reiches im Palais Wilhelmstraße 75 **1929**__Preußen verkauft Wilhelmstraße 75 an das Deutsche Reich, Erweiterung des Auswärtigen Amtes des Reichs (bis 1945) **1943 bis 1945**__beide Palais werden fast vollständig durch Bomben zerstört **1948 bis 1950**__Abriss der Kriegsruinen **13.08.1961**__durch den Mauerbau liegen die Grundstücke im Grenzgebiet; Sperrzone **1950 bis 1997**__Grundstücke bleiben unbebaut **September 1996**__Büro Heinle, Wischer und Partner (Schmidbauer) aus Stuttgart gewinnt EU-weiten, offenen und einstufigen Realisierungswettbewerb **November 1998**__Baubeginn **18.12.2000**__Eröffnung der Landesvertretung beim Bund; Baukosten: 42 Millionen DM

Teil Zwei__Die deutschen Bundesländer

Landesvertretung Bayern
Behrenstraße 21–22

Der Freistaat Bayern war das erste der insgesamt 16 Bundesländer, das sich infolge des Hauptstadtbeschlusses für einen Standort seiner Landesvertretung entscheiden konnte. Die Wahl fiel auf das Grundstück Behrenstraße 21/22, vis-á-vis der Komischen Oper und als direkter Nachbar des Deutschen Beamtenbundes.

Die Behrenstraße lag am Ende des 17. Jahrhunderts genau im Schnittpunkt der beiden neuangelegten barocken Neustädte, der Dorotheen- und der Friedrichstadt. Ursprünglich verlief hier ein Hornwerk, ein Befestigungsgraben, der das südwestliche Ende der brandenburgischen Residenz markierte. Die Straße selbst ist nach dem Ingenieur Johann Heinrich Behr benannt, der für den Befestigungsbau verantwortlich war. Mit ›Bären‹, wie häufig vermutet, hat die Straße nichts zu tun.

In Berlin hatte sich um 1871 ein bedeutender Bankenplatz herausgebildet, der durch die Aufhebung des Gesetzes zur ›Beschränkung der Bildung von Bankaktiengesellschaften‹ noch beschleunigt wurde. Der nun nicht mehr bestehende Schutz der alten preußischen Staatsbanken führte dazu, dass viele Banken neu gegründet wurden oder Niederlassungen in Berlin eröffneten. Das räumliche Zentrum dieses Bankenviertels befand sich zwischen der Leipziger Straße im Süden und Unter den Linden im Norden. Neben der Deutschen Bank, der Diskonto-Gesellschaft und der Dresdner Bank siedelten sich auch viele Privatbanken rund um den Gendarmenmarkt an. Die bis dahin dominierende Wohnbebauung aus dem 18. Jahrhundert wurde ab der Reichsgründungszeit bis in die Weimarer Republik durch einen neuen Geschäftshaustyp ersetzt, der über eine moderne Technik und angemessene Raumzuschnitte für Verwaltungstätigkeiten verfügte.

Eines der damals auf diesen Bautyp spezialisierten Architektenbüros war das von Richard Bielenberg und Johannes Moser. 1912 entstand nach ihren Plänen das Bankgebäude für den Schaafhausenschen Bankverein. Diese Kölner Aktienbank – 1848 als erste preußische Bank in eine Aktienbank umgewandelt – hatte mit der Industrialisierung Preußens ihren Geschäftsschwerpunkt auf die Industriefinanzierung verlegt und bereits 1891 eine Berliner Niederlassung eröffnet.

Das Bankgebäude mit Vorderhaus, zwei Seitenflügeln und Quergebäude, die sich um einen Hof gruppieren, folgt mit seiner vertikalen Fassadengliederung und seiner nüchternen,

Der Freistaat Bayern bezog als erstes Bundesland seine Berliner Landesvertretung, ein ehemaliges Bankgebäude.

aber eleganten Strenge dem neuen Geschäftshaustyp, den Alfred Messel 1897 mit seinem Entwurf für das Warenhaus Wertheim an der Leipziger Straße vorgegeben hatte. Das mit einer Werksteinfassade aus Elbsandstein verkleidete Gebäude von sieben Achsen und drei Geschossen, das auf einem rustizierten Sockelgeschoss ruht, ist in den beiden obersten Geschossen durch breite ionische Pilaster zusammengefasst und mit einem aufwändigen Abschlussgesims versehen.

Das im Zweiten Weltkrieg glücklicherweise nur wenig beschädigte Gebäude war von 1949 bis zur Wiedervereinigung Deutschlands Sitz der Deutschen Handelsbank AG. Danach kam es unter die Verwaltung der Treuhand.

Bayern hatte das rund 3.200 qm große Grundstück bereits im Mai 1992 von der Treuhandanstalt erworben. Das in bester Geschäftslage befindliche Gebäude weist eine Nutzfläche von etwa 11.000 qm auf. Da von Anfang an ersichtlich war, dass die günstig erworbene Immobilie für die Landesvertretung zu groß sein würde, beschloss man, den nicht benötigten Teil mit einem Wertzuwachs an Dritte zu veräußern, um dadurch die Kosten für Kauf und Umbau zu kompensieren. So wurde der rückwärtige Teil zur Französischen Straße 53–56 an die Bayerische Vereinsbank verkauft.

Nach einer europaweiten Ausschreibung im Februar 1996 erhielt das Staatliche Hochbauamt Aschaffenburg im Juli 1996 den Auftrag, das Gebäude für die neue Nutzung herzurichten. Nach etwa zweijähriger Bauphase konnte die erste aller Landesvertretungen am 10. Dezember 1998 feierlich eingeweiht werden.

Den Haupteingang zieren zwei wappenhaltende Löwen, die noch von der Bayerischen Landesvertretung in Bonn stammen. Der Innenhof erhielt – wie neuerdings in Berlin üblich – eine Überdachung und dient nun als Kulisse für größere, repräsentative Veranstaltungen. Die alte Kassenhalle wurde zum Foyer umgestaltet. Im ersten Obergeschoss befinden sich die Diensträume des Hausherrn, des Bayerischen Staatsministers für Bundes- und Europaangelegenheiten, darüber die des Ministerpräsidenten. Auf dem Dach findet man in einem aufgesetzten Glaspavillon den ›Club Berlin‹, während der ehemalige Tresorraum einen bayerischen Bier- und einen fränkischen Weinkeller beherbergt. Die jetzt mit einer Fläche von 6.800 qm ausgestattete Vertretung enthält zudem Büros für die etwa 60 Mitarbeiter sowie vier Gästewohnungen. Insgesamt schlug das Bauvorhaben mit 68 Millionen DM zu Buche.

Gebäudepass: LV Bayern
1674 bis 1688__Behrenstraße als Befestigungsanlage der Stadt, Hornwerk und Graben
1870__Ausbau des Bankenplatzes Berlin zwischen Leipziger Straße und Unter den Linden
1891__erste Vertretung Schaafhausen'scher Bankverein Köln in Berlin **1911 bis 1912**__Bau des Bankgebäudes für den Schaafhausen'schen Bankverein in der Französischen Straße 21–22 nach Plänen von Bielenberg & Moser **1949 bis 1989**__Deutsche Außenhandelsbank und Verkehrsministerium der DDR **Mai 1992**__Bayern erwirbt das Bankgebäude von der Treuhand für 27 Millionen DM **Juli 1996**__Staatliches Hochbauamt Aschaffenburg gewinnt europaweiten Wettbewerb, Auftrag für Umbau; Baukosten: 41 Millionen DM **1996 bis 1998**__Umbau **10.12.1998**__Bayern weiht als erstes Bundesland seine Landesvertretung ein

Landesvertretung Berlin
Wilhelmstraße 67

Unter Friedrich Wilhelm I. entstand 1736 Unter den Linden 74 der Pontonhof, in dem Schiffsbrücken gelagert wurden, die man für militärische Zwecke benötigte. Nach den preußischen Befreiungskriegen wurde die nordwestliche Dorotheenstadt städtebaulich neu geordnet. Während bis 1823 Unter den Linden ein Neubau für die Ingenieur- und Artillerieschule nach Plänen von Karl Friedrich Schinkel entstand, wurde in dieser Zeit das hintere Areal des Lindengrundstücks mit der Verlängerung der Dorotheenstraße nach Westen abgetrennt und mit Artillerie-Werkstätten bebaut. Nicht zuletzt wegen der Gefahren, die von dieser Munitionsfabrik und dem Holzlager für die immer dichter bebaute Stadt ausgingen, wurden diese Werkstätten 1868 nach Spandau verlegt. Das Gelände konnte damit städtebaulich neu genutzt werden.

Seit der Gründung der Dorotheenstadt befinden sich hier auch viele wissenschaftliche Institute. Den räumlichen Ausgangspunkt für die Berliner Hochschullandschaft mit ihren Akademien, Universitäten, Bibliotheken und wissenschaftlichen Sammlungen bildet die Nordseite der Straße Unter den Linden, wo am Ende des 17. Jahrhunderts die Preußische Akademie der Künste und die Preußische Akademie der Wissenschaften zunächst untergebracht wurden und seit 1810 auch die Friedrich-Wilhelm-Universität besteht.

Diese tradierten Wissenschaftsstandorte, die heute noch mit der Staatsbibliothek und der benachbarten Humboldt-Universität vorhanden sind, erwiesen sich bereits kurz vor der Reichsgründung als zu klein. Große Teile der naturwissenschaftlichen Sammlungen der Berliner Universität hatte man bereits in die Invalidenstraße verlegt, wo sich heute das Bundesministerium für Bauen, Verkehr und Wohnungswesen befindet. Von 1873 bis 1878 entstand in der Dorotheenstadt nach Plänen des Architekten Paul Spieker ein zweiter Neubau für die Universität. Spieker, der wiederum beim Schinkel-Schüler August Stüler gelernt hatte, entwarf ein viergeschossiges Gebäude mit einer verblendeten Fassade aus gelbem Ziegelmauerwerk. Die symmetrischen, reich gestalteten und mit ornamentalen Friesen versehenen Fassaden der drei Geschosse ruhen auf einem hohen Sockelgeschoss. Das Attikageschoss wurde erst später hinzugefügt. Die Gebäudemitte ist durch zwei flache zweiachsige Risalite aufgelockert und dem ganzen Bauwerk ein Graben vorgelagert. Damit sollten die Schwingungen des Straßenverkehrs abgefedert werden, um den Ausgang von naturwissenschaftlichen Experimenten nicht zu beeinflussen.

Im Kern des Regierungs- und Parlamentsviertels standen der Landesvertretung Berlins mit dem alten Direktorenwohnhaus der Universität landeseigene Räumlichkeiten zur Verfügung.

Gebäudepass: LV Berlin

1734__Pontonhof Unter den Linden 74 – militärische Lagerstätte für Schiffsbrücken, das Grundstück reichte bis an die Spree **1818**__Aufgabe des Pontonhofes, Teilung des Grundstücks durch Verlängerung der Dorotheenstraße nach Westen, Anlegung von Artillerie-Werkstätten, Lagerplatz für Nutzholz **1868**__Verlagerung der Artillerie-Werkstätten nach Spandau **1873 bis 1878**__Bau des Physiologischen und Pharmakologischen Instituts der Friedrich-Wilhelms- (heute: Humboldt-) Universität nach Plänen von August Spieker **1878 bis 1883**__Erweiterungsbauten **1878 bis 1945**__Direktorenwohnhaus im Flügel an der Wilhelmstraße **1945 bis 1998**__Hygieneinstitut der Humboldtuniversität im ehemaligen Direktorenwohnhaus **1878 bis heute**__Einrichtungen der Humboldt-Universität im Großteil der noch bestehenden Gebäude **September 1998**__Umbau des Direktorenwohnhauses/Hygieneinstituts zur Landesvertretung Berlin beim Bund **1999**__Eröffnung der Landesvertretung

Bei dem Gebäude handelte es sich um das Physiologische und Physikalische Institut, das in einem zweiten Bauabschnitt von 1879 bis 1883 um das Pharmakologische und das II. Chemische Institut ergänzt wurde. Der Gebäudetrakt nahm den gesamten Baublock zwischen Reichstagufer, Bunsen-, Dorotheen- und Wilhelmstraße ein. An dem Ort, an dem Robert Koch 1882 seine Entdeckung des Tuberkel-Bazillus erläuterte, befindet sich eine kleine Gedenkstätte. Bis heute sind im größeren Teil des Gebäudetrakts verschiedene Institute der Humboldt-Universität untergebracht. Der bis 1945 als Direktorenwohnhaus genutzte und an der Ecke zur Wilhelmstraße liegende Teil nahm nach dem Zweiten Weltkrieg das Hygieneinstitut auf. An Stelle des durch Bomben zerstörten Flügels, des Physikalischen Instituts am Reichstagufer, entstanden ab 1995 die neuen Hauptstadtstudios der ARD. Die Fassaden der erhaltenen Gebäudetrakte wurden in den Jahren 1998 bis 2000 aufwändig restauriert.

Nach der Hauptstadtentscheidung für Berlin hatte man lange und heftig darüber diskutiert, ob das Land Berlin, in der eigenen Stadt eine Landesvertretung brauche. Aus Kostengründen wurden große architektonische Lösungen vermieden. Die Landesregierung entschied sich für die Einrichtung von zwei Dutzend Büros, einem großen Sitzungssaal und mehreren Besprechungsräumen im ehemaligen Direktorenwohnhaus, das bereits in Landesbesitz war. Derzeit sind hier rund 30 Mitarbeiter beschäftigt. Für größere gesellschaftliche Veranstaltungen sind die wenigen Büros allerdings nicht geeignet. Das traditionelle Fest der Berliner Landesvertretung findet seit 1998 alljährlich im Herbst als ›Hoffest‹ im Roten Rathaus statt.

Landesvertretung Bremen
Hiroshimastraße 26–28

Das heutige Grundstück der Bremischen Landesvertretung im Tiergartenviertel, auf dem sich früher Mietshäuser befunden hatten, geriet in den späten dreißiger Jahren ins Zentrum der ›Welthauptstadt Germania‹-Planungen der Nationalsozialisten. Die Wohnhäuser wurden abgerissen, da der herrschaftliche Tiergarten den Kern des neuen Botschafts- und Gesandtschaftsviertels bilden sollte.

Vorgesehen war auf dem nun zusammengefassten Areal – an der Ecke zur 1938 angelegten und heute nicht mehr vorhandenen Stichstraße, der Admiral-von-Schröder-Straße – der Bau für das Haus des Fascio, das Kulturinstitut des faschistischen italienischen Staates. Zur Realisierung dieses Plans kam es allerdings nicht mehr. Das Grundstück blieb bis in die heutige Zeit unbebaut.

Am 7. November 1996 gewann das Berliner Architektenteam Hilde Léon, Konrad Wohlhage und Siegfried Wernik einen anonymen Wettbewerb, den das kleinste der 16 Bundesländer für den Bau seiner Vertretung ausgelobt hatte. Das von der Bremer Investitionsgesellschaft mbH in Auftrag gegebene Gebäude verfügt über eine Bruttogeschossfläche von 4.880 qm. Das 20 Millionen DM teure Projekt wurde am 10. September 1999 eröffnet und war damit der erste Neubau für eine Landesvertretung beim Bund.

Vom Landwehrkanal kommend, leuchtet die Landesvertretung weit sichtbar in ihrem kräftigen Rot. Damit wird nicht nur die hanseatische Backsteintradition aufgenommen, sondern auch ein städtebaulicher Bezug hergestellt, denn am nördlichen Ende der heutigen Hiroshimastraße befindet sich die 1938–42 nach den Plänen von Friedrich Hetzelt errichtete Italienische Botschaft, die in Größe, Form und Farbe das damals faschistische Italien repräsentierte. Die Verwendung des nahezu gleichen roten Farbtons bei einer schlichten und funktionalen Architektur ist natürlich auch eine politische Aussage, da man der pathetischen Geste mit hanseatischer Zurückhaltung begegnet.

Mit dem – noch – freistehenden Campanile, der ebenfalls auf die italienische Bautradition verweist, ist den Architekten Léon, Wohlhage und Wernik ein baulicher Spagat gelungen. Während der Turm jetzt schon die von der Stadt Berlin gewünschte Blockrandbebauung zum Kanal hin umsetzt, nimmt der Haupttrakt der Landesvertretung, ein viergeschossiger Quader, die offene, aber dichte Villenbauweise des alten Tiergartenviertels wieder auf.

> Den besonderen Reiz der Landesvertretung Bremens macht der große Garten aus, der ganz in der Tradition des früheren vornehmen Tiergartenviertels steht.

Gebäudepass: LV Bremen

1790__Beginn der Bebauung am südlichen Tiergartenrand, Friedrichvorstadt heißt ab Mitte des 19. Jahrhunderts Tiergartenviertel **1826**__erste Bebauung des heutigen Grundstücks mit einer eingeschossigen Remise in Fachwerkkonstruktion **1830**__Umbau der Remise zum Sommerhaus **1862**__Anlegung der Hohenzollern-, heute Hiroshimastraße zwischen Tiergartenstraße und Landwehrkanal, Parzellierung der Grundstücke **1865 bis 1866**__Errichtung eines viergeschossigen Mietshauses auf dem nördlichen Teil des Grundstücks (Hohenzollernstr. 7) **1871**__Abbruch des Sommerhauses auf dem südlichen Teil des Grundstücks (Hohenzollernstr. 8), Errichtung eines Mietshauses **1938**__Abbruch aller Gebäude – Vorbereitung zum Bau des ›Hauses des Fascio‹, einem Kulturinstitut des faschistischen Italien. Plan nicht ausgeführt **1938 bis 1998**__das Grundstück bleibt unbebaut **1996**__Wettbewerb zum ersten Neubau einer Landesvertretung beim Bund in Berlin, 1. Preis: Berliner Architekturbüro Léon, Wohlhage und Wernik **1997**__Baubeginn **10. September 1999**__Eröffnung der Landesvertretung

Über einen erhöhten Eingangsbereich gelangt man in ein Foyer, von dem zur Südseite hin drei einzelne Räume, sogenannte Kompartimente, abgehen. Über eine zweigeschossige Halle gelangt man in den Gartensaal, der für Festlichkeiten mit bis zu 200 Personen ausgelegt ist. Vom Gartensaal führt ein Weg hinab in einen großzügigen und tiefer gelegten Garten, den muschelbestreute Wege umgeben.

Teil Zwei__Die deutschen Bundesländer

Landesvertretung Hamburg
Jägerstraße 1–3

Die Freie und Hansestadt Hamburg konnte zur Einrichtung ihrer Landesvertretung im Berliner Zentrum eines der schönsten und kunsthistorisch bedeutendsten Häuser des 19. Jahrhunderts kaufen, das wie durch ein Wunder den Zweiten Weltkrieg nahezu unversehrt überstanden hatte und nach seiner Sanierung in unverändertem Aussehen den Stadtstaat repräsentiert.

Die heutige Landesvertretung wurde in den Jahren 1892–93 unter Leitung des damals vielbeschäftigten Architektenduos Karl von Groszheim und Heinrich Kayser für den Union-Club errichtet. Groszheim & Kayser waren unter anderem mit dem Bau der Hochschule der Künste in der Hardenbergstraße und mit dem Eckhaus Friedrichstraße 165/Behrenstraße hervorgetreten, das in jüngster Geschichte als ›Haus der Demokratie‹ bekannt wurde und jetzt als eines von mehreren Gebäuden für den Deutschen Beamtenbundes umgebaut wird. Der Union-Club, der heute noch in Köln als gemeinnütziger Verein ansässig ist, war im 19. Jahrhundert einer der mondänsten und elegantesten Clubs, dem in der Regel die reichsdeutschen Millionäre, Großbankiers und Industriellen angehörten. Dazu zählte im 19. Jahrhundert neben August Borsig auch Werner von Siemens, in den 20er Jahren war der berühmte Kunsthändler Bruno Cassirer Mitglied der feinen Gesellschaft. Vor dem Zweiten Weltkrieg standen den Großindustriellen, Bankiers und Reedern mehrere Speisezimmer sowie Lese-, Spiel- und Billardräume zur Verfügung.

Das im Zweiten Weltkrieg nur wenig beschädigte Gebäude wurde 1949 zum Volkseigentum erklärt und beherbergte bis zum Fall der Mauer den Club der Kulturschaffenden ›J.R. Becher‹ der DDR. 1998 erwarb es dann Hamburg vom Bundesminister der Finanzen.

Das Gebäude, das die typische Berliner Traufhöhe von 22 Metern und die Baufluchtlinie respektiert, besteht eigentlich aus zwei Teilen. Das – einschließlich Dachgeschoss – vierstöckige Hauptgebäude besticht in der Jägerstraße mit seiner aufwändigen, neobarock gestalteten Sandsteinfassade, die durch eine Mittelachse mit üppigem Portal und Fenstern mit Hermenpilastern gekennzeichnet ist. Die Balustradenattika wird in der Mitte von einem Aufsatz mit Okulus und Rundgiebel unterbrochen. Beidseitig schließt sich ein Mansardendach an.

An der Seite zur Mauerstraße, dem Bundesministerium für Arbeit und Sozialordnung gegenüber liegend, herrscht eine Fassadengestaltung im Geschmack der deutschen Renaissance vor. Während die Fassade in weißer Ziegelverkleidung gehalten ist, sind die Formteile

Eines der kunsthistorisch bedeutendsten Gebäude in der Friedrichstadt ist die Landesvertretung Hamburgs. Das im neobarocken Stil errichtete Haus diente anfänglich dem eleganten Union-Club als Domizil.

Gebäudepass: LV Hamburg

1688__Gründung der Friedrichstadt, der zweiten barocken Neustadt, Erstbebauung der Grundstücke an der Mauerstraße am westlichen Stadtrand der 1709 vereinigten Residenzstadt Berlin **1737**__Erweiterung der Friedrichstadt nach Westen, bauliche Veränderung der Grundstücke im Verlauf des 18. und 19. Jahrhunderts **1861/71**__Neu- und Umbau des Eckhauses Jägerstraße 1 **1892/93**__Neubebauung des Grundstücks Jägerstraße 2–3/Ecke Mauerstraße 24 für den Union-Club nach Plänen des Architektenbüros Groszheim & Kayser **1949**__Übergang des im Zweiten Weltkrieg wenig beschädigten Hauses in Volkseigentum, Einrichtung des Clubs der Kulturschaffenden ›J.R. Becher‹ der DDR, Büro- und Verwaltungsräume des Clubs im Eckhaus Jägerstraße 1 **1998**__die Freie und Hansestadt Hamburg erwirbt die Gebäude Jägerstraße 1 und 2–3/Ecke Mauerstraße für 9 Millionen DM vom Bundesminister der Finanzen. **1999 bis 2000**__Renovierung und Umbau der Gebäude für die Landesvertretung Hamburgs beim Bund nach Plänen des Hamburger Architekturbüros Dinse, Feest und Zurl; Baukosten: 24 Millionen DM **14.08.2000**__Eröffnung der Landesvertretung

in rotem Sandstein ausgearbeitet. Das Gebäude hat in der Mitte seiner fünf Achsen über das erste und zweite Obergeschoss einen Erker, darüber ist ein Schmuckgiebel ausgebildet. Ein kleiner Garten, durch ein schmiedeeisernes Tor von der Straße getrennt, ist diesem Gebäudeteil des insgesamt winkelförmigen Grundstücks vorgelagert.

Das ältere, viergeschossige Eckgebäude Jägerstraße 1, dass 1861 errichtet und zehn Jahre später verändert wurde, besitzt ein neuaufgesetztes Dachgeschoss und eine einfache, weiße Stuckfassade. Es gehörte ursprünglich nicht zum Union-Club. Hamburg hat dieses Eckhaus, in dem zu DDR-Zeiten die Verwaltung des Clubs der Kulturschaffenden untergebracht war, für seine Landesvertretung hinzugekauft. Hier befinden sich auch heute Büroräume, einige Gästezimmer und ein Bierkeller.

Mit der Renovierung und dem Umbau des Hauses wurde nach einem ausgeschriebenen Wettbewerb das Hamburger Architekturbüro von Peter Dinse, Isabell Feest und Johannes Zurl beauftragt. Aus der ungewöhnlichen Gebäudetiefe von 38 Metern resultiert eine Folge von tiefen und dunklen Räumen, die durch den neugestalteten Lichthof zusätzlich Tageslicht erhalten. Die Vortrags- und Veranstaltungsräume sind im Erdgeschoss bzw. im erstem Obergeschoss untergebracht. Dazu zählen im ersten Obergeschoss unter anderem ein Kaminzimmer und ein Frühstückszimmer.

Besonderen Wert – jedenfalls mehr als die meisten anderen Bundesländer – legt Hamburg auf die künstlerische Ausstattung seiner Vertretung. Wie bereits in Bonn, versteht sich der Stadtstaat auch in Berlin als Förderer junger Hamburger Künstler, die ihre Werke hier durch Ausstellungen einem größeren Publikum präsentieren können. Die künstlerische Ausgestaltung wird zudem aus dem eigenen Kunstfundus sowie durch Leihgaben ergänzt.

Für den Kauf und Umbau wurden 34 Millionen DM ausgegeben. Die Landesvertretung konnte am 14. August 2000 in Anwesenheit des Altbundeskanzlers Helmut Schmidt eröffnet werden.

Landesvertretung Nordrhein-Westfalen
Hiroshimastraße 16–22

Die Geschichte des Grundstücks der neuen Landesvertretung des bevölkerungsreichsten Bundeslandes ist denen der Landesvertretungen Bremens und Baden-Württembergs und bedingt auch der des Bundesministeriums der Verteidigung sehr ähnlich. Alle Einrichtungen liegen in nächster Nachbarschaft zueinander am südlichen Rand des Tiergartens, der ursprünglich Friedrichvorstadt genannt wurde und weit vor den Toren der preußischen Residenz lag. Erst im 19. Jahrhundert wurde er unter dem Begriff Tiergartenviertel bekannt.

Der ›Thiergarten‹, ein Feldweg an der südlichen Begrenzung des Kurfürstlichen Tiergartens, wurde um 1800 ausgebaut und zwanzig Jahre später neu befestigt. Durch eine Königliche Kabinettsorder erhielt diese Verbindung am 8. Juli 1831 den Namen ›Thiergartenstraße‹. Das seitdem unter der Adresse ›T(h)iergartenstraße 25‹ bezeichnete und sehr große Grundstück reichte ursprünglich bis zum heutigen Landwehrkanal und nahm bis 1862 die gesamte Westseite der Hohenzollern- und jetzigen Hiroshimastraße ein. Auf dieser Westseite befinden sich heute die Grundstücke der Landesvertretungen Nordrhein-Westfalens und Bremens sowie der direkte Nachbar, die noch in Planung befindliche Botschaft der Vereinigten Arabischen Emirate.

Im Jahr 1825 enstand auf diesem großen Grundstück direkt an der Tiergartenstraße für einen Kupferschmiedemeister Meyer ein erstes, eingeschossiges Sommerhaus, das schon 1852 einem Neubau weichen musste. Das nun für den Ratsmaurermeister Sabath errichtete dreigeschossige Mietshaus wurde wiederum zwanzig Jahre später durch einen Nachfolgebau ersetzt. Der restliche Teil des Grundstücks blieb zu dieser Zeit im wesentlichen unbebaut.

Eine erste Bebauung der neuen Stichstraße zwischen Tiergartenstraße und Landwehrkanal erfolgte unmittelbar nach ihrer Anlage. Das mit Abstand größte Areal war dabei das Grundstück der Hohenzollernstraße 5, das mit dem heute etwas kleineren Grundstück Hiroshimastraße 16–22 nahezu identisch ist.

Das seinerzeit vielbeschäftigte Architektenduo Hermann Philipp von Hude und Julius Wilhelm Hennicke, das unter anderem das legendäre Hotel Kaiserhof und das Gebäude für die heutige US-Botschaft in der Neustädtischen Kirchstraße errichtet hatte, entwarf hier 1863 eine freistehende Villa für den Bildhauer Louis Sussmann-Hellborn, die im Erd- und im ersten Obergeschoss 26 Zimmer enthielt. Bereits 1893 wurde die Villa wieder abgebrochen, um für

> **Die zwischen den künftigen Botschaften Japans und der Vereinigten Arabischen Emirate gelegene Landesvertretung Nordrhein-Westfalens erhält eine Doppelfassade aus Glas und kann umweltfreundlich genutzt werden.**

Gebäudepass: LV Nordrhein-Westfalen

1790__Anlage des Tiergartenviertels, beginnende lockere Bebauung **1862**__Anlage der Hohenzollern-, heute Hiroshimastraße durch Teilung des Grundstücks Tiergartenstraße 25 **1863/64**__Villa Sussmann-Hellborn Hohenzollernstraße 5 nach Plänen von v. Hude & Hennicke als einziges Gebäude auf dem heutigen Grundstück **1893**__Abbruch der Villa zur Errichtung von viergeschossigen Miethäusern in Blockrandbebauung **1943 bis 1945**__Zerstörung aller Gebäude im Zweiten Weltkrieg **1945 bis 1997**__Enttrümmerung und Brachgelände **Ende 1997**__Bauwettbewerb zur Errichtung einer Landesvertretung für NRW in Berlin **Januar 1999**__überarbeiteter Entwurf des Düsseldorfer Architektenbüros Petzinka, Pink und Partner **05.04.2000**__Grundsteinlegung zum Gebäude mit 4.700 qm Nutzfläche; Baukosten: ca. 50 Millionen DM **Ende 2001**__Eröffnung der Landesvertretung

Foto: © Taufik Kenan

insgesamt vier hochherrschaftliche Miethäuser in typischer Berliner Blockrandbebauung Platz zu schaffen. Nach dem Krieg erwartete diese Grundstücke ein ähnliches Schicksal wie fast die gesamte Gegend. Sie blieben bis zum Ende des 20. Jahrhunderts unbebaut.

Ende 1997 beschloss Nordrhein-Westfalen, in der Hiroshimastraße ein Grundstück zwischen den künftigen Botschaften Japans und der Vereinigten Arabischen Emirate zu kaufen. Im Herbst 1998 fand dann ein offener, einstufiger Realsierungswettbewerb mit Zuladungen statt, an dem sich insgesamt 1036 europäische Büros beteiligten. Keiner der eingereichten Pläne konnte die Jury unter Vorsitz des Ministerpräsidenten Wolfgang Clement überzeugen. Im Januar 1999 wurden vier Architekturbüros gebeten, ihre Entwürfe noch einmal zu überarbeiten, darunter auch das Düsseldorfer Büro von Petzinka, Pink und Partner.

Der schlichte Quader des geplantes Gebäudes soll, wie viele andere Neubauten im Regierungs- und Diplomatenviertel auch, eine Doppelfassade aus Glas zur natürlichen Belüftung erhalten und umweltfreundlich genutzt werden. Entsprechend der Nutzung wird ein Großteil der Gesamtfläche von 4.700 qm Büro-, Empfangs- und Ausstellungsräumen vorbehalten sein, darüber hinaus soll es einige Apartments und Gästezimmer erhalten. Die Grundsteinlegung erfolgte am 5. April 2000, die Fertigstellung wird für Ende 2001 erwartet.

Teil Zwei__Die deutschen Bundesländer

Landesvertretung Sachsen
Brüderstraße 11–12

Unmittelbar nach der Reichsgründung 1871 erwarb das Königreich Sachsen das Grundstück Voßstraße 17 an der Ecke zur heutigen Ebertstraße und ließ dort durch den damals bekannten Architekten Friedrich Hitzig die Sächsische Gesandtschaft errichten. 1933 verkaufte Sachsen das Gebäude an das Deutsche Reich. Auf Anordnung Hitlers trug man die gesamte Nordseite der Voßstraße ab, um hier die Neue Reichskanzlei mit einer Länge von mehr als 330 Metern zu errichten, die 1949 gesprengt wurde. Heute befindet sich auf dem Grundstück inmitten einer Plattenbausiedlung ein Kindergarten. Das Bundesvermögensamt stellte nach 1990 fest, dass der Verkauf der Gesandtschaft Sachsen an das Reich rechtskräftig war und eine Restitution somit nicht möglich ist. Man musste daher ein neues Grundstück suchen und entschied sich für einen der letzten, heute denkmalgeschützten Altbauten in der Brüderstraße.

Die im mittelalterlichen Teil Cöllns gelegene Brüderstraße erhielt 1297 ihren Namen nach dem Konvent der Dominikanerbrüder, die sich im selben Jahr in dieser Straße niedergelassen hatten. Ein Großteil der Umgebung der heutigen Landesvertretung Sachsen befand sich zu dieser Zeit in kirchlichem Besitz.

Die Erweiterung der brandenburgischen Residenz erfolgte in der zweiten Hälfte des 17. Jahrhunderts nach der Trockenlegung der Sümpfe und Wiesen hauptsächlich nach Westen. Mit der Anlage von Neukölln am Wasser (heute Märkisches Ufer) und dem Friedrichswerder begann die Bebauung der Umgebung mit Wohnhäusern, die im 18. und 19. Jahrhundert mehrfach überformt wurden. Die zunächst gehobenen bürgerlichen Schichten vorbehaltene Brüderstraße nahm im Zuge der Industrialisierung Berlins und der Stadterweiterung nach Westen mehr und mehr kleinbürgerliche Züge an. Die reicheren Bürger zogen zunehmend in den Berliner Westen, wo ihnen bessere, mit den technischen Neuerungen des 19. Jahrhunderts ausgestattete Wohnmöglichkeiten zur Verfügung standen.

Das Gebäude der heutigen Landesvertretung wurde 1905 für die Berlinische Feuer-Versicherungs-Anstalt durch das Architektenbüro Konrad Reimer & Friedrich Körte errichtet, die auch die Pläne zur Archenhold-Sternwarte im Treptower Park geliefert hatten. Das viergeschossige Gebäude weist mit seiner streng gegliederten Werkstein-Fassade mit sieben Achsen deutliche Bezüge zum damals vorherrschenden Jugendstils auf, bedient sich durch das ausladende Schmuckgesims mit einem abgerundeten Dreiecksgiebel sowie den Risaliten im

> Die vormals belebte Brüderstraße inmitten des pulsierenden alten Berlins ist nach den Kriegszerstörungen als Rumpfstück in das DDR-Regierungsviertel integriert worden. Unweit des heutigen Auswärtigen Amtes steht das heute schön renovierte Gebäude der Landesvertretung Sachsens.

120

Obergeschoss jedoch auch neobarocker Elemente. Diese für viele Kurfürstendammfassaden typische Mischung von Neobarock und Jugendstil gilt als deutliches Merkmal für die Stilunsicherheit des frühen 20. Jahrhunderts.

Der Altbau, der rechts und links von zwei Nachbargebäuden begrenzt wird, die im Kern aus dem späten 17. Jahrhundert stammen und zu den ältesten Gebäuden im Berliner Zentrum zählen dürften, wurde nach der Gründung der DDR von der Generaldirektion der staatlichen Versicherung genutzt. Nach der Wende zogen hier verschiedene Versicherungsagenturen ein.

Der Berliner Architekt Dietrich Dörschner erhielt den Auftrag, das alte Versicherungsgebäude für die Landesvertretung herrichten zu lassen. Der Umbau des von der Oberfinanzdirektion der Bundesrepublik erworbenen Gebäudes begann im Juli 1998, am 13. März 2000 konnte es seiner neuen Bestimmung übergeben werden. Die Umbaukosten beliefen sich auf 25 Millionen DM. Der sächsischen Vertretung stehen nun auf vier Etagen etwas mehr als 2.300 qm Hauptnutzfläche zur Verfügung.

Das Erdgeschoss dominieren Räumlichkeiten für Ausstellungen, Konferenzen und Empfänge, wobei die Zusammenlegung dieser Räume Festgesellschaften von bis zu 300 Personen ermöglicht. Die Büros liegen in den ersten drei Etagen, im Dachgeschoss befinden sich eine Hausmeisterwohnung und Gästezimmer. Das Kellergeschoss nimmt den sogenannten Sachsenkeller auf, in dem bei Festlichkeiten ca. 60 Personen Platz finden können.

Gebäudepass: LV Sachsen
1297__Anlage der Brüderstraße für das Dominikanerkloster **1536**__Verlegung des Klosters nach Brandenburg/Havel **bis 1680**__Stadtmauer an der westlichen Grundstücksgrenze **17.–19. Jh.**__mehrfache bauliche Überformung mit Berliner Wohnhäusern **1905**__Errichtung des Verwaltungsgebäudes für die Berlinische Feuerversicherungsanstalt nach Plänen des Architektenbüros Reimer & Körte nach **1949**__Nutzung des Gebäudes für die Generaldirektion der Staatlichen Versicherung der DDR **Juli 1998**__Umbau des Gebäudes zur Landesvertretung Sachsen nach Plänen des Berliner Architekten Dietrich Dörschner; Umbaukosten: 25 Millionen DM **13.03.2000**__Eröffnung der neuen Landesvertretung Sachsen beim Bund in Berlin

Landesvertretung Sachsen-Anhalt
Luisenstraße 18

Am 3. Dezember 1828 wurde durch Königlichen Kabinettsbeschluss die Friedrich-Wilhelm-Stadt von der Spandauer Vorstadt abgetrennt und zum selbstständigen Stadtviertel erhoben. Dabei handelte es sich um das westliche Teilstück der im frühen 18. Jahrhundert gegründeten Vorstadt, das von der Friedrichstraße im Osten, der Spree im Süden und Westen und der Invalidenstraße im Norden begrenzt wurde. Das neue Stadtviertel war – abgesehen von der Charité, der Tierarzneischule und den militärischen Anlagen – nur wenig bebaut. Die allmähliche Erholung nach dem Ende der Napoleonischen Besetzung, die beginnende Industrialisierung und das rapide Bevölkerungswachstum erforderten eine Erweiterung der ehemaligen barocken Neustädte, der Friedrich- und der Dorotheenstadt, nach Norden. Unweit des ersten Maschinenbauzentrums um die Invaliden- und später um die Chausseestraße entstand bereits ab 1820 ein neues Wohnviertel mit den neuangelegten Straßen, die unter anderem nach den preußischen Prinzen und Prinzessinnen Luise, Marie, Albrecht, Carl benannt wurden. Der Charakter des bis in das Biedermeier hinein errichteten Wohnviertels ist heute noch ablesbar. Von besonderer Qualität sind dabei die Wohngebäude in der Luisenstraße 18 und 19. Die Nr. 19 beherbergt heute das angesehene Künstlerhotel ›Luise‹.

Der heutige Altbau für die Landesvertretung, das ehemalige Palais Bülow, entstand 1827/28 als dreigeschossiger Putzbau im spätklassizistischen Stil. Die neunachsige, durch Gesimsbänder gegliederte Fassade wird in der Mitte von einer Tordurchfahrt durchbrochen, die in einen Hof mit zwei hinten anliegenden und recht schmucklosen Seitenflügeln führt.

Im Inneren haben sich einige Ausstattungsstücke aus dem 19. Jahrhundert erhalten, etwa eine gusseiserne mamorbelegte Treppe, ein Kaminzimmer und ein Saal mit kassetierter Decke. Das im Zweiten Weltkrieg kaum beschädigte Haus wurde 1962 umfassend wiederhergestellt. Hier zog 1946 der Club der Gewerkschaft Kunst der DDR, die legendäre ›Möwe‹, ein, die bis Anfang der 90er Jahre hier ihr Domizil hatte. Nach einem Brandschaden Ende 1974 wurde das Haus noch einmal bis 1978 renoviert.

Nach der Entscheidung des Deutschen Bundestages, Berlin zur neuen Bundeshauptstadt zu wählen, entschloss sich das Bundesland Sachsen-Anhalt zunächst, in den Ministergärten zwischen Brandenburger Tor und Potsdamer Platz einen Neubau für seine Landesvertretung zu errichten. Als jedoch die Hansestadt Hamburg 1995 ihr Interesse am ehemaligen Palais

Ein gediegenes und kunsthistorisch bedeutendes Gebäude wartet noch auf seine Sanierung als zukünftiger Sitz der Landesvertretung für Sachsen-Anhalt. Das alte Palais Bülow liegt im nördlichen Gebiet des Regierungsviertels.

Gebäudepass: LV Sachsen-Anhalt
1827 bis 1828__ Bau des Palais Bülow **19. Jahrhundert__**Offizierskasino, Loge **1946__**Club der Gewerkschaft Kunst ›Die Möwe‹ **1995__**Interesse der Hansestadt Hamburg zur Einrichtung ihrer Landesvertretung, Pläne zum Um- und Neubau vom Architektenbüro Gerkan, Marg und Partner **März 1999__**Sachsen-Anhalt kauft das Grundstück, Umbau, Finanzierung und Eröffnung noch offen

Bülow zugunsten eines anderen Altbaus in der Glinkastraße verlor, entschied sich Sachsen-Anhalt im März 1998, das Grundstück zu übernehmen.

Das Hamburger Architektenbüro Gerkan, Marg und Partner, die auch die Entwürfe zum Lehrter Bahnhof lieferten, entwickelte einen Plan, den vorderen Altbau denkmalgerecht zu sanieren und im Hof einen Neubau zu errichten. Im Erdgeschoss werden die Empfangsräume und möglicherweise ein Restaurant entstehen. Die Büro- und Verwaltungsräume sollen im ersten und zweiten Obergeschoss der nach hinten liegenden Räumlichkeiten eingerichtet werden, während für die Gästezimmer der dritte Stock des Neubauteil vorgesehen ist. Eine Entscheidung über den Baubeginn und die Finanzierung steht noch aus. Derzeit sind die Mitarbeiter der Landesvertretung in dem nur wenige Schritt entfernten Haus Reinhardtstraße 12 untergebracht.

Teil Zwei__Die deutschen Bundesländer

Landesvertretung Thüringen
Mohrenstraße 64

Das Grundstück der Thüringischen Landesvertretung in der Mohrenstraße 64/Ecke Mauerstraße befindet sich in der 1688 angelegten und ab 1734 erweiterten barocken Friedrichstadt. Der Name ›Mauerstraße‹ bezeichnet noch heute das südwestliche Ende der ehemals brandenburgischen und später preußischen Residenz – bis 1734 lag das vorher unbebaute Gelände direkt an der Stadtmauer.

Die Erweiterung der dritten barocken Neustadt brachte im Lauf der nächsten Jahrzehnte eine bauliche Verdichtung der Umgebung mit sich. Während in der nur wenige Schritte entfernten Wilhelmstraße zumeist Adelspalais mit großzügig angelegten Gärten entstanden, wurden die Mohren- und die Mauerstraße mehrheitlich mit Wohnhäusern für die weniger wohlhabenden Berliner Bürger auf kleinparzellierten Grundstücken bebaut und bis in das 20. Jahrhundert hinein mehrfach überformt. Hier wie überall machte die zumeist zweigeschossige, barocke Bebauung des 18. Jahrhunderts einer neuen, fünfstöckigen Wohn- und Geschäftshausarchitektur des 19. Jahrhunderts Platz. Kurz vor dem Ersten Weltkrieg wurde das Eckgrundstück neu bebaut, ab 1933 entstand hier das ›Haus Thüringen‹. Das im Zweiten Weltkrieg vollständig zerstörte Gebäude wurde anschließend abgerissen und bis 1997 als Parkplatz genutzt.

Thüringen, das 1992 ein Verbindungsbüro in Berlin einrichtete, ist das einzige aller 16 Bundesländer, das nach der Hauptstadtentscheidung auf ein schon früher in seinem Besitz befindliches Grundstück zurückgreifen konnte.

Aus einem europaweit ausgeschriebenen, offenen Realisierungswettbewerb ging im Mai 1997 das Erfurter Architektenbüro von Dr. Worschech & Partner mit seinem Entwurf als erster Preisträger hervor. Baubeginnn des insgesamt 24 Millionen DM teuren Bauprojekts war der 22. September 1997, das Gebäude mit seinen 2.831 qm Hauptnutzfläche konnte in Anwesenheit des amtierenden Ministerpräsidenten Bernhard Vogel am 18. Juni 1999 eröffnet werden.

Die Architekten haben einen Baukubus entworfen, der sich in Bauhöhe, Fassaden- und Materialgestaltung an den strengen Berliner Bauvorgaben orientiert. Im Rahmen der Berliner Traufhöhe von 22 Metern wurden sechs Obergeschosse realisiert. In den untersten vier Etagen befinden sich Büroräume, im fünften Obergeschoss zwei Apartments. Die Dachterrasse im sechsten Stock bietet einen schönen Ausblick auf das Regierungsviertel.

Inmitten einer Vielzahl von Ministerien, Botschaften und Verbandsgebäuden konnte Thüringen als einziges Bundesland auf eine Immobilie zurückgreifen, die es schon vor 1945 besessen hatte. Das Trümmergrundstück erhielt einen Neubau, der 1999 fertiggestellt wurde.

Der Baukörper besteht aus zwei Teilen. Das eigentliche Eckgebäude weist eine Lochfassade auf, die mit hellem Granit und Travertin gedeckt ist und von umlaufenden schmalen Betonbändern in Höhe der Geschossdecken aufgelockert wird. Das Erdgeschoss zur Mauerstraße enthält einen Kolonnadengang, unter dem im Sommer ein Café und Restaurant betrieben werden. An der Seite zur Mohrenstraße schließt sich ein kleineres, transparentes Bauteil an, das auf allen Geschosse über durchgängige, geschosshohe Fenster verfügt, die den Blick in den Innenhof freigeben. An dieser Seite befinden sich auch die Konferenz- und Aufenthaltsräume, eine Bibliothek sowie der Zugang zum Restaurant ›Zum Thüringer‹. Das sich über zwei Geschosse erstreckende, mit Sichtbeton verkleidete Lokal kann auch für Ausstellungen genutzt werden. Hinter dem Glaskubus bleibt – auch nach der Auffüllung der nach Westen benachbarten Baulücke – ein kleiner Hof erhalten.

Gebäudepass: LV Thüringen
1688__Anlegung der dritten, barocken Stadterweiterung, Mauerstraße bildet die Westgrenze der Friedrichstadt und damit gleichzeitig Berlins **1734 bis 1737**__Erweiterung der Friedrichstadt nach Westen, Bebauung **1933**__›Haus Thüringen‹ **1943 bis 1945**__Zerstörung im Zweiten Weltkrieg **1945 bis 1997**__Trümmergrundstück und Parkplatz **seit 1992**__Verbindungsbüro der Landesvertretung Thüringen beim Bund in Berlin **Mai 1997**__europaweiter, offener Realisierungswettbewerb; 1. Preisträger: Architektenbüro Dr. Wroschech & Partner, Erfurt **22.09.1997**__Baubeginn **18.06.1999**__Einweihung der Landesvertretung Thüringen; Baukosten: 24 Millionen DM, Hauptnutzfläche 2.831 qm auf insgesamt sieben Etagen

Landesvertretung Baden-Württemberg
Tiergartenstraße 15

Das heutige Bundesland Baden-Württemberg setzt sich seit 1952 aus dem Großherzogtum Baden und dem Königreich Württemberg zusammen. Beide Länder wurden 1806 gebildet und waren zwischen dem Ende des Ersten und dem Ende des Zweiten Weltkriegs Freistaaten im Deutschen Reich. Sowohl Baden als auch Württemberg besaßen bereits vor 1945 Vertretungen in der preußischen Hauptstadt.

Das heutige Grundstück der Landesvertretung, dessen südliche Grenze sich bis 1835 am Schafsgraben, dem späteren Landwehrkanal, befand, lag an der südlichen Begrenzung des Kurfürstlichen Tiergartens. Nach verschiedenen Vorgängerbauten enstand hier 1891 eine Villa, die der jüdische Bankier James Henry Simon, einer der bedeutendsten Mäzene in der preußischen Geschichte, bis zu seinem Tode im Jahr 1932 bewohnte. Simon war mit der Kulturelite der Kaiserzeit bekannt und befreundet, zu seinen Gästen zählte mehrfach der letzte deutsche Kaiser Wilhelm II. Gemeinsam mit Wilhelm von Bode hatte Simon den Bau des Kaiser-Friedrich-Museums auf der Museumsinsel vorangetrieben, das 1904 eröffnet wurde und nach dem Zweiten Weltkrieg den Namen des Museumsdirektors Bode erhielt. 1912 erwarb Simon neben umfangreichen Kostbarkeiten die Büste der Nofretete für Berlin, die heute in Charlottenburg zu sehen ist. Das Stadtbad Mitte in der Gartenstraße ließ er 1920 ebenfalls aus seinen privaten Mitteln errichten.

Baden-Württemberg konnte seine alten Grundstücke gegen das jetzige eintauschen, das zuvor im Besitz des Bundes war. Der Berliner Architekt Dietrich Bangert gewann im Februar 1997 einen EU-offenen, anonymen Wettbewerb. Der Baubeginn auf der 5.800 qm großen Parzelle erfolgte im Februar 1998. Unmittelbare Nachbarn sind Österreich, Ägypten und Indien, die ihre Botschaften auf den angrenzenden Grundstücken errichten.

Das Gebäude der am 30. Juni 2000 eingeweihten Landesvertretung ist mit 4.800 qm das größte aller Repräsentanzen der deutschen Länder und kostete etwa 55 Millionen DM. Es ist zur Tiergartenstraße über die ersten drei Geschosse hin trichterförmig eingeschnitten, so dass die Dachzone mit dem Vorplatz einen Eingangsbereich bilden.

Die Büro- und Verwaltungsräume für die etwa 70 Mitarbeiter sowie die Gästezimmer sind im ersten und zweiten Obergeschoss u-förmig angeordnet. Der Hof ist wie ein Atrium angelegt. Reizvoll ist die Treppenanlage, von der man ein beeindruckenden Blick auf die Berliner

In der Tiergartenstraße am südlichen Rand des Tiergartens befinden sich eine Vielzahl von Botschaften und auch die Landesvertretung für Baden-Württemberg. Vom Eingang aus erschließt sich die Haupttreppenanlage, die mit unterschiedlichen geometrischen Formen spielt.

Gebäudepass: LV Baden-Württemberg
1750__erste Bebauung für den Gärtner de la Croix **1832**__Neubau eines freistehenden, eingeschossigen Sommerhauses nach Plänen von J.C. Lindner; mehrfache Erweiterungen **1891**__erneuter Neubau **bis 1932**__Wohnhaus und Wohnung des jüdischen Bankiers und Mäzens James H. Simon, Stifter der Nofretete und Förderer der Museumsinsel **1943 bis 1945**__Zerstörung des Wohnhauses **1945 bis 1997**__Enttrümmerung des Grundstücks ohne erneute Bebauung **1997**__Wettbewerb zur Errichtung der Landesvertretung, 1. Preisträger Dietrich Bangert, Berlin **1998**__Baubeginn **30.06.2000**__Eröffnung der Landesvertretung

Silhouette mit Siegessäule, Reichstagskuppel und Fernsehturm hat. Das Amtszimmer des Ministerpräsidenten liegt an der Tiergartenstraße im zweiten Obergeschoss rechts. Von hier kann man über einen Balkon den Ausblick auf den Tiergarten genießen. Im Keller des mit einer einfachen weißen Putzfassade versehenen Gebäudes befinden sich eine badische Weinstube und ein mit Asteiche verkleideter Bierkeller.

Teil Drei__Parteien

Bündnis 90/Grüne
Bundesgeschäftsstelle
Platz vor dem Neuen Tor 1

Die Bundesgeschäftsstelle der Bündnis 90/Die Grünen befindet sich – wie die Parteizentralen von FDP und PDS auch – in einem Altbau, den die Grünen eigens dafür angekauft haben. Es handelt sich um ein typisches Berliner Mietshaus, das in zwei Bauetappen in einem spitzwinkligen Baublock zwischen der Invaliden-, Hessischen- und Hannoverschen Straße sowie dem Platz vor dem Neuen Tor errichtet worden ist. Das Gebäude wirkt auf den ersten Blick eher unscheinbar, liegt aber im interessanten nordwestlichen Teil des Regierungsviertels.

Die Gegend zwischen Invalidenstraße und Friedrichstraße erlebte nach der Reichsgründung im Jahr 1871 eine erhebliche Verdichtung. Eine Reihe der Wohngebäude aus der Biedermeierzeit wurden aufgestockt und viele Gärten bebaut. In die Zeit des Baubooms der 90er Jahre fiel auch der Bau des fünfgeschossigen Wohnhauses an der Hessisches Straße 10, der 1895 errichtet und mit einem Seitenflügel an das ältere Wohnhaus angebunden wurde. Aus dieser Epoche haben sich die schönen Treppenhäuser erhalten, die – obwohl nicht denkmalgeschützt – mit großem Aufwand restauriert wurden und heute einen Eindruck vom Wohnen in der Kaiserzeit geben.

Schon vor dem Zweiten Weltkrieg nutzte man das Haus nicht mehr für Wohnzwecke. Die Hundkuchen AG Spratts unterhielt hier Büros, ehe sie 1936 nach London umgezog. Durch die verheerenden Luftangriffe auf Berlin ging der größte Teil des baulichen Umfeldes der Parteizentrale im Zweiten Weltkrieg verloren. Schon 1945 wurde der zerstörte Seitenflügel mit Baumaterial aus dem benachbarten Wohnhaus, das einen Totalschaden erlitten hatte, vereinfacht wieder hergestellt. Anschließend zog die Metallhandelsgesellschaft in das Gebäude ein. Bis zum Ende der DDR diente das alte Mietshaus, das von Trümmergrundstücken umgeben war, zu Bürozwecken.

Nach der Entscheidung des Deutschen Bundestages, den Parlaments- und Regierungssitz nach Berlin zu verlegen, entbrannte auf mehreren Parteitagen der Bündnis 90/Die Grünen eine heftige Diskussion um die neue Parteizentrale im wiedervereinigten Berlin. Um den Symbolwert der Parlamentsentscheidung zu unterstreichen, sollte eine Immobilie im Ostteil der Stadt gefunden.

Bis zur offiziellen Einweihung des neuen Domizils am 30. September 1999 wurden 17 Millionen DM für den Grundstückserwerb und den Umbau des Hauses ausgegeben. Von den ins-

Die Bundesgeschäftsstelle der Bündnis 90/Die Grünen befindet sich in einem Berliner Mietshaus der Jahrhundertwende im Ostteil der Stadt.

128

Gebäudepass: Bundesgeschäftsstelle der Bündnis 90/Die Grünen
1710__Gründung des Pestkrankenhauses vor den Toren der Stadt **1728**__das Krankenhaus erhält auf Veranlassung von Friedrich Wilhelm I. den Namen ›Charité‹ **1735**__Anlegung der Charitéstraße durch die weiten Gärten des Krankenhauses **1836**__Umbennung des südlichen Teils der Charitéstraße in Philippstraße, erstes Wohnhaus durch den Ratsmaurermeister Philipp **1841**__Errichtung eines dreigeschossigen Wohnhauses auf dem Grundstück Platz vor dem Neuen Tor 1 **17.03.1891**__Umbenennung der übrigen Charitéstraße in Hannoversche Straße, die Verlängerung zur Invalidenstraße erhält den Namen Hessische Straße **1895**__Errichtung des fünfstöckigen Miethauses Hessische Straße 10 **1945**__nach Kriegsschäden – vor allem am Seitenflügel – wird das Gebäude in vereinfachter Form wieder hergestellt, Büros für die Metallhandelsgesellschaft **30.09.1999**__Eröffnung der Bundesgeschäftsstelle der Bündnis 90/Die Grünen; Baukosten: 17 Millionen DM, Hauptnutzfläche: 2000 qm sowie Keller, davon 25% fremdvermietet **Mai 2000**__Abschluss der Bauarbeiten

gesamt 2000 qm Nutzfläche ohne Keller ist ein Viertel fremdvermietet. Im Haus befindet sich auch die Grüne Jugend, der Bundesverband der Grünen, der vorher in Frankfurt/Main seinen Sitz hatte.

Die ursprüngliche Stuckfassade des fünfstöckigen Gebäudes, wie sie für Berliner Miethäuser in Blockrandbebauung vor einhundert Jahren typisch war, ist verloren gegangen. Das Haus, dessen einzige Schmuckelemente an der Platzseite zwei vom ersten bis zum dritten Obergeschoss durchgängige Erker sind, trägt nun eine einfache Rauhputzfassade, die mit einem markant gelben Farbanstrich versehen wurde. Der besondere Stolz der Partei ist eine Photovoltaikanlage auf dem Dach.

1997 wurden die Trümmergrundstücke rechts und links der Geschäftsstelle erstmals nach dem Zweiten Weltkrieg wieder bebaut. Die Bayerische Hausbau hatte den Architekten Josef Kleihues 1997 beauftragt, ein Projekt vor allem mit Bürobauten zu entwickeln, dass die klassische Blocksituation auf dem dreieckigen Areal wiederherstellen sollte. So wurde sowohl die spitze Ecke zur Invalidenstraße geschlossen als auch zwei einzeln stehende neue Gebäude an der Blockseite zur Hannoverschen Straße errichtet. Der besondere Augenmerk gilt – im benachbarten Hof der Grünen-Zentrale – dabei einem Baum, der sich nach 1945 inmitten der Trümmergebirge behaupten konnte. Ferner konnte man im Baublock ein Stück der alten Stadtmauer konservieren, die aus der Zeit der Stadterweiterung von 1840 datiert.

CDU/Konrad-Adenauer-Haus
Klingelhöferstraße 8

Das heutige Grundstück des Konrad-Adenauer-Hauses, der Bundesgeschäftsstelle der CDU, gehörte seit Anfang des 16. Jahrhunderts zum kurfürstlichen Jagdrevier und Wildgehege, dem Tiergarten. Am Ende des 18. Jahrhunderts bildete sich das Tiergartenviertel, ein neues Stadtviertel westlich des Potsdamer Platzes, heraus.

Die Friedrich-Wilhelm-Straße, nach dem Zweiten Weltkrieg in Klingelhöferstraße umbenannt, wurde allerdings erst zwischen 1865 und 1880 projektiert und dann zügig mit hochherrschaftlichen Berliner Mietshäusern versehen. Hinter der Häuserzeile Friedrich-Wilhelm-Straße 3–13 verlief die Hansemannstraße, die anfänglich Kielgansche Privatstraße hieß.

Diese Straße ist mit der gesamten angrenzenden Bebauung in den Bombennächten Ende November 1943 untergegangen, in der Gegend war ein für Berliner Verhältnisse sehr hoher Zerstörungsgrad von mehr als 90% zu beklagen. Die Reste der nicht näher bezeichneten Wohn- und Geschäftshäuser wurden nach 1945 abgeräumt, zwischen dem leeren Lützowplatz und dem nach 1949 neu aufgeforsteten Tiergarten blieb eine Brache zurück.

Die Groth Gruppe entwickelte für das exponierte Areal zwischen West-City, Tiergarten und Potsdamer Platz ein 370 Millionen DM teures Stadtquartier mit einer Fläche von 30.000 qm. Geplant waren zwölf Gebäude, die insgesamt 160 Wohnungen im gehobenen Bereich beinhalten sollten. Der CDU-Bundesvorstand entschloss sich am 30. Juni 1997, den Sitz der Parteizentrale nach Berlin zu verlegen. Unter fünf Alternativen wählte man, vor allem wegen der zentralen Lage, das Grundstück Klingelhöferstraße 8. In Nachbarschaft zu den Botschaften von Luxemburg, Malta, Malaysia, Mexiko und den nordeuropäischen Staaten sowie einer Reihe von Verbänden wurde ein Entwurf des Düsseldorfer Architektenbüros Petzinka, Pink und Partner realisiert. Die Schüsselübergabe an die Parteivorsitzende Angela Merkel erfolgte am 16. Juni 2000, die Eröffnungsfeier fand am 13. September 2000 statt. Aus diesem Anlaß wurde vor dem Haus ein Rosenstock aus dem Garten des Alt-Bundeskanzlers Adenauer in Rhöndorf bei Bonn gepflanzt.

Das ellipsenförmige Gebäude an der Ecke zur Corneliusstraße wird von einer Fassade aus Aluminium und Holz dominiert. Der vorgelagerte Wintergarten bildet eine Klimahülle um das gesamte Gebäude und dient gleichzeitig dem Lärmschutz. Der als Ellipse angelegte Grundriss garantiert den größtmöglichen Abstand zu den Nachbargebäuden und sorgt für

Am südlichen Rand des Tiergartens befindet sich inmitten alter und neuer Botschafts- und Verbandesgebäude die Parteizentrale der CDU.

Gebäudepass: Konrad-Adenauer-Haus (CDU)
16. Jahrhundert__kurfürstliches Jagdrevier **Ende 18. Jh.**__Anlage des Tiergartenviertels südlich des Tiergartens, erste lockere Bebauung **1865 bis 1880**__Bebauung des heutigen Klingelhöferdreiecks in geschlossener Blockrandbebauung mit viergeschossigen Miethäusern **1943**__Zerstörung der Bebauung in der Bombennacht vom 22./23.11. **1945 bis 1997**__Enttrümmerung und Stadtbrache, Rummelplatz für ›Frühlings- und Oktoberfeste‹ **1997**__Bauliche Entwicklung des Klingelhöferdreiecks durch das Bauunternehmen Groth für insgesamt 370 Millionen DM **30.06.1997**__Beschluss der CDU, in der Klingelhöferstraße 8 die Bundesgeschäftsstelle zu errichten, Pläne des Düsseldorfer Architekturbüros Petzinka, Pink & Partner **13.09.2000**__Eröffnung des Konrad-Adenauer-Hauses mit einer Haupt-Nutzfläche von 5.500 qm; Baukosten: 65 Millionen DM

einen optimalen Lichteinfall in die Büroräume. Das Gebäude mit einer Hauptnutzfläche von 5.500 qm folgt in Anlage und Bauhöhe den städtebaulichen Vorgaben des Senats von Berlin. Es fügt sich in die Baufluchtlinie ein und respektiert mit seinen 18 Metern die festgesetzte Traufhöhe von 22 Metern.

Den steinernen Sockel zur Klingelhöferstraße und zum Landwehrkanal lockern großzügige Fensterbänder auf. Darauf folgen ein Mittelbau und ein sogenanntes Attikageschoss, während zwei aufgesetzte Sattelgeschosse, die zur Hofseite hin abnehmen, die Ecke zum Lützowplatz betonen. Der Hof ist als ›Pocket-Park‹ begrünt.

Über den Eingangsbereich gelangt man in den Pressesaal, der vom Gebäude vollständig abgekoppelt werden kann und Platz für 1200 Personen bietet. Alle Etagen werden durch ein Atrium in der Mitte des Gebäudes miteinander verbunden, in dem sich auch die zentrale Aufzugsanlage befindet. Im ersten Obergeschoss befindet sich der Konferenzraum für die Bundesvorstandssitzung mit einer vorgelagerten, geräumigen Lobby.

Die zweite Etage des rund 65 Millionen DM teuren Bauprojekts wird vermietet. In der dritten Etage schließlich findet man die Büros der Medien- und Öffentlichkeitsarbeit sowie die Personal- und Finanzverwaltung. In den drei obersten Etagen schließlich sind weitere Büros für die Parteiarbeit untergebracht. Neben der engen Parteiführung arbeiten etwa 100 Mitarbeiter im Konrad-Adenauer-Haus.

F.D.P./Thomas-Dehler-Haus
Reinhardtstraße 12–16

Die Friedrich-Wilhelm-Stadt wurde 1828 auf dem ehemals westlichen Teil der Spandauer Vorstadt angelegt und bildete den Kern der Stadterweiterung nach Nordwesten. Die Carlstraße begann auf der Höhe der Friedrichstraße und endete am Unterbaum am Spreeufer in Höhe des heutigen Gebäudes für die Bundespressekonferenz. Nach dem Zweiten Weltkrieg wurde die Straße nach dem legendären jüdischen Theatergründer und -regisseur Max Reinhardt benannt, der das nur wenige Schritt von der heutigen F.D.P.-Zentrale entfernte Deutsche Theater geleitet hatte und 1933 emigrierte.

Unter Leitung der Dominikanerinnen, die seit den 80er Jahren des 19. Jahrhunderts in der Carlstraße ansässig waren, kam es am Silvestertag 1911 in der Carlstraße 12–16 zur Grundsteinlegung für einen Neubau des St. Maria-Viktoria-Stift. Die Einweihung des nach Plänen von Caspar Clemens Pickel errichteten Gebäudes mit vier Voll- und zwei Dachgeschossen fand am 11. März 1912 statt.

Das heute denkmalgeschützte Gebäude folgt in seiner architektonischen Gestaltung der deutschen Renaissance, wie sie heute vor allem noch im westfälischen Raum zu sehen ist. Die Fassade ist mit Klinkern verblendet, die gliedernden Teile wie Portale, Erker, Fensterlaibungen sind mit reichen Verzierungen in Sandstein ausgearbeitet. Zwei Schmuckrisalite in leicht unterschiedlicher Form beleben die lange Straßenfront. Den Giebeln zugeordnet sind zwei Erker, die über zwei bzw. drei Obergeschosse reichen. Die noch erhaltenen und restaurierten Hoffassaden wurden in der damals üblichen Bauweise weniger aufwändig gestaltet.

Große Probleme mit den Fundamenten nach dem Bau der Berliner Nord-Süd-Bahn führten 1938 zur Schließung des Krankenhauses und zum Abriss eines Teils der Baulichkeiten wegen Einsturzgefahr. Das restliche Gebäude kam im Zweiten Weltkrieg wie durch ein Wunder ohne wesentliche Schäden davon und konnte bald schon wieder genutzt werden. In dem alten Krankenhaus waren in der gesamten DDR–Zeit landwirtschaftliche Einrichtungen wie der Deutsche Bauernverband und der Deutsche Bauernverlag untergebracht.

Im März 1994 war die F.D.P. die erste der im Deutschen Bundestag vertretenen Parteien, die entschied, ihre Parteizentrale von Bonn nach Berlin zu verlegen (abgesehen natürlich von der PDS, die seit ihrer Gründung stets mit ihrem Bundesvorstand in Berlin verblieben war). Bereits am 11. Juli 1994 entschloss sich das Präsidium der F.D.P. zur Herrichtung des Altbaus

Die Parteizentrale der F.D.P. im ehemaligen St. Maria-Viktoria-Stift in der Reinhardtstraße.

in der Reinhardtstraße, der bis dahin noch dem Bund gehört hatte. Das Büro Eschweiler & Partner, ein hundertprozentiges Tochterunternehmen der Partei, wurde mit dem Ankauf und der Projektierung beauftragt. Im Juli 1995 wurde der Bauantrag gestellt, die Herrichtung des Altbaus dauerte von Dezember 1995 bis Dezember 1997. Die Gesamtbaumaßnahme war Ende 1998 abgeschlossen, wobei sich die Fundamentierung als besonders schwierig erwiesen hatte.

Im Gebäude, das heute den Namen des ersten bundesdeutschen Justizministers im Kabinett Adenauer und F.D.P.-Vorsitzenden Thomas Dehler trägt, stehen etwas mehr als 10.000 qm an vermietbaren Büroflächen zur Verfügung. Die Gesamtbaukosten beliefen sich auf 60 Millionen DM, wobei ein Viertel der Summe allein für die Nachgründung des noch immer problematischen Baugrunds aufgewandt werden musste.

Gebäudepass: Thomas-Dehler-Haus (F.D.P)
1735__ Spandauer Vorstadt wird nördlich vor den Toren der Stadt als größte Vorstadt angelegt und bleibt überwiegend unbebaut **1828__**westlicher Teil der Spandauer Vorstadt wird zwischen Friedrichstraße und Spree als Friedrich-Wilhelm-Stadt neu angelegt, Konzeption der Carl- oder auch Karlstraße, in den folgenden Jahrzehnten Bebauung mit Wohnhäusern **um 1880__**Ansiedlung der Dominikanerinnen in der Carlstraße **31.12.1911__**Grundsteinlegung zum St. Maria-Viktoria-Stift als Krankenhaus mit 220 Betten und Altersheim in der Carlstraße 12–16 unter maßgeblicher finanzieller Unterstützung von Carl Fürst zu Löwenstein-Wertheim-Rosenberg **11.03.1912__**Einweihung des St. Maria-Viktoria-Stifts **1938__**wegen massiver Grundwasserabsenkungen in Folge des 1934 begonnenen Baus des Nord-Süd-Tunnels für die S-Bahn, Abtrocknung der Holzfundamente unter dem Krankenhaus, Schließung wegen Einsturzgefahr, Abbruch verschiedener Gebäudetrakte **1950__**nach nur sehr geringen Kriegsschäden Wiederherstellung des Gebäudes für den Deutschen Bauernverband, den Deutschen Bauernverlag und anderer landwirtschaftlicher Einrichtungen der der DDR bis 1989 **nach 1950__**die Carlstraße wird nach dem jüdischen Theatergründer und -regisseur Max Reinhardt umbenannt **März 1994__**Beschluss des Präsidiums der F.D.P, eine Bundesgeschäftsstelle in Berlin einzurichten **11.07.1994__**Beschluss, das Gebäude Reinhardtstraße 12–16 anzukaufen, Sanierungsauftrag an das Büro Eschweiler & Partner **Juli 1995__**Bauantrag **Dezember 1997 – Dezember 1999__**aufwändige Sanierung des denkmalgeschützten Gebäudes unter schwierigen Bodenverhältnissen; Baukosten: 60 Millionen DM, davon 15,5 Millionen DM für die Fundamentierung, 10.000 qm vermietbare Bürofläche; Friedrich-Naumann-Stiftung richtet in der Reinhardtstraße 16 ein Informationsbüro ein

PDS/Karl-Liebknecht-Haus
Kleine Alexanderstraße 28

Obwohl das Karl-Liebknecht-Haus heute eine – innen mehr noch als außen – eher schlichte Architektur besitzt und keine besondere baugeschichtliche Entwicklung vorweisen kann, gehört der PDS doch von allen im Deutschen Bundestag vertretenen Parteien das Gebäude mit der längsten parteigeschichtlichen Tradition.

Im Zuge der Flächensanierung des früheren Scheunenviertels entstand in der Kleinen Alexanderstraße 1911 das heutige Karl-Liebknecht-Haus im Auftrag des Fabrikanten Rudolph Werth. Das Gebäude, in dem Konserven und Wäsche produziert wurden, besaß ein für die damals noch vorherrschende Architekturauffassung überaus modernes und sachliches Äußeres ohne jeglichen Zierat.

Der Gründungsparteitag der KPD fand Silvester 1918 im Festsaal des Preußischen Landtages, dem heutigen Sitz des Abgeordnetenhauses von Berlin, statt. Bis November 1926 befand sich die Parteizentrale im Gebäude Rosenthaler Straße 38, im Herbst 1926 zog man dann in das bis heute Karl-Liebknecht-Haus genannte Gebäude am damaligen Bülowplatz. Hier arbeiteten bis zum Verbot der KPD der Parteiführer Ernst Thälmann, aber auch Walter Ulbricht, Wilhelm Pieck und Herbert Wehner. Auch verschiedene Reichstagsabgeordnete der KPD hatten hier Arbeitsräume, und unter dem Dach befanden sich seit 1928 die Redaktionsräume der Parteizeitung ›Rote Fahne‹.

Besonders ab 1930 kam es immer wieder zu Razzien, Straßenschlachten und Kundgebungen von Kommunisten und politischen Gegnern vor dem Haus. Bereits vier Tage vor dem Reichstagsbrand wurde die KPD-Zentrale wie alle Bezirksleitungen der KPD von der NSDAP besetzt und am 1. März 1933 geschlossen.

Inzwischen in Horst-Wessel-Haus umbenannt, wurde das Gebäude am 12. März 1933 offiziell ›zur Wiederherstellung der öffentlichen Ordnung und Sicherheit und zur Abwehr auch in Zukunft zu erwartender kommunistischer Umtriebe ... zugunsten des Freistaates Preußen enteignet‹. 1934 erfolgte der Umbau in einen Behördensitz, im November 1935 zog hier die Preußische Finanzverwaltung ein, die für die Arisierung jüdischen Eigentums zuständig war. Ab dem 22. Januar 1937 fungierte das Haus auch als Sitz der SA-Führung der Gruppe Berlin-Brandenburg. Die schweren Bombenangriffe setzten dem Haus wie fast allen Immobilien in der Berliner Stadtmitte kräftig zu, die tragende Konstruktion hielt trotz großer Schäden aber

Der Rosa-Luxemburg-Platz, an dem sich das heutige Karl-Liebknecht-Haus befindet, war in den 20er und 30er Jahren Schauplatz gewaltsamer politischer Auseinandersetzungen.

Die Thälmann-Gedenktafel an der ehemaligen Parteizentrale der KPD.

Gebäudepass: Karl-Liebknecht-Haus (PDS)

1672__Anlage des Scheunenviertels mit insgesamt 27 Scheuen vor den Toren der Stadt auf dem Gebiet der heutigen ›Volksbühne‹ **ab 1700**__Anlage der Spandauer Vorstadt **1911**__Neubau eines Geschäftshauses für Rudolph Werth im Zuge einer Flächensanierung im Scheunenviertel **1926**__Ankauf des Gebäudes durch die KPD **1927**__Sanierung der Umgebung nach Plänen von Hans Poelzig **12.03.1933**__Enteignung der KPD **1935**__Sitz der Preußischen Finanzverwaltung – Arisierungsstelle **1937**__Sitz der SA Berlin-Brandenburg **1943 bis 1945**__schwere Kriegsschäden **17.12.1947**__Übertragung des Gebäudes an die SED **ab 1950**__Ernst-Thälmann-Gedenkstätte **1959**__Institut für Leninismus-Marxismus **1977**__unter Denkmalschutz gestellt **August 1992**__Bestätigung des Erwerbs durch die PDS

stand. Am 17. Dezember 1947 wurde das Haus auf Befehl der Sowjetischen Administration an die SED übergeben.

Der Architekt Hans Schlüter war sowohl für den Wiederaufbau dieses Hauses als auch für das nahegelegene ehemalige Kaufhaus Jonas in der heutigen Torstraße 1 zuständig. Im Jahr der Gründung der DDR konnte Richtfest gefeiert werden. Der Parteivorstand der SED, das Zentralkomitee, zog in beide Häuser ein, wobei das Liebknechthaus zunächst als Gästehaus der SED vorgesehen war. Anfang der 50er Jahre entstand dann im Haus die größte der insgesamt etwa 150 Thälmann-Gedenkstätten der DDR.

Nachdem das Zentralkomitee 1959 in die alte Reichsbank am Werderschen Markt übergesiedelt war, bezog das Institut für Marxismus-Leninismus die beiden Parteigebäude, außerdem wurde ein Verlag für Agitations- und Anschauungsmaterial untergebracht. Nach einem 1977 vom Ost-Berliner Magistrat gefassten Beschluss kam das Gebäude am 2. Dezember 1983 auf die Zentrale Denkmalliste der DDR. Diese Liste behielt mit der Wiedervereinigung 1990 im Wesentlichen ihre Gültigkeit, so dass der Denkmalschutz bis heute gilt. Im Mai 1990 zog schließlich der Parteivorstand der PDS in das Haus ein.

Das in schlechtem Zustand befindliche Gebäude wurde im Frühjahr 1991 umfassend renoviert, an Stelle der Thälmann-Gedenkstätte befindet sich jetzt im Erdgeschoss das Konsultations- und Informationszentrum (KIZ) der Partei. Auch der Dietz-Verlag arbeitet seit einiger Zeit im Haus. Insgesamt fünf Etagen werden vom Parteivorstand der PDS sowie vom Landesvorstand Berlin genutzt, denen eine Vielzahl von Büros und einige Konferenzräume zur Verfügung stehen.

Teil Drei__Parteien

SPD/Willy-Brandt-Haus
Wilhelmstraße 140

Mit der Bronzefigur im Foyer erinnert die SPD an ihren langjährigen Vorsitzenden Willy Brandt, der sich nach 1949 für die Belange Berlins besonders eingesetzt hatte.

Die südliche Friedrichstadt, die Friedrich-Vorstadt, die Tempelhofer Vorstadt und die Luisenstadt wurden im Zuge der Eingemeindungen Berlins 1920 zum Bezirk ›Vor dem Hallischen Tor‹ zusammengefasst, der seit 1921 Kreuzberg heißt. Hinter den großen Mietskasernen des heutigen Bezirks Kreuzberg-Friedrichshain verbarg sich das Elend des Massenproletariats, eine Folgeerscheinung der Industrialisierung Berlins. Hier gewann ab den 60er Jahren des 19. Jahrhunderts die Sozialdemokratie wesentlich an Einfluss. Seit dem Ende der Sozialistengesetze 1890 besaß die SPD mehrere wichtige Parteieinrichtungen in Kreuzberg, in der nahegelegenen Lindenstraße 3/4 entstand in den Jahren 1906 bis 1914 die Parteizentrale mit dem ›Vorwärts‹-Verlag. Die Partei verfügte dort über 27.000 qm Nutzfläche, also dreimal soviel wie die Fläche des heutigen Willy-Brandt-Hauses. 1933 wurden alle Einrichtungen der SPD besetzt und aufgelöst.

Die verheerenden Bombenangriffe auf Berlin verwandelten auch die Umgebung des heutigen Mehringplatzes in ein Trümmerfeld. Namentlich während des Tagesangriffs vom 3. Februar 1945 erlitt die Umgebung schwerste Verwüstungen. Bis weit in die 50er Jahre hinein präsentierte sich die südliche Friedrichstadt als abgeräumte Brachlandschaft mit einigen wenigen, stehengebliebenen Häusern ohne Nachbarn.

Der Mauerbau, der das alte barocke Stadtquartier zerriss, und das Vorhaben, quer durch Kreuzberg eine Stadtautobahn mit einem Verteiler am Oranienplatz zu bauen, verzögerten die städtebauliche Entwicklung maßgeblich. Mit dem Wiederaufbau des Mehringplatzes hatte man immerhin die bis dahin durchgängige Friedrichstraße beruhigen können und die parallel verlaufende Stresemann-, Wilhelm- und Lindenstraße axial am Platz vorbeigeführt. Durch die Aufhebung der historischen Straßenverläufe enstand jenes spitzwinklige Grundstück, das es vorher nie gegeben hatte.

Die Gestaltung des Willy-Brandt-Hauses zitiert sowohl die Bauhaus-Tradition als auch Schiffsarchitektur der 1920er Jahre.

Die Internationale Bauausstellung 1984–87 (IBA) nahm sich erstmals wieder dieses Bereichs der alten vergessenen Stadtmitte Berlins an, der ja noch immer von der Mauer in eine Randlage gedrängt war. Ähnlich wie das IG-Metall-Haus von Erich Mendelsohn, das 1923 nur wenige Schritt entfernt in der Alten Jakobstraße entstand, war auf diesem Grundstück ein Kultur- und Geschäftshaus geplant, das die Blockspitze stärker akzentuieren sollte. Nach einem 1981 ausgeschriebenen internationalen Wettbewerb erhielt der Wiesbadener Architekt

Helge Bofinger den Auftrag, eine Entwurfsstudie vorzulegen. Die 1983 entstandenen Pläne entsprechen dem heutigen Willy-Brandt-Haus ziemlich genau.

Erst nach dem Fall der Mauer, der Wiedervereinigung und der damit verbundenen Hauptstadtentscheidung beschloss die SPD im Jahr 1992, nach Berlin zurückzukehren. Da Kreuzberg parteigeschichtlich eine besondere Rolle spielte und die Wilhelmstraße auch für die Weimarer Republik, an deren politischer Gestaltung sich die SPD maßgeblich beteiligt hatte, von so großer Wichtigkeit gewesen war, entschloss sich der Parteivorstand, hier das Geschäftshaus, das Bofinger für die IBA entworfen hatte, nun als Parteizentrale zu realisieren. Die Baukosten von 120 Millionen DM stammen nicht aus Parteibeiträgen, sondern wurden durch Verkäufe restituierter Grundstücke in Ostdeutschland beglichen. Im November 1993 wurde der Grundstein gelegt, das Richtfest fand im Dezember 1994 statt. Am 10. Mai 1996 wurde das Haus vom damaligen Parteivorsitzenden Oskar Lafontaine eingeweiht.

Das Gebäude ist ein offenes Haus mit kleinen Geschäften im Erdgeschoss und einem 25 Meter hohen Atrium, das frei zugänglich ist. Durch eine filigrane Glasbedachung fällt Tageslicht in den Raum, die Innenwände aus Glas, tiefblauem Stahl und Holz sind im Wesentlichen wie die Außenwände gestaltet, um den offenen Charakter der Parteizentrale zu dokumentieren. Zwei gläserne Aufzüge führen in die Büroetagen, den Presse- und den Konferenzraum. Die beiden oberen der insgesamt sechs Etagen sind dem Parteivorstand vorbehalten. In der Spitze befindet sich der große Präsidiumssaal, dessen halbrunde Glasfront den Blick nach Süden auf den alten Arbeiterbezirk Kreuzberg freigibt.

Das Haus, das die in der Bauhaus-Schule der 20er Jahre beliebte Schiffsarchitektur rezipiert, verfügt über eine 300qm große Photovoltaikanlage auf dem Dach, das größtenteils begrünt ist. Ähnlich wie im Reichstagsgebäude gibt es auch hier ein Blockheizkraftwerk, mit dem sich das Haus selbst mit Strom versorgt. Zwischen den beiden Glasaußenwänden befindet sich ein raffiniertes System mit Metalllamellen. Im Sommer wird die Wärme reflektiert und gelangt nicht in das Innere, im Winter hingegen wird die Sonnenstrahlung zur Erwärmung des Hauses genutzt.

Gebäudepass: Willy-Brandt-Haus (SPD)
1688__Anlage der barocken Friedrichstadt **1734 bis 1737**__Erweiterung der Friedrichstadt nach Westen, erste Bebauung des Grundstücks **18. bis 20. Jh.**__mehrfache bauliche Überformung des kleinparzellierten Baublocks in typischer Blockrandbebauung **1943 bis 1945**__Zerstörung der gesamten Bausubstanz **nach 1945**__Enttrümmerung, Verlegung der Wilhelmstraße nach Südwesten, Aufhebung des alten Baublocks mit seinem Zuschnitt aus dem 18. Jahrhundert **1981**__eingeschränkter Wettbewerb – der Wiesbadener Architekt Helge Bofinger gewinnt 1. Preis für ein Büro- und Geschäftshaus auf dem spitzwinkligen Grundstück **1984 bis 1987**__Internationale Bauausstellung Berlin 1987 mit städtebaulichem Schwerpunkt auf Wiederaufbau der südlichen Friedrichstadt – keine politische Mehrheit für das Bofinger-Projekt, Votum für Freifläche mit Spielplatz **1991**__Beschluss der SPD, die Bundesgeschäftsstelle nach Berlin zu verlegen **November 1993**__Grundsteinlegung, Errichtung des Willy-Brandt-Hauses nach den IBA-Plänen von Helge Bofinger **10.05.1996**__Eröffnung des Willy-Brandt-Hauses; Baukosten: 120 Millionen DM

Teil Vier__ Land und Stadt Berlin

Abgeordnetenhaus von Berlin ehemaliger Preußischer Landtag
Niederkirchnerstraße 5

Die Grundstücksgeschichte des heutigen Abgeordnetenhauses von Berlin entspricht im Wesentlichen der des benachbarten Bundesrats. In der 1688 angelegten und bis 1737 erweiterten barocken Friedrichstadt lagen auf der Südseite der Leipziger Straße Grundstücke mit tiefen Gärten, die nördlich an die Grundstücksgrenze zum Palais Vernézobre, dem späteren Domizil des Prinzen Albrecht von Preußen, heranreichten. Von 1737 bis 1899 blieb das heutige Grundstuck als Teil der Palaisgärten in der Leipziger Straße 3 und 4 unbebaut.

Mit dem vorläufigen Sieg der Märzrevolution wurde die Wahl einer preußischen verfassunggebenden Nationalversammlung durchgesetzt. Am 5. Dezember 1848 oktroyierte Friedrich Wilhelm IV. per königlichem Erlass eine preußische Verfassung, die im Februar 1849 zur Geburtsstunde des Preußischen Landtages führte. Die erste Sitzung des Abgeordnetenhauses fand im ehemaligen Palais Hardenberg in der Leipziger Straße 75 statt. Das für einen Parlamentsbetrieb nur wenig geeignete ehemalige Wohnhaus des preußischen Reformpolitikers von Hardenberg, das in der Nähe der heutigen Spittelkolonnaden am ehemaligen Dönhoffplatz lag, diente fast ein halbes Jahrhundert als unzureichendes Provisorium, obwohl es ursprünglich nur als Übergangslösung gedacht war.

Das Berliner Abgeordnetenhaus liegt in direkter Nachbarschaft zum Bundesrat und zum Bundesministerium für Finanzen.

Bereits 1851 wurden Forderungen nach einem angemessenen Neubau laut, den die Ministerial-Baukommission aber nicht genehmigte. 1859 fand endlich ein Bauwettbewerb zu Ehren Schinkels mit dem Titel ›Ein Parlamentsbau für Preußen‹ statt, als Bauplatz war ursprünglich ein Teil der Kasernenanlagen zwischen Weidendammer Brücke und Museumsinsel vorgesehen. Der Wettbewerb brachte letztlich kein Ergebnis, die preußischen Kriege von 1864, 1866 und 1870 trugen zur Verzögerung auch dieses Bauvorhabens bei. Ab 1867 festigte sich der 1861 erstmals gefasste Entschluss, ein weniger aufwändiges Haus auf dem hinteren Teil des zehn Jahre zuvor von den Mendelssohn-Bartholdys gekauften Grundstücks in der Leipziger Straße zu errichten. Die Mittel zur Verlegung der Königlichen Porzellanmanufaktur nach Charlottenburg wurden vom Parlament einbestellt. Nachdem das alte Grundstück des Palais Raczynski am Königsplatz für den Standort des neuen Reichstagsgebäudes bestimmt worden war, wurden die Pläne zum Neubau des Preußischen Landtages in der Leipziger Straße ab 1880 konkreter. Am 15. Februar 1882 stand der endgültige Beschluss für einen Neubau endlich fest. Einen 1888 durchgeführten Bauwettbewerb gewann Friedrich Schulze-Colditz, der bereits 1883 erste Pläne für ein Geschäftshaus geliefert hatte. 1890 genehmigte Kaiser Wilhelm II. die Entwürfe, im Herbst 1892 begannen die Bauarbeiten.

Am 16. Januar 1899 konnte das Gebäude des jetzigen Berliner Landesparlamentes dem Abgeordnetenhaus, also der Zweiten Kammer des Preußischen Landtages, übergeben werden. Zwei Tage später jährte sich zum 198. Mal die Gründung des Königreichs Preußens. Wahrscheinlich sollte damit der Landtag in einen geschichtlichen Zusammenhang gestellt werden, auch wenn zur Eröffnung des Hauses – anders als noch fünf Jahre zuvor bei der Eröffnung des Reichstagsgebäudes – kein Vertreter der Hohenzollern erschien.

Das Parlamentsgebäude entstand in der Formensprache der italienischen Hochrenaissance, es sollte an die norditalienischen Bürgerrepubliken des 14. und 15. Jahrhunderts erinnern und somit der vorherrschenden Kunstauffassung des Neobarock entgegenwirken, hinter der sich eher die monarchistische Bautradition Europas verbarg. Das benachbarte Gebäude für die Erste Kammer, das Herrenhaus, in dem seit September 2000 der Bundesrat sein Domizil hat, folgte dementsprechend der barocken Stilrichtung, da die Herren im Oberhaus des Preußischen Landtages auch nicht gewählt, sondern kraft ihrer Geburt und ihres Amtes vom preußischen König ins Parlaments entsandt worden waren. Die Entwürfe dazu hatte ebenfalls der heute nahezu vergessene Architekt Friedrich Schulze-Colditz geliefert.

Die Raumfolge des Abgeordnetenhauses entsprach den Zweckmäßigkeiten eines Parlamentsbetriebs. Im ersten Obergeschoss, genau in der Mitte des nahezu quadratischen Gebäudes, lag – über zwei Etagen – der Plenarsaal, der durch eine farbige Glasdecke Tageslicht erhielt. Vorgelagert war eine Wandelhalle. Hinter dem Präsidialbereich befand sich eine kleine Präsidentenlobby, von der aus man in den Verbindungsbau zum Herrenhaus gelangen

Gebäudepass: Abgeordnetenhaus von Berlin
1743__Erweiterung der 1688 angelegten barocken Friedrichstadt, Bebauung der Grundstücke Leipziger Straße 3 und 4 **05.12.1848**__Oktroyierte Verfassung für Preußen durch Friedrich Wilhelm IV., Konstituierung des preußischen Landtages mit zwei Kammern **26.02.1849**__erste Sitzung des preußischen Abgeordnetenhauses im provisorisch hergerichteten Palais Hardenberg in der Leipziger Straße 75 – Provisorium bis 1899 **1861 bis 1867**__Suche nach Standort für einen Neubau – Wahl des Gartens der Grundstücke Leipziger Straße 3 und 4 **1883**__der Architekt Friedrich Schulze-Colditz liefert erste Pläne **1892**__Baubeginn **16.01.1899**__Eröffnung des neuen preußischen Abgeordnetenhauses **16. bis 19.12.1918**__Kongress des Vollzugsrats der Arbeiter- und Soldatenräte, die Übergangsparlamente beschließen Wahlen zur Nationalversammlung, den ersten demokratischen Wahlen in der deutschen Geschichte **1932**__Gleichgeschaltung des preußischen Landtages (bis Oktober 1934) **1935 bis 1937**__Umbau zum ›Haus der Flieger‹ für Hermann Göring nach Plänen von Ernst Sagebiel **1943 bis 1945**__Kriegsschäden **1949/50**__vereinfachter Wiederaufbau für Büros des Ministerpräsidenten der DDR, Otto Grotewohl **1950 bis 1989**__Haus der Ministerien, Haus III **13.08.1961**__Mauerbau, Grenzanlagen vor dem Haupteingang **1983**__Teilweiser Wiederaufbau des Festsaals zum Parteimuseum (während der Bauarbeiten gestoppt) **1990**__Beschluss zur Wiederherrichtung für das Abgeordnetenhaus von Berlin **26.11.1990**__Konstituierung einer parlamentarischen Baukommission **17.06.1991**__Baubeginn **28.04.1993**__Eröffnung des Hauses als neuer Sitz des Abgeordnetenhauses von Berlin **29.04.1993**__erste Plenarsitzung **26.03.1998**__Beschluss, die bestehenden 23 Bezirke zu zwölf Bezirken zusammenzulegen

konnte. Hier, wo sich heute die Büros des Präsidenten des Abgeordnetenhauses und des Referats Öffentlichkeitsarbeit befinden, waren seinerzeit die Sprechzimmer für die Leitungsebene, aber auch der Ministersitzungssaal angeordnet. Durch einen – heute wieder zwischen Bundesrat und Berliner Landtag geöffneten – Verbindungsgang entstand ein kurzer Weg zwischen den beiden Kammern des preußischen Landtags. Im Saalgeschoss, in dem auch die Restauration untergebracht war, findet man heute noch das Casino.

Die reiche Ausgestaltung mit Bauplastiken unter der Leitung von Otto Lessing, dem Urgroßneffen Gotthold Ephraim Lessings, wurde bereits vor dem Zweiten Weltkrieg wieder entfernt. Nur wenige Rudimente des damals in Deutschland meistbeschäftigten Künstlers dieses Genre sind noch erhalten. Lessing hatte nicht nur an der Ausgestaltung des Reichstagsgebäudes, des Reichstagspräsidentenpalais und des Herrenhauses mitgearbeitet, sondern war auch auf den Baustellen am Hamburger Michel und am Reichsgericht in Leipzig beschäftigt.

Nach dem Ende des Weltkriegs fanden im Landtagsgebäude an der damaligen Prinz-Albrecht-Straße bedeutende Ereignisse statt. Der Reichskongress der Arbeiter- und Soldatenräte tagte als Übergangsparlament vom 16.–19. Dezember 1918 im Haus, im Plenarsaal wurde der wichtigste Beschluss zur Gründung der Weimarer Republik gefasst. Die erste nach demokratischen Grundsätzen durchgeführte Wahl in der deutschen Geschichte schloss auch das Frauenwahlrecht mit ein. Damit war Deutschland das erste Land in Europa, in dem Frauen ihr passives und aktives Wahlrecht wahrnehmen konnten.

Aus Protest gegen die Beschlüsse der Mehrheitssozialdemokraten, die den Mitgliedern der USPD nicht weit genug gingen, gründeten deren Vertreter zum Jahreswechsel 1918/19 im Festsaal des Abgeordnetenhauses die Kommunistische Partei Deutschlands (KPD). Die hier von Karl Liebknecht und Wilhelm Pieck geforderte Räterepublik nach sowjetischem Vorbild konnte sich jedoch nicht durchsetzen.

Preußen erwies sich in der Weimarer Republik als ein relativ stabiler demokratischer Rechtsstaat. 1920 gab sich der größte Staat des Deutschen Reiches eine neue demokratische Verfassung. Im Plenarsaal wurde auch der Beschluss zur Einheitsgemeinde von Groß-Berlin gefasst, der am 27. April 1920 in Kraft trat und erst mit der Entscheidung für die Bezirksreform Groß-Berlins, die man am 1. Januar 2001 im selben Saal entschied, weitgehend verändert wurde. Aus den anfänglich 20, seit 1987 insgesamt 23 Bezirken sind durch mehrfache Fusionen 12 neue Bezirke entstanden.

Der Niedergang des preußischen Parlaments setzte bereits einige Monate vor der Machtergreifung Hitlers am 30. Januar 1933 ein. Mit dem sogenannten Preußenschlag wurden der sozialdemokratische Ministerpräsident Otto Braun und der Minister des Innern, Carl Severing, am 20. Juli 1932 staatsstreichartig ihrer Ämter enthoben. Stattdessen setzte der greise Reichspräsident von Hindenburg den konservativen Reichskanzler Franz von Papen zugleich als Reichskommissar für Preußen ein. Damit war die Handlungsfreiheit von Parlament und Regierung in Preußen im Wesentlichen aufgehoben.

Infolge der Machtergreifung Hitlers, des Reichstagsbrandes und des am 23. März 1933 durchgedrückten Ermächtigungsgesetzes, das die Einparteienherrschaft der NSDAP quasi legitimierte, kam es auch zur Gleichschaltung des Preußischen Landtags. Wenig später wurde

In diesem heute neu gestalteten Plenarsaal wurde im Dezember 1918 zum ersten Mal in der Geschichte das Frauenwahlrecht eingeführt.

im heutigen Abgeordnetenhaus der Volksgerichtshof gegründet, der hier in den ersten Wochen seines Bestehens seinen Sitz hatte. Nachdem Göring im sogenannten Reichstagsbrandprozess ein Rededuell gegen den bulgarischen Kommunisten Georgi Dimitroff verloren hatte, ließ er das berüchtigte Tribunal als Sondergericht für Landesverrats- und Hochverratsprozesse einrichten. Der vierte und vorletzte Präsident, Roland Freisler, seit 1932 Mitglied der Fraktion der NSDAP im Preußischen Landtag, war im Wesentlichen mitverantwortlich für 5.200 ausgesprochene und zumeist vollstreckte Todesurteile.

Im Mai 1933 wurde im Plenarsaal der letzte Beschluss in der Geschichte des preußischen Parlaments gefasst. Er beinhaltete seine Selbstauflösung, die im Oktober 1934 abgeschlossen war. Das Abgeordnetenhaus wie auch das benachbarte und bereits 1918 als Institution aufgelöste Herrenhaus wurden auf Anordnung Hermann Görings in die ›Stiftung Preußenhaus‹ überführt.

Das Parlamentsgebäude wurde in ›Haus der Flieger‹ umbenannt und von 1935 bis November 1937 umgebaut. Dahinter verbarg sich mehr oder weniger ein Ball- und Speisesaal für militärische Festveranstaltungen. Verschiedene NS-Organisationen hatten nun im Haus ihr Domizil, und im April 1935 gaben Hermann Göring und Emmy Sonnemann im Festsaal ihren Hochzeitsempfang.

Göring beauftragte seinen Hausarchitekten Ernst Sagebiel mit dem Umbau, der auch die Pläne für den benachbarten Neubau des Reichsluftfahrtministeriums geliefert hatte. Sagebiel nahm vor allem an der reichen Ausstattung des Gebäudes deutliche Einschnitte vor, die fast vollständig purifiziert, d.h. vereinfacht und damit entfernt wurde. Nicht nur die gesamte Innenausstattung, sondern auch große Teile des Mobilars und der sonstigen Einrichtungsgegenstände verschwanden bereits vor dem Zweiten Weltkrieg.

Der zentrale Eingriff betraf jedoch die Umgestaltung des originalen Plenarsaals von 1899, der einem Ballsaal weichen musste. Die farbige Glasdecke wurde durch eine einfache verglaste Kuppel ersetzt, das darüber liegende Walmdach in einer Glas-Eisen-Konstruktion ist bis heute in der Form von 1937 erhalten. Die Besuchertribünen baute man zu Balkonlogen um,

den Präsidialbereich zu einer Bühne, auf der Ballettdarbietungen stattfanden. Das Raumgefüge des Parlaments wurde aber insgesamt beibehalten und ist auch heute noch in dieser Form zu erkennen. Verändert wurde allerdings die Raumhöhe der dem Plenarsaal vorgelagerten Wandelhalle. Durch das Einziehen einer Zwischendecke ging das ursprüngliche Tonnengewölbe oberhalb der Wandpilaster verloren. Erst bei der Restaurierung nach 1991 wurde ein Teil dieser Zwischendecke wieder aufgeschnitten und die alte Raumhöhe von 1899 sichtbar gemacht. Der heute oberhalb der Wandelhalle liegende Sitzungssaal Nr. 304 ist über zwei Glasbrücken zu erreichen, auf denen aus nächster Nähe einige der wenigen Reste der bauplastischen Originalausstattung von Otto Lessing zu sehen sind.

→

Während des Zweiten Weltkriegs erlitt das ehemalige Landtagsgebäude zwar Schäden durch Bombenangriffe, blieb aber – wie nur weniges in der Berliner Stadtmitte – von direkten Treffern verschont. Das nach 1945 direkt an der Demarkationslinie zwischen dem sowjetischen und amerikanischen Sektor gelegene Gebäude wurde bereits im Winter 1949 auf Beschluss der Sowjetischen Administration wieder hergerichtet. Ein erster, einfacher Wiederaufbau war bereits 1951 abgeschlossen. Ursprünglich bestand der Plan, hier dauerhaft den Ministerpräsidenten der DDR, Otto Grotewohl, anzusiedeln. Auch das spätere Vorhaben, hier die Volkskammer der DDR einzurichten, gab man wieder auf. Möglicherweise spielte die Nähe zur noch ›grünen‹ Grenze eine Rolle.

Im ehemaligen und benachbarten Reichsluftfahrtministerium zog nach 1949 das ›Haus der Ministerien‹ ein. Der alte Dienstsitz Görings an der Wilhelmstraße wurde zum Haus I, das alten Herrenhaus, heute Sitz des Bundesrats in der Leipziger Straße, zum Haus II, und das alte Abgeordnetenhaus schließlich zum Haus III. Hier wurden mit den Fünf-Jahres-Plänen die wesentlichen wirtschaftlichen Entscheidungen getroffen.

Der Plenarsaal blieb in der gesamten DDR-Zeit eine Ruine. Der Mauerbau direkt vor dem Haus am 13. August 1961 machte eine neue Nutzung nahezu unmöglich. Der Haupteingang lag direkt auf dem Niemandsland, eine Vorder- und Hintermauer trennte die jetzt nach der Kommunistin Käthe Niederkirchner benannte Straße der Länge nach in zwei Hälften. Selbst die Treppenhalle hatte man von den hinteren Bereichen des Erdgeschosses, wo sich heute die Garderoben und der Multivisionsraum befinden, durch eine weitere Mauer abgetrennt. Damit war gewährleistet, dass selbst linientreue Mitarbeiter im Ministerium nicht von den Büros im hinteren Teil des Gebäudes nach vorne in Richtung Mauer gelangen konnten.

Der Festsaal – oberhalb der Eingangshalle im dritten Obergeschoss an der Seite zur Niederkirchnerstraße gelegen – wurde nach 1949 in vereinfachten Stil wieder aufgebaut. Zum 65. Gründungstag der KPD sollte der Festsaal in alter Form bis Ende 1983 wiederhergestellt und als Parteimuseum so eingerichtet werden, wie er 1918 ausgesehen hatte. Die im Krieg vollständig zerstörte Fassung ließ sich aber nur schwer restaurieren, da originale Vorlagen und Pläne kaum noch vorhanden waren. Der VEB Gesellschaftsbau in Dresden stellte zumindest eine Stuckdecke her, die in etwa dem Original entsprochen haben könnte. Die weitere Restaurierung wurde dann aus politischen Gründen eingestellt, wofür abermals die Nähe zur Mauer, die man durch die Fenster des Festsaals bei einem Rundgang durch das Parteimuseum von oben sehen konnte, der ausschlaggebende Grund gewesen sein mag. Der Festsaal konnte erst 1993 endgültig fertiggestellt werden. Die Stuckdecke aus DDR-Zeiten ließ man bestehen, folgte sonst aber einer eher modernen Richtung. Das absichtlich schief verlegte Parkett, eine moderne Leuchtinstallation und die 1995 hier aufgehängten Werke von Gerhard Richter aus seinem 1994/95 erstellten Zyklus ›Rot-Blau-Grün‹ bieten eine ideale Kulisse für Staatsempfänge und Repräsentationsaufgaben des Abgeordnetenhauses von Berlin.

Mit dem Fall der Mauer und der Wiedervereinigung Deutschlands am 3. Oktober 1990 rückte der Ostteil Berlins mit seinen alten, tradierten Tagungsorten wieder in das politische Bewußtsein – auch des Westteils der Stadt. Kurz nach der Wiedervereinigung hatte das Abgeordnetenhaus im Rathaus Schöneberg beschlossen, das ehemaligen Gebäude des Preußischen Landtages als neuen Sitz des Groß-Berliner Parlaments zu wählen. Am 26. November 1990 konstituierte sich bereits eine parlamentarische Baukommission, und am 17. Juni 1991 begann der Bau des insgesamt 190 Millionen DM teuren Projekts. Am 28. April 1990 konnte das Haus offiziell übergeben werden, am Tag darauf eröffnete die damalige Parlamentspräsidentin, Frau Dr. Hanna-Renate Laurien, die erste Plenarsitzung im alten, neuen Haus.

Den Umbau hatte das Berliner Architektenbüro Rolf Rave durchgeführt. Grundsätzliches Ziel war es, das denkmalgeschützte Gebäude unter größtmöglichem Erhalt der alten Bausubstanz für einen modernen Parlamentsbetrieb wieder herzurichten. Das Kernstück der Arbeiten bildete ein neuer Plenarsaal, der in die alte, leere Mitte gesetzt wurde. Das alte Blendmauerwerk beließ man absichtlich rudimentär, so dass Parlamentarier, Mitarbeiter, Besucher und Presse sich jederzeit vergegenwärtigen können, wie wenig hier von der hundertjährigen Geschichte des Hauses übrig geblieben ist. Die Sitzanordnung der Abgeordneten und Regierungsmitglieder ist kreisförmig, lediglich der Präsidialbereich ist durch größere Sessel und ein Podest herausgehoben.

Die Besucher- und Pressetribünen befinden sich nicht – wie in der ursprünglichen Form – an den Stirnseiten, sondern sind ebenfalls halbkreisförmig angeordnet. In der Mitte haben etwa 60 Pressevertreter, außen insgesamt 120 Zuhörer Platz. Oberhalb des Präsidentenpults wird das alte Berliner Banner von einer Deutschland- und einer Europafahne eingerahmt, das zum 100. Gedenktag der Märzrevolution am 18. März 1948 entworfen worden war und von 1950 bis 1993 im Abgeordnetensaal des Rathauses Schöneberg gehangen hatte. Damit ist Berlin neben Mainz der einzige Landtag in Deutschland, der ein Ausstattungsstück mit historischem Bezug hat. In Mainz hängt eine originale Fahne vom Hambacher Fest am 27. Mai 1832.

Auch die Wandelhalle ist modern gestaltet. Die Lichtinstalltion unter der Decke stammt von Jakob Mattner und nimmt den Grundriss des Hauses wieder auf. Im Casino hängt seit dem 16. Januar 1997 ein Triptychon des Berliner Malers Matthias Koeppel, das den Fall der Mauer in den Novembertagen 1989 zeigt. Im dritten Obergeschoss sind neben dem Festsaal eine Reihe von Sitzungssälen untergebracht. Die insgesamt etwa 350 Büroräume folgen einfachen, aber modernen Standards.

Rotes Rathaus
Rathausstraße 15

Die Gründungsgeschichte des Berliner Rathauses liegt noch immer im Dunkeln. Vermutlich lag das erste Gebäude der Berliner Bürgervertretung am Molkenmarkt, dem mittelalterlichen Zentrum Berlins. Für die Spandauer-/Ecke Oderberger (später Königs-, heute Rathausstraße) ist erst seit dem 13. Jahrhundert ein Rathausbau nachweisbar. Zu den ältesten Bauteilen zählt die Gerichtslaube, die nach dem Neubau des jetzigen Rathauses bis 1871 in den Park von Potsdam-Babelsberg versetzt worden ist und dort heute noch steht. In dieser Gerichtslaube wurden einstmals öffentliche Prozesse abgehalten. Aus dem 14. Jahrhundert stammte ein steinerner Uhrturm, der im 19. Jahrhundert einem Gewitter zum Opfer fiel und anschließend abgetragen werden musste.

Das Rathaus an der Stelle des heutigen Roten Rathauses bot in den letzten Jahren des kurfürstlichen Berlins einen äußerst kümmerlichen Anblick. Der Architekt Andreas Schlüter, der schräg gegenüber für Friedrich I. das prächtige Stadtschloss, ein Hauptwerk des nordeuropäischen Barocks, errichtete, hatte von 1692–95 hier ein neues, wenn auch sehr bescheidenes Domizil für die Ratsherren Berlins zu errichten.

Im 19. Jahrhundert stieg im Zuge der Industrialisierungsphase die Bevölkerung Berlins rapide an, was auch ein Anwachsen der Verwaltungsaufgaben des städtischen Magistrats zur Folge hatte. Ständiger Raummangel war die Folge. Karl Friedrich Schinkel hatte bereits 1819 erste Pläne vorgelegt, die baufälligen Teile des Schlüterschen Hauses wieder herzustellen.

Doch erst 1856 wurde ein Bauwettbewerb ausgeschrieben, an dem sich 18 Architekten, darunter fast alle namhaften Schüler des inzwischen verstorbenen Meisters Schinkel, beteiligten. Der kunstsinnige König Friedrich Wilhelm IV., als preußischer Monarch erste Instanz für die Lösung von Baufragen in Berlin, zögerte und zauderte. Überzeugen konnte ihn keiner der Entwürfe, so dass er den Architekten Friedrich Waesemann stellvertretend mit der Ausführung zu einem neuen Haus betraute. Waesemann galt im damaligen Berlin als Außenseiter und hat in der preußischen Hauptstadt sonst auch nichts Nennenswertes hinterlassen.

Das Gebäude wurde in zwei Bauabschnitten von 1861 bis 1865 und von 1865 bis 1869 fertig gestellt. Die äußeren Maße von 99,2 x 87,9 Metern entsprechen fast einem Quadrat und schließen drei Innenhöfe ein. Die Ziegel- und Terrakottatechnik war typisch für die damals vorherrschende Rezeption märkischer Backsteingotik. Dennoch musste die Bauausführung in

Das Rote Rathaus ist heute Sitz des Regierenden Bürgermeisters von Berlin und der Senatskanzlei. Der Turm hat seine Vorbilder im berühmten Londoner Big Ben und in der Kathedrale von Laon bei Paris.

Gebäudepass: Rotes Rathaus

13. Jahrhundert__erstes Rathaus an der heutigen Ecke Spandauer-/Rathausstraße nachweisbar **1307 bis 1342**__Rathaus auf der Langen Brücke (heute Rathausbrücke) **1692 bis 1695**__Neubau des Rathauses nach Plänen des Schlossbaumeisters Andreas Schlüter **1819**__Entwürfe von Karl Friedrich Schinkel für einen Neubau **1856**__Bauwettbewerb für einen Neubau bleibt ohne Ergebnis, Friedrich Wilhelm IV. beauftragt Friedrich Waesemann **1861 bis 1865**__erster Bauabschnitt des neuen ›Roten Rathauses‹ **1865 bis 1869**__zweiter Bauabschnitt **6. Januar 1870**__erste Sitzung der Stadtverordnetenversammlung und des Magistrats von Berlin **1870**__mittelalterliche, gotische Gerichtslaube wird in den Schlosspark nach Babelsberg versetzt **1943 bis 1945**__mehrfache gravierende Bombenschäden **1955**__Wiederaufbau des Gebäudes, bis 1990 Sitz des Magistrats und der Stadtverordnetenversammlung von Ost-Berlin **1. Oktober 1991**__Eberhard Diepgen zieht als Regierender Bürgermeister und oberster Chef der Berliner Verwaltung vom Rathaus Schöneberg hierher zurück **1995**__umfassende Renovierung, das Äußere wird in der Fassung von 1871, das Innere in der Fassung von 1955 erneuert jeder Form sparsam ausfallen. Zum Richtfest waren für die insgesamt 247 beteiligten Bauarbeiter lediglich 498 doppelt belegte Butterbrötchen und für 32 Thaler Bier vorgesehen. Die erste Sitzung des Magistrats und der Stadtverordnetenversammlung fand am 6. Januar 1870 statt, im April 1871 wurden die Reichstagsabgeordneten empfangen.

Der fast 74 Meter hohe und ursprünglich gar nicht vorgesehene Turm erinnert stilistisch an den 1844 fertiggestellten Big Ben in London und sollte das bürgerliche Selbstbewusstsein zum Ausdruck bringen. Der preußische König im nahegelegenen Schloss achtete argwöhnisch darauf, dass der Turm nicht höher als die eigene Schlosskuppel ausfalle. So blieb man mit dem Rathausturm einen Meter unter der Schlosskuppel, setzte aber einen 23 Meter hohen Blitzableiter und Fahnenmast obenauf und erhielt auf diese Weise doch noch den höchsten Turm im alten Berlin. Von den 36 Bildfriesen, die sich im ersten Geschoss um die Außenfassade legen, sind immerhin noch 27 original erhalten. Ein Glücksfall für Berlin, kann man auf ihnen doch die Stadtgeschichte von den Anfängen bis zur Reichsgründung verfolgen.

Die äußere Backsteinfassade war es auch, die dem Haus seinen Namen gab. Für eine öffentlich-politische Einrichtung war die Fassadengestaltung in Schinkelscher Manier zu dieser Zeit eher selten, höchstens die Bauakademie könnte ein Vorbild gewesen sein. Der Architekturgeschmack hatte sich seit Schinkels Zeit, dem die norddeutsche Backsteingotik des 12. und 13. Jahrhunderts vorgeschwebt haben mag, erheblich geändert. Aus der Vorliebe zur Gotik wurde die Vorliebe zur Renaissance, aus Spitzbögen wurden Rundbögen. Seine mit Renaissanceversatzstücken gepaarten gotischen Fassaden definierte Waesemann – von der damaligen Kritik harsch angegangen – als Rundbogenstil. Später richtete sich danach eine ganze Architektengeneration, als Beispiel sei nur Franz Schwechten mit seinem Anhalter Bahnhof und der Schultheiss-Brauerei in Prenzlauer Berg, der heutigen KulturBrauerei, genannt.

Im Inneren gab es neben dem Festsaal, der auch heute – in weitaus einfacherer Gestaltung – noch für Feierlichkeiten genutzt wird, einen sogenannten Märchensaal mit einzelnen Figurengruppen aus der Grimm'schen Märchenwelt. Es ist nicht mehr zu ermitteln, welche Funktion dieser Raum hatte, von dem man dann in die Bibliothek gelangen konnte.

Das Rathaus war bis zu seiner mehrfachen Zerstörung im Zweiten Weltkrieg Sitz des Berliner Oberbürgermeisters. In den berühmt-berüchtigten Bombennächten vom November 1943 gingen die Festsäle verloren, und noch im Februar 1945 brannte ein großer Teil der Arbeitsräume aus. Das Haus konnte zunächst nicht genutzt werden, wurde aber bis 1955 wieder aufgebaut. Bis 1990 war das Rote Rathaus Sitz des Magistrats von Ost-Berlin und Sitz der Stadtverordnetenversammlung. Da nach Einheitsliste gewählt wurde, gab es für die einzelnen Fraktionen und Politiker keine Probleme mit der Sitzordnung. Man saß in alphabetischer Reihenfolge von vorne nach hinten.

An Stelle des alten Sitzungssaales entstand nun der sogenannte Wappensaal. In die 24 Felder der bleiverglasten Fensterfronten wurden die 20 Wappen Groß-Berlins in seiner Bezirkseinteilung von 1920 eingelassen, später kamen noch die neuen Bezirkswappen von Marzahn, Hellersdorf und Hohenschönhausen hinzu. In der Hochzeit des Kalten Krieges sollte damit der Anspruch des Magistrats auf die Verwaltung der von den westlichen Alliierten besetzten Stadtbezirke geltend gemacht werden. Nach 1961 fanden in diesem Saal Trauungen statt.

Im Rathaus befindet sich auch das Goldene Buch der Stadt. Empfängt Berlin berühmte Gäste, so tragen sich diese im Wappensaal im ersten Stock in das Gästebuch ein.

Während der Büro- und Geschäftszeiten ist im Obergeschoss auch der Säulensaal zugänglich, in dem sich bis seiner Zerstörung im Krieg die Ratsbibliothek befand. Die nahezu neun Meter hohe, vierschiffige Halle nimmt fast die halbe Front des ersten Stockwerks vom Hauptportal bis zur Spandauer Straße ein. Die Decke dieses Saals ist in Kreuzgewölbe aufgelöst, die von drei Reihen Pfeilern und Säulen getragen werden. In der DDR fanden hier politische Veranstaltungen und Empfänge statt, heute wird der Raum gelegentlich für Ausstellungen genutzt. Die Farbgebung folgt übrigens nicht dem Original des 19. Jahrhunderts, da man in den 90er Jahren alle Festräume in den Farben restaurierte, die nach 1955 verwandt worden waren. Die Außenfassade ist hingegen in der Fassung von 1871 denkmalgeschützt.

Bereits ab dem 2. Dezember 1989, nur wenige Tage nach dem Fall der Mauer, tagten hier Vertreter des Magistrats und des Senats von Berlin an einem ›runden Tisch‹, um erste gemeinsame Probleme zu erörtern. Vorrangig ging es dabei um Fragen der Verkehrsregelung. In einer Sitzung vom 13. Juni 1990 beschlossen endlich die Vertreter von Senat und Magistrat, mit dem Totalabbruch der noch weitgehend vorhandenen Mauer zu beginnen.

Seit dem 1. Oktober 1991 ist das Haus wieder Sitz des Regierenden Bürgermeisters von Berlin. Eberhard Diepgen (CDU) zog am ersten Jahrestag der Wiedervereinigung von Schöneberg hierher ›zurück‹, um den vielen Skeptikern der damals noch jungen Hauptstadtentscheidung zu beweisen, dass nicht nur die Bundespolitik nun verstärkt vom Osten des Landes aus agieren müsse, sondern dass auch die politische Führung Berlins bereit sei, wieder an den alten, historischen Stätten zu arbeiten. In den 170 Büros sind die direkten Mitarbeiter des Regierenden Bürgermeisters, die Senatskanzlei, untergebracht.

Teil Vier__Land und Stadt Berlin

Altes Stadthaus
Jüdenstraße 34 – 42

In der Geschichte der Verwaltungs- und Regierungsbauten in Berlin nimmt das Alte Stadthaus, der heutige Sitz der Senatsverwaltung für Inneres, einen in mehrfacher Hinsicht bedeutenden Platz ein.

Im Lauf des 19. Jahrhunderts war die Bevölkerung der Stadt Berlin infolge von Industrialisierung, hygienischen Verbesserungen und politischen Entwicklungen auf das Zehnfache angestiegen und auch das 1871 fertiggestellte Rote Rathaus nach den Plänen von Waesemann war schon in den ersten Jahren nach der Reichsgründung zu klein geworden. Der gesamte Baublock zwischen Jüden-, Parochial-, Kloster- und Stralauer Straße wurde daher von der Stadt Berlin angekauft, um hier einen Erweiterungsbau für die Stadtverwaltung zu errichten, in dem etwa 1.000 städtische Bedienstete unterkommen sollten.

Der Darmstädter Architekt Ludwig Hoffmann, der von 1896 bis 1924 Stadtbaurat von Berlin war und als oberster Baubeamter der Kommune auf die architektonische Gestaltung der Stadt erheblichen Einfluss nehmen konnte, erhielt im Jahr 1900 den Bauauftrag für das Gebäude, dessen vier Geschosse auf einem trapezförmigen Grundriss fünf Höfe umschliessen.

Hoffmann zog die Rustizierung des Erdgeschosses über die Obergeschosse hinweg und gab der Fassade aus Muschelkalkstein damit einen wehrhaften, schweren Charakter. Die Hauptfassade zur Jüdenstraße weist mit einer Länge von 443 Metern insgesamt 29 Achsen auf, an der Rückseite zur Klosterstraße sind es 19. Das beherrschende Architekturelement des Stadthauses bildete jedoch der insgesamt 101 Meter hohe Turm, der die nahe gelegene Schloßkuppel mit ihren 74 Metern weit überragte. Die gesamten Baukosten betrugen sieben Millionen Goldmark.

Die sparsamen, aber wirkungsvollen Plastiken, die von Ignatius Taschner geschaffen wurden, sind noch erhalten. Die der griechischen Mythologie nachempfundenen Statuen lagerten über mehrere Jahrzehnte in einem Außenlager des Märkischen Museums in Ahrensfelde und sollen bis zum Abschluss der gesamten Bauarbeiten 2005 wieder angebracht werden. Das nach dem Zweiten Weltkrieg vereinfacht wieder hergestellte Dach ist 1998/99 in seiner originalgetreuen Mansardendachkonstruktion rekonstruiert worden. Im Eingangsbereich zur Jüdenstraße befindet sich ein Festsaal, der nach seiner Rekonstrution im Jahr 1998 auch heute wieder zu repräsentativen Zwecken herangezogen wird.

206 A. BERLIN C. Alte Häuser des Jüdenhofes.

Bereits vor dem Beginn des Bombenkrieges begannen die Nationalsozialisten mit dem Abriss erheblicher Teile des mittelalterlichen und frühneuzeitlichen Berlins. So verschwand auch der Jüdenhof.

Der Turm des Alten Stadthauses dokumentiert den Stolz der Bürgerstadt Berlin.

Gebäudepass: Altes Stadthaus

1237__ Gründung der mittelalterlichen Doppelstadt Berlin-Cölln; Molken- oder Mühlenmarkt als erstes Geschäftsviertel Berlins, Salzhäuser zur Spree **16./17. Jahrhundert__**viele Salzhäuser werden durch größere Palais ersetzt, kleinparzellierte Wohnhäuser bleiben aber dominierend **1902 bis 1911__**Stadthaus als Erweiterungsbau des Roten Rathauses nach Plänen von Ludwig Hoffmann **nach 1933__**Abbruch der umliegenden, zum Teil jahrhundertealten Viertel zur Vorbereitung eines kommunalen Verwaltungszentrums für Berlin **1945__**Magistrat von Groß-Berlin im Stadthaus **1960/61__**umfassende Sanierung, Umbau zum Amtssitz des Ministerrats der DDR (bis 1989) **21.12.1972__**Unterzeichnung des Grundlagenvertrages zwischen der Bundesrepublik Deutschland und der Deutschen Demokratischen Republik **1990__**Sitz der CDU-Fraktion der Volkskammer der DDR **1990/91__**Außenstelle des Bundeskanzleramtes und des Bundesministeriums für Arbeit und Sozialordnung **1998 bis 2001__**Umbau für die Senatsverwaltung für Inneres

Das im Zweiten Weltkrieg beschädigte Haus nahm schon 1945 wieder Teile des Magistrats auf. Nach einer umfassenden Beseitigung der Kriegsschäden wurde das Gebäude 1961 zum Amtssitz des Vorsitzenden des Ministerrats der DDR. Im Rahmen der Entspannungspolitik, die Ende der 60er Jahre auf der internationalen politischen Bühne einsetzte, kamen hier eine Reihe von Verträgen zum Abschluss, die für das geteilte Deutschland von äußerster Wichtigkeit waren. So wurde im Alten Stadthaus am 21. Dezember 1972 der Grundlagenvertrag zwischen der Bundesrepublik Deutschland und der DDR durch Egon Bahr (SPD) und Michael Kohl (SED) unterzeichnet. Mit dem Vertrag konnten erstmals nach dem Bau der Mauer genaue Regelungen für den regelmäßigen Besucherverkehr nach Ost-Berlin und in die DDR festgelegt werden.

Das Haus, in dessen Risalit die seit 1959 gültigen Staatsembleme der DDR, Hammer und Zirkel, zu sehen waren, ging mit dem Ende der DDR zunächst in die Zuständigkeit des Bundes über. Nach dem Fall der Mauer hatte die CDU-Fraktion der Volkskammer unter Führung von Lothar de Maizière bis zur Wiedervereinigung Deutschlands im Haus ihr Domizil. Anschließend zogen kurzfristig Außenstellen des Bundeskanzleramtes sowie des Bundesministeriums für Arbeit und Sozialordnung hier ein. Seit 1998 nimmt das Haus die Senatsverwaltung für Inneres auf, die vorher am Fehrbelliner Platz ansässig war. Die umfassende Sanierung des Hauses dauert noch an.

Teil Vier__Land und Stadt Berlin

Neues Stadthaus
Parochialstraße 1–3

Inmitten des alten Berlin und nur wenige Meter Fußweg von der mittelalterlichen Wiege der Stadt, dem Nikolaiviertel, entfernt, liegt eine kleine, von Berlinern und Gästen der Stadt nur wenig aufgesuchte stille Straße, die heute nur noch aus vier Grundstücken besteht. Es ist die Parochialstraße. Ihren Namen erhielt sie nach der Parochialkirche, einem für die reformierte Gemeinde ab 1695 erbauten Gotteshaus.

Unweit der wichtigen städtischen Einrichtungen, dem Rathaus und der Nikolaikirche, hatte sich schon in sehr früher Zeit ein jüdisch geprägter Stadtbezirk herausgebildet. Ein Teil dieses Jüdenhofs fiel im Dritten Reich der Spitzhacke zum Opfer, an seiner Stelle entstand ein Verwaltungsgebäude der Städtischen Feuersozietät Berlin. Diese Einrichtung hatte Friedrich Wilhelm I. im Jahre 1718 begründet. Wegen der bis dahin immer noch großen Gefahr von Stadtbränden – vor allem durch offenes Licht – mussten sich alle Hausbesitzer zwangsversichern lassen, um Rücklagen für Schadensfälle zu bilden. Die Feuersozietät befand sich bis 1938 in den viel zu klein gewordenen Räumlichkeiten am nahegelegenen Molkenmarkt.

Im nationalsozialistischen Berlin hatte man im räumlichen Umfeld von Rathaus und Stadthaus ohnehin den Bau eines größeren Verwaltungszentrums geplant. Die Feuersozietät erhielt bei der baulichen Neuordnung dieses Berliner Innenstadtbereichs einen für ihre Belange viel zu großen Neubau, der dann zum Teil an die Stadtverwaltung vermietet wurde. Als Architekten zeichneten sich die heute vergessenen Verwaltungsbeamten Franz Arnous und Günter Starck aus. Die Hauptfassade an der Parochialstraße besteht aus einem in vier Geschosse unterteilten Mittelbau mit zwei höhergezogenen, fünfgeschossigen Kopfbauten, die gleichzeitig zur Jüden- und zur Waisenstraße die Ecken bilden. Für die Formensprache der Fassaden verwendeten die Architekten vereinfachte Gliederungselemente des gegenüberliegenden Alten Stadthauses.

Das heute noch Neues Stadthaus genannte Gebäude mit der Adresse Parochialsstraße 1–3 hielt den Bomben

Im Kopfbau des alten Feuersozietätsgebäudes von 1938 spielten sich zehn Jahre nach seiner Errichtung wichtige Ereignisse der Spaltung Berlins ab.

Die alte Postkarte zeigt die dicht bebauten Strassen im alten Berlin. Entlang der gesamten Häuserzeile erstreckt sich heute nur ein einziges Gebäude, in dem heute die Bezirksverordnetenversammlung des neuen Hauptstadtbezirks Mitte tagt.

ALT-BERLIN. Die Parochial-Str., im Hintergrund die St. Nicolai-Kirche. Die Häuser 6 u. 22 stammen a. d. Zt. d. Kurfürsten, das Haus 19 a. d. Zeit König Friedrich I., die Häuser 20 21 30 31 a. d. Zt. Friedrich d. Großen.

Gebäudepass: Feuersozietät

Anfang 13. Jahrhundert__ Anlegung des Molkenmarktes im Zuge der Gründung des mittelalterlichen Berlin **Ende 13. Jahrhundert__**offenes Wohnviertel für Juden **1571__**Vertreibung der Juden aus der Mark Brandenburg **1672__**Rückkehr der Juden, Bau des Großen Jüdenhofs **1938__**Abbruch von mehreren Wohngebäuden aus dem frühen 18. Jahrhundert **1938__**NS-Pläne zur Errichtung eines neuen Verwaltungszentrums für Berlin in der Umgebung des Molkenmarktes, Neubau eines Verwaltungsgebäudes für die Feuersozietät Berlin nach Plänen von Günter Starck und Franz Arnous **1945 bis 1948__**Sitz des Magistrats und der Stadtverordnetenversammlung von Groß-Berlin **06.09.1948__**Spaltung der Stadtverordnetenversammlung **1948 bis 1990__**Dienststellen des Magistrats von Ost-Berlin **1991__**Dienststelle der Senatsgesundheitsverwaltung **2001__**Sitz des Bürgermeisters des Hauptstadtbezirks Mitte (ab 01.01.2001 aus den alten Bezirken Mitte, Tiergarten und Wedding gebildet)

des Krieges erstaunlicherweise stand. Es konnte als eine der wenigen erhaltenen Großbauten in der Trümmerlandschaft Berlins sofort wieder genutzt werden.

Eine große Rolle spielte das Haus in der Nachkriegsgeschichte Berlins. Da das nahegelegene Rote Rathaus schwere Beschädigungen aufwies, konnten der Magistrat und die Stadtverordnetenversammlung von Groß-Berlin, die am 20. Oktober 1946 demokratisch gewählt worden waren, hier vorübergehend unterkommen.

Die unterschiedlichen politischen Vorstellungen der Westalliierten und der Sowjetunion, wie mit der gemeinsam besetzten ehemaligen Reichshauptstadt zu verfahren sei, führten – vor dem Hintergrund der weltpolitischen Lage – bald auch in Berlin zu äußersten Spannungen. Der Blockade West-Berlins durch die Sowjetunion antworteten die Westalliierten ab Juni 1948 mit einer Luftbrücke, die offiziell bis Mai 1949 dauerte.

In dieser Zeit tagte aber die Stadtverordnetenversammlung für Groß-Berlin weiterhin im Ostsektor. Die noch junge SED versuchte jedoch, im sowjetisch besetzten Sektor den Einfluss der demokratischen Parteien zurückzudrängen. Am 6. September 1948 wurden die demokratisch gewählten Abgeordneten von SPD, CDU und LPD aus dem Ostsektor vertrieben. Der Stadtverordnetenvorsteher und spätere Regierende Bürgermeister von Berlin, Otto Suhr (SPD), bestimmte ein Studentenheim am Steinplatz in Charlottenburg, das im amerikanischen Sektor lag, als neues vorübergehendes Tagungslokal. Die Spaltung von Regierung und Parlament war damit für mehr als 40 Jahre besiegelt.

Nach der Gründung der DDR blieb das Gebäude der Feuersozietät bis zum Fall der Mauer die Dienststelle der städtische Verwaltung, des Magistrats von Ost-Berlin. Nach der Wende zogen hier Teile der Senatsverwaltung für Gesundheit ein. Seit der ab 1. Januar 2001 gültigen Bezirksfusion der drei ehemals eigenständigen Bezirke Mitte, Tiergarten und Wedding zum Hauptstadtbezirk Mitte wird das alte Versicherungsgebäude als Sitz des Kommunalparlaments, der Bezirksverordnetenversammlung des Bezirks Mitte, genutzt.

Teil Vier_Land und Stadt Berlin

Rathaus Schöneberg
John-F.-Kennedy-Platz

1871 wurde unweit des Alexanderplatzes das Berliner Rathaus fertiggestellt. Das heutige Areal Rathaus-/Ecke Spandauer Straße war seit dem Mittelalter ein tradierter Standort für die Bürgervertretungen Berlins. Der Berliner Magistrat und die Stadtverordnetenversammlung, also die kommunale Regierung mit dem Oberbürgermeister und das kommunale Parlament, tagten bis zu dessen Zerstörung im Zweiten Weltkrieg in dem bis heute im Volksmund ›Rotes Rathaus‹ genannten Gebäude. Nach dem Wiederaufbau zogen der Magistrat und die Stadtverordnetenversammlung von Ost-Berlin hier ein.

Nach der Spaltung der ersten frei und demokratisch gewählten Stadtverordnetenversammlung von Groß-Berlin am 6. September 1948 wurden die Politiker der demokratischen Parteien gezwungen, ein Ausweichdomizil in einem der von den Westalliierten besetzten Sektoren zu finden. Nach kurzen Übergangslösungen fiel die Wahl auf das Rathaus Schöneberg.

1899 erhielt die südlich von Berlin gelegene Schöneberger Vorstadt das Stadtrecht. Das alte Rathaus am Kaiser-Wilhelm-Platz, das im Zweiten Weltkrieg zerstört wurde, erwies sich für die 200.000 Einwohner zählende Großstadt schon bald als zu klein. In den folgenden Jahren entbrannte ein Streit um den Bauplatz und die Baukosten. Bis zum 1. Februar 1910 wurden nach Ausschreibung eines Bauwettbewerbs 84 Arbeiten beim Magistrat der Stadt Schöneberg eingereicht. In der Jury saßen neben den Spitzenpolitikern Schönebergs u.a. der spätere Stadtbaudirektor Ludwig Hoffmann und der Geheime Baurat Paul Wallot, die ihrerseits die Entwürfe für das Alte Stadthaus bzw. das Reichstagsgebäude geliefert hatten.

Nachdem zunächst keine Einigung erzielt werden konnte, wurden schließlich die aus Norddeutschland stammenden Architekten Peter Jürgensen und Jürgen Bachmann mit der Projektbetreuung beauftragt, die bereits mit ihren Plänen für die neue Synagoge in Frankfurt/Main hervorgetreten waren. Das Architektenduo mit Sitz in Charlottenburg hatte ursprünglich den dritten Preis erhalten. Die Grundsteinlegung zum Rathaus Schöneberg erfolgte am 26. Mai 1911. Da die Fertigstellung bereits in die Zeit des Ersten Weltkriegs fiel, verzichtete man auf eine feierliche Einweihung.

Auf einer Grundfläche von 9.450 qm entstand ein viergeschossiges Gebäude mit einer 93 m langen Hauptfront zum heutigen John-F.-Kennedy-Platz. Die Platzseite dominiert ein 81 Meter hoher Turm, in dem am 21. Oktober 1951 die durch amerikanische Spenden gestiftete

Um das Rathaus Schöneberg ist es nach der Wiedervereinigung ruhiger geworden. Im geteilten Berlin wurden hier bedeutende politische Entscheidungen getroffen, heute ist es Sitz der gemeinsamen Stadtregierung von Tempelhof und Schöneberg.

Gebäudepass: Rathaus Schöneberg

1899__Stadtrechte Schöneberg **01.02.1910**__Bauwettbewerb – 84 eingereichte Entwürfe, Jury: Ludwig Hoffmann (Altes Stadthaus), Paul Wallot (Reichstagsgebäude) Peter Jürgensen und Jürgen Bachmann werden als 3. Preisträger mit der Bauausführung beauftragt **26.11.1911**__Grundsteinlegung **1914**__Fertigstellung ohne Einweihungsfeier **27.04.1920**__Einheitsgemeinde Groß-Berlin, Schöneberg wird Bezirk; bis heute Sitz der Bezirksverwaltung **1943 bis 1945**__Beschädigungen während des Zweiten Weltkriegs **06.09.1948**__Spaltung der Stadtverordnetenversammlung von Groß-Berlin, Auszug der Politiker der demokratischen Parteien in die Westsektoren Berlins, mehrere Übergangsorte **01.10.1950**__Verabschiedung der Berliner Landesverfassung in Anlehnung an das Grundgesetz der Bundesrepublik Deutschland **11.01.1951 bis 26.04.93**__Provisorischer Sitz des Abgeordnetenhauses von Berlin **14.01.1951 bis 01.10.91**__Provisorischer Sitz des Regierenden Bürgermeisters von Berlin **26.06.1963**__US-Präsident John F. Kennedy hält seine berühmte Rede **01.01.2001**__Sitz der Bezirksbürgermeisters des neuen, fusionierten Bezirks Schöneberg-Tempelhof und einiger Verwaltungsstellen

Freiheitsglocke aufgehängt wurde. Der ursprüngliche Turmabschluss hatte den Zweiten Weltkrieg nicht überstanden. Die Fassade gliedert sich in eine dezente, ionische Pilasterordnung. Der Sockel, die gliedernden Teile, die Fensterachsen und das Abschlussgesims sind aus Sandstein gefertigt, der Rest ist verputzt.

Im Rahmen der Bildung der Einheitsgemeinde Groß-Berlin blieb das Rathaus Schöneberg Sitz der Verwaltung des Bezirks Schöneberg. Nach der Spaltung der Stadtverordnetenversammlung nahm das weniger stark beschädigte Rathaus, wie bereits beschrieben, die Vertreter der westlichen Bezirke auf. Mit der Gründung der Bundesrepublik Deutschland erhielt auch die westliche Teilstadt Berlin einen eigenen Landesstatus. In Anlehnung an das Grundgesetz kam es deshalb am 1. Oktober 1950 im Schöneberger Rathaus zur Verabschiedung der Berliner Landesverfassung.

Die erste Tagung des nun Abgeordnetenhaus von Berlin genannten Parlaments fand am 11. Januar 1951 im ehemaligen Bürgersaal statt. Der Oberbürgermeister von West-Berlin, der jetzt Regierender Bürgermeister – im Amt eines bundesdeutschen Ministerpräsidenten – genannt wurde, tagte hier am 14. Januar 1951 zum ersten Mal mit dem Senat. Am 26. Juni 1963, dem fünfzehnten Jahrestag des Beginns der Luftbrücke, hielt der amerikanische Präsident John F. Kennedy vor dem Schöneberger Rathaus seine berühmte Rede mit dem ebenso berühmten und auf Deutsch gesprochenen Schlusssatz ›Ich bin ein Berliner‹, der die Schutz- und Sicherheitsbemühungen der USA gegenüber West-Berlin auch nach dem Bau der Mauer 1961 zum Ausdruck bringen sollte.

Da die Berliner nicht den Status von Bundesbürgern hatten, durften sie von 1949 bis 1990 nicht an den Wahlen zum Deutschen Bundestag teilnehmen. Die 22 Bundestagsabgeordneten, denen kein Stimmrecht, sondern nur eine beratende Funktion zukam, wurden indirekt durch Wahl im Rathaus Schöneberg bestimmt.

Nach der Wiedervereinigung Deutschlands zogen die ›Untermieter‹ aus dem Rathaus Schöneberg, das von 1945 bis heute auch Sitz der Bezirksverwaltung von Schöneberg geblieben ist, wieder aus. Der Regierende Bürgermeister und die Senatskanzlei arbeiten seit dem 1. Oktober 1991 wieder im alten Berliner Rathaus in der historischen Stadtmitte. Das Abgeordnetenhaus von Berlin bezog am 26. April 1993 das eigens für das Landesparlament wieder hergerichtete Gebäude des ehemaligen Preußischen Landtags in der Niederkirchnerstraße unweit des Potsdamer Platzes. Mit Wirkung vom 1. Januar 2001 dient das Schöneberger Rathaus als gemeinsamer Verwaltungssitz des fusionierten Bezirks Schöneberg-Tempelhof.

Am 26. September 1995 rief hier ein Vorstand unter der Leitung von Walter Scheel (FDP), Hans von Dohnanyi (SPD) und Brigitte Seebacher-Brandt eine Stiftung zur Erinnerung an das Wirken Willy Brandts ins Leben. Die ›Willy-Brandt-Stiftung‹ konstituierte sich anlässlich der 25. Wiederkehr der Verleihung des Friedensnobelpreises an Willy Brandt am 10. Dezember 1970. Sie unterhält seitdem im Bezirksrathaus einige Büros und ist offiziell seit dem 8. Dezember 1995 mit der Dauerausstellung ›Um die Freiheit kämpfen‹ im Haus vertreten.

Die insgesamt zwei Stockwerke umfassende und 63 m breite Eingangshalle hat die Stürme der Zeit unbeschadet überstanden. Die umlaufende Galerie an der Eingangsseite und den Schmalseiten wird von zehn Pfeilern getragen, die mit Keramikplatten in rot-brauner Aus-

Noch ohne Freiheitsglocke, aber mit altem Turmhelm und vielen Tennisplätzen hinter dem Haus zeigte das Rathaus Schöneberg inmitten des noch unzerstörten Bayerischen Viertels den Reichtum der alten und bis 1920 noch selbständigen Stadt an.

führung verkleidet sind. Die bedeutenden Majolikaarbeiten an den Innenpfeilern stammen von den in Karlsruhe ansässigen Bildhauern Isenbeck und Martens.

Das Dienstzimmer des damaligen Schöneberger Oberbürgermeisters, in dem später der Regierende Bürgermeister von Berlin arbeitete und heute der Bezirksbürgermeister des neuen Großbezirks residiert, ist im Wesentlichen aus der Erbauungszeit von 1914 erhalten. Links vom Turm lag der ehemalige Bürgersaal, in dem während der Teilung Berlins das Abgeordnetenhaus tagte. Der 34 x 14,4 m umfassende Saal wurde nach 1951 für den neuen Zweck völlig umgestaltet. Rechts vom Turm ist seit 1920 der Sitzungssaal für das Kommunalparlament, die Bezirksverordnetenversammlung, untergebracht. Der Senat von Berlin wiederum tagte in einem Saal, der sich im Flügel zur Freiherr-von-Stein-Straße befand.

Register und Bildnachweis

Ackermann, Kurt (Architekt)__46
Adenauer, Konrad (Bundeskanzler)__14, 42, 85, 130, 132
Admiral-von-Schröder-Straße__114
AEG__60
Akademie der Pädagogischen Wissenschaften der DDR__37
Akademie der Wissenschaften der DDR__42
Akademie Verlag__42
Albrecht, Prinz von Preußen__98, 122
Albrechtstraße__38
Alexander I., Zar von Russland__92
Alexander (Bankier)__32
Allianz Versicherung AG__90f.
Alsenblock__20
Alsenviertel__20, 22, 44, 46
Alt, Peter & Thomas Britz (Architekturbüro)__106
Alte Jakobstraße__136
Alte Markthalle IV__52ff
Alte Schützenstraße__92
Altenbourg, Gerhard (Künstler)__96
Altes Dorotheenstädtisches Postamt__54
Amt für Information__76
Anhalter Bahnhof__99, 146
Anhalter Straße__98
Archenhold-Sternwarte__120
ARD Hauptstadtstudio__113
Arnim-Boitzenburg von (Adelsfamilie)__84
Arnoldi, Per (Künstler)__19
Arnous, Franz (Architekt)__150
August, Prinz von Preußen__30
Bahnhof Friedrichstadt__34, 46, 94, 136, 138
Bahnhof Unter den Linden__34
Bahr, Egon (Kanzleramtsminister)__149
Bangert, Dietrich (Architekt)__126
Bankhaus von der Heydt__77
Bartnig, Horst (Künstler)__37
Bauakademie__56
Bauer, Carl (Architekt)__64
Baumann, Thomas und Dieter Schnittger (Architektenteam)__72
Baumgarten, Paul, d.Ä. (Architekt)__10
Baumgarten, Paul, d.J. (Architekt)__18
Bauministerium der DDR__84
Bayerische Vereinsbank, 111
Becker & Schlüter (Architekturbüro)__57
Behr, Johann Heinrich (Ingenieur)__110
Behrens, Peter (Architekt)__16
Behrenstraße__37, 116
Bendel, Günter (Maler)__50
Bendler, Johann Christoph__86
Bendlerblock__88f.
Bendlerstraße__86, 88f.
Benjamin, Hilde (Justizministerin)__31
Bergakademie__82
Berliner Bärenlotterie__39
Berliner Universität__40
Berlinische Feuer-Versicherungs-Anstalt__120
Beuys, Joseph (Künstler)__96
BEWAG__39
Bezirksverwaltung Mitte__151
Bezirksverwaltung Schöneberg__154
Bibliothek des Reichsministeriums des Innern__39
Bielenberg & Moser (Architekturbüro)__88, 98, 110
Bismarck, Otto Fürst von (Reichskanzler)__84
Blankenstein, Hermann (Architekt)__55
Bleichröder, Gerson (Bankier)__84
Bode, Wilhelm von (Kunsthistoriker)__126

Bofinger, Helge (Architekt)__137
von Böge und Lindner-Böge (Architekturbüro)__104
Bolle, Carl (Unternehmer)__60
Bormann, Martin (Stellvertreter Hitlers)__85
Borsig, August (Industrieller)__60, 80, 116
Botschaft Ägypten__126
Botschaft Dänemark__102, 130
Botschaft USA__118
Botschaft Vereinigte Arabische Emirate__118
Botschaft Finnland__102, 130
Botschaft Indien__126
Botschaft Island__102, 130
Botschaft Japan__119
Botschaft Luxemburg__130
Botschaft Malaysia__130
Botschaft Mexiko__130
Botschaft Norwegen__102, 130
Botschaft Österreich__126
Botschaft Schweden__102, 130
Boumann, Michael Philipp Daniel (Architekt)__8
Brandenburger Tor__9, 18, 28, 34, 36f., 62f, 106
Brandt, Willy (Bundeskanzler)__154
Braun, Otto (Ministerpräsident)__42, 84, 140
Braunfels, Stephan (Architekturbüro)__20
Bräutigam, Hans Otto (Leiter der Ständigen Vertretung)__96
Breite Straße__48, 50
Brüderstraße__48
Bülowplatz__134
Bunsenstraße__113
von Burckhardt, Emch, und Berger (Architekturbüro)__89
Busmann & Haberer (Architekturbüro)__25
Busse, August (Architekt)__38
Carl, Markgraf__74
Carlstraße__122, 132
Cassirer, Bruno (Kunsthändler und Verleger)__116
CDU-Fraktion der Volkskammer__149
Charité__17, 38, 122
Chausseestraße__122
Chillida, Eduardo (Künstler)__47
Christl, Michael und Bruchhäuser, Joachim (Architektenteam)__102
Christo und Jeanne Claude Christo (Künstler)__19
Clausewitz, Carl Philipp Gottfried von (Feldherr)__68
Clement, Wolfgang (Ministerpräsident NRW)__119
Club der Gewerkschaft der DDR ›Möwe‹__122
Club der Kulturschaffenden ›J. R. Becher‹ der DDR__116f.
Corneliusstraße__130
Cornelsen, Birgit und Caspar Seelinger (Architekturbüro)__104
Cremer, Wilhelm und Richard Wolfenstein (Architektenteam)__72
Cumberland-Palais__36
Damm, Eisenbahnunternehmer__54
de Bodt, Jean (Architekt)__74
de Bruijn, Cie und Piet (Architekturbüro)__25
Dehler, Thomas (Justizminister)__133
Detlef-Rohwedder-Haus__43
Deutsche Bank__98, 110
Deutsche Bauakademie der DDR__95
Deutsche Handelsbank AG__111
Deutsche Hypothekenbank AG__32
Deutsche Justizverwaltung der SBZ__31
Deutsche Kirche__18
Deutsche Liga__77

Deutsches Rotes Kreuz der DDR__77
Deutsche Schallplatten GmbH__27
Deutsche Wirtschaftskommission__68
Deutscher Bauernverband__132
Deutscher Bauernverlag__132
Deutscher Beamtenbund__110, 116
Deutscher Volkskongress__76
Deutscher Volksrat__76
Deutsches Herzzentrum__72
Deutsches Historisches Museum__94
Deutschlandhaus__98f.
Diepgen, Eberhard (Berliner Oberbürgermeister)__147
Dimitroff, Georgi (Bulgarischer Außenminister)__141
Dinse, Peter, Isabell Feest und Johannes Zurl (Architekturbüro)__117
Diplomatenkrankenhaus der DDR__73
Diskonto-Gesellschaft__98, 110
Döblin, Alfred (Schriftsteller)__93
von Dohnanyi, Hans (Erster Bürgermeister von Hamburg)__154
Dominikanerkirche__48
Domgasse__48
Dönhoffplatz__138
Dorothea, Kurfürstin von Brandenburg__24, 52
Dorotheenblock__20
Dorotheenstadt__24, 28, 31, 46, 52, 84, 94, 110, 112, 122
Dorotheestraße__112f.
Dörschner, Dietrich (Architekt)__121
Dreifaltigkeitskirche__90
Dresdner Bank__100, 110
Drewitz, Wilhelm (Architekt)__66
Dudler, Max (Architekt)__80, 82
Ebertstraße__24, 26, 32, 120
Ebhardt, Bodo (Architekt)__77, 90
Eisenmann, Peter (Architekt)__84
Elektroamt__39
Eller & Eller (Architekturbüro)__64
Ende, Herrmann & Wilhelm Böckmann (Architektenteam)__52
Englischer Garten__10
Ernst August von Hannover__36
Eschweiler & Partner (Projektbüro)__133
Europahaus__40, 88, 98f.
Fehrbelliner Platz__149
Feldmann, Friedrich__70
Ferdinand August, Prinz in Preußen__8
Fernsehturm__127
Festungsgraben__63
Finanzministerium der DDR__58
Firle, Otto (Architekt)__98f.
Fischer-Bailing, Eugen (Parlamentsdirektor)__26
Flughafen Tegel__100
Förster, Wieland (Künstler)__37
Foster, Sir Norman (Architekt)__18f., 25
Frankfurter Allee__27
Französisches Gymnasium__24
Französische Straße__111
Freiberger, Ernst (Unternehmer)__60
Freiherr-von-Stein-Straße__155
Freisler, Roland (Präsident des Volksgerichtshof)__141
Freund, Christian__80
Friedrich I., König in Preußen__8, 80, 144
Friedrich II., König von Preußen__8, 34, 38, 52, 62, 69, 78, 82, 94
Friedrich Karl, Prinz von Preußen__74

Friedrich Wilhelm I., König in Preußen
  (Soldatenkönig)__14, 30, 52, 74, 98, 112, 150
Friedrich Wilhelm II., König von Preußen__8
Friedrich Wilhelm III., König von Preußen__98
Friedrich Wilhelm IV., König von Preußen__14, 40,
  138, 144
Friedrichstadt__32, 40, 62, 64, 66, 74, 78, 80, 90, 98,
  110, 122, 124, 138
Friedrichstraße__90, 94. 96, 116, 122, 128, 132
Friedrichswerdersche Kirche__59
Friedrich-Vorstadt__136
Friedrich-Wilhelm-Stadt__22, 46, 122, 132
Friedrich-Wilhelm-Straße__130
Friedrich-Wilhelm-Universität__80, 112
Gartenstraße__126
Gaus, Günter (Leiter der Ständigen
  Vertretung)__96
Gedenkstätte Deutscher Widerstand__89
Geheimes Civilkabinett__84
Gehrmann Consult GmbH__36
Gendarmenmarkt__18, 62f, 64, 110
Generaldirektion der staatlichen Versicherung
  der DDR__121
Generalstaatsanwaltschaft der DDR__39
Generalstabsgebäude des Kriegsministeriums__46
Gentz, Heinrich (Maler)__56
Geologische Landesanstalt Preußens__82
Geologische Reichsanstalt__82
Georg Wilhelm, Kurfürst von Brandenburg__48
Gerichtslaube__144
Gerkan, Marg und Partner (Architekturbüro)__25,
  100, 123
Gertraudenstraße__48
Gesundheitsministerium der DDR__73
Gibbins, Bultmann und Partner (Architektur-
  büro)__79, 90
Gies, Ludwig (Künstler)__19
Gitschiner Straße__38
Glinkastraße__90, 123
Goebbels, Joseph (Reichspropagandaminister und
  Gauleiter Berlin)__68, 74, 77
Goercke, Johann (Arzt)__72
Gontard, Karl von (Baumeister)__56
Gorbatschow, Michail Sergejewitsch (Staats- und
  Parteichef der Sowjetunion)__22
Göring, Hermann (Reichstagspräsident und
  Reichsluftfahrtminister)__17, 26, 66, 68, 141f.
Göthe, Eosander von (Baumeister)__38, 50
Gotzkowsky, Ernst (Unternehmer)__40, 52
Grabenstraße__86
Graubner, Gotthard (Künstler)__11
Gröbensche Adelspalais__40
Gropius, Walter (Architekt)__18
Großer Stern__12
Groszheim & Kaiser (Architektenteam)__116
Grotewohl, Otto (Ministerpräsident der DDR)__142
Gruber, Martin (Architekt)__12
Guggenheim-Museum__98
Guthmann, Robert (Bauunternehmer)__52
Hackescher Markt__62
Hallisches Tor__136
Hannoversche Straße__73, 128f.
Hansemannstraße__130
Happe, Franz Wilhelm von (Kriegsminister)__66
Hardenberg, Karl August von (Reformpoli-
  tiker)__138
Hardenbergstraße__116
Harnack, Arvid (Widerstandskämpfer)__68

Haus der Demokratie__116
Haus der Flieger__141
Haus der Kulturen der Welt__42
Haus der Ministerien__42f., 67, 142
Haus der Parlamentarier__58
Haus des Fascio__114
Haus des Vereins der Ingenieure ›Kammer der
  Technik‹__24f.
Haus Nagel__64
Haus Stern__63f.
Haus Thüringen__124
Hausvogteiplatz__62
Heine Ephraim, Veitel (Hofbankier)__38
Heinle, Wischer & Partner (Architekturbüro)__108
Henselmann, Hermann (Architekt)__95
Hentrich, Petschnigg & Partner
  (Architekturbüro)__69
Herrenhaus (Kammer des Preußischen
  Landtages)__40ff, 85, 93, 139, 140ff.
Herzog, Roman (Bundespräsident)__10, 12
Hess, Rudolf (Stellvertreter Hitlers)__85
Hessische Straße__128
Heuss, Theodor__10
von-der-Heydt-Brücke__86
Himmler, Heinrich (Reichsinnenminister und
  Oberbefehlshaber des Ersatzheeres)__46
Hitler, Adolf__16, 17, 40,58, 85, 88f, 120, 140
Hitzig, Friedrich (Architekt)__120, 57
Hindenburg, Paul von (Reichspräsident)__17,
  68, 140
Hochschule der Künste__116
Hoffmann, Ludwig (Architekt)__148, 152
Hohenzollernstraße__118
Holocaust-Denkmal__84
Holyoke-Lehmann, Ann (Künstlerin)__37
Holzgartenstraße__56
Honecker, Erich__96
Horn, Rebecca (Künstlerin)__43
Hörner, Manfred (Architekt)__36
Horst-Wessel-Haus__134
Hotel ›Royal‹__36
Hotel Kaiserhof__118
Hude, Hermann Philipp von und Julius Wilhelm
  Hennicke (Architektenteam)__118
Humboldt Universität__80, 82, 85, 94, 112
Humboldt, Wilhelm von (Wissenschaftler)__40
Hundkuchen AG Spratts__128
Hygieneinstitut__113
Hypothekenbank__24
IG-Metall-Haus__136
Ingenieur- und Artillerieschule__30, 112
Institut für Agrarwissenschaften der
  Humboldtuniversität__82
Institut für Bauwesen der Deutschen Akademie
  der Wissenschaften__95
Institut für Marxismus und Leninismus__27, 50, 135
Invalidenhaus__70, 72f.
Invalidensiedlung__70
Invalidenstraße__72f., 94, 112, 122, 128f.
Isenbeck, (Künstler)__155
Jourdan & Müller (Architekturbüro)__97
Juchacz, Maria (Reichstagsabgeordnete)__16
Jüdenhof__148, 150
Jüdenstraße__150
Jungfernbrücke__56
Jürgensen, Peter und Jürgen Bachmann
  (Architektenteam)__152
Justizministerium der DDR__31

Kaiser, Jakob (Bundesminister für gesamt-
  deutsche Fragen)__24
Kaiser-Friedrich-Museum__126
Kaiserin-Augusta-Straße__88
Kaiserliches Patentamt__38
Kaiserliches Schiffsvermessungsamt__39
Kaiser-Wilhelm-Akademie für das militärärztliche
  Bildungswesen__73
Kaiser-Wilhelm-Platz__152
Kamecke, Ernst Bogislav von (Geheimer Rat)__52
Kanonierstraße__90
Kanzlergarten__47
Karl-Liebknecht-Haus__134
Karl-Marx-Allee__92, 95
Kasarmen__94
Katholisches Militärbischofsamt__94
Kaufhaus Jonas__135
Kieglansche Privatstraße__130
Kienle, (Landschaftsarchitekt)__108
Kirkeby, Per (Künstler)__43
Kleihues, Josef, Hensel, Norbert und Bastian, Peter
  (Architekturbüro)__77
Kleine Querallee__102f., 106
Kleine Wallstraße__28
Kleine-Kraneburg, Helmut (Architekt)__12
Kleisthaus__77
Kleist, Heinrich von (Dichter)__77
Klingelhöferdreieck__102
Klosterstraße__148
Knobelsdorff, Georg Wenzeslaus von (Bau-
  meister)__8
Koch, Robert (Arzt und Wissenschaftler)__113
Kohl, Helmut (Bundeskanzler)__46
Kohl, Michael (Leiter der Ständigen Vertretung
  der DDR in Bonn)__149
Kolbe, Alexander (Architekt)__35
Kolbe, Georg (Bildhauer)__77
Kolhoff, Hans, (Architekt)__58, 93
Kölner Aktienbank__110
Komische Oper__110
Königin-Augusta-Straße__86
Königliche Eisengießerei__80, 82
Königliche Landwirtschaftliche Lehranstalt__82
Königliche Porzellanmanufaktur (KPM)__40, 52,
  60, 138
Königliche Technische Hochschule Charlotten-
  burg__82
Königsplatz__14, 16, 40, 138
Königsstraße__144
Konrad-Adenauer-Stiftung__27
Korn, Roland und Hans-Erich Bogatzky
  (Architektenteam)__50
Kothe, Julius (Bauhistoriker)__78
Krankenhaus der NVA__72
Krolloper__17, 46
Kronenstraße__63f.
Kronprinzenpalais__10
KSP Planung GmbH (Architekturbüro)__54
Kühn, Bergander, Bley (Architekturbüro)__60
Kühn, Bernhard (Architekt)__36
Kuhnert, Erich (Architekt)__78
KulturBrauerei__146
Künstlerhotel ›Luise‹__122
Kupfergraben__94
Kurstraße__59
Laage, Gerhart (Architekt)__20
Lafontaine, Oskar (Bundesfinanzminister)__137
Lange, Gustav (Gartenarchitekt)__43

Register und Bildnachweis

Langhans, Carl Gotthard (Baumeister)__10, 62
Laske, Fritz (Architekt)__82
Laurien, Hanna-Renate (Präsidentin des Abgeordnetenhauses)__143
Lehrter Bahnhof__100, 123
Leibold, Erich (Architekt)__34
Leipziger Platz (Oktogon)__32
Leipziger Straße__66, 68, 78, 93, 110, 138, 142
Lemp, Alfred (Architekt)__54
Lenné, Peter Joseph (Garten- und Landschaftsarchitekt)__14, 86
Léon, Hilde, Konrad Wohlhage und Siegfried Wernik (Architektenteam)__114
Lesser, Ernst Moritz und Leopold Stelten (Architekten)__78
Lessing, Gotthold Ephraim (Schriftsteller)__39, 140
Lessing, Otto (Bildener Künstler)__39, 140f.
Letzte Straße__30
Liebermann, Max (Maler)__32
Liebknecht, Karl (Gründer der KPD und Reichstagsabgeordneter)__50f., 95, 140
Liebknecht, Kurt (Präsident der Bauakademie der DDR)__95
Lindencorso__95
Lindenstraße__136
Lingner, Max (Künstler)__69
Löbe, Paul (Reichstagspräsident und Alterspräsident des Deutschen Bundestages)__20, 24
Loewe, Ludwig (Unternehmer)__60
Loge Royal Yorck__52, 54
van der Lubbe, Marinus (Angeklagter wg. Reichstagsbrand)__17
Lüders, Marie Elisabeth (Alterspräsidentin des Deutschen Bundestages)__23f.
Luftfahrtministerium__69
Luise, Königin von Preußen__98
Luisenblock__20
Luisenstadt__136
Luisenstraße__46
Lustgarten__51
Lützowplatz__130f.
Magistrat Ost-Berlin__146, 151f.
de Maiziére, Lothar (Letzter Ministerpräsident der DDR)__149
Mannschaftshaus der Berliner Garnison__94f.
Marienstraße__38, 122
Marie-Elisabeth-Lüders-Haus__46
Marinekabinett__88
Maritim-Pro-Arte Hotel__54
Markgrafenstraße__63
Marschallbrücke__38
Martens__155
Martin-Gropius-Bau__98
Marx-Engels-Platz__50
Maschinenbauzentrum__122
Mattner, Jakob (Künstler)__37, 143
Mauerstraße__124f.
Mecklenburg-Strelitz, Frederike von, Herzogin von Cumberland__36
Mehlan, Heinz und Harry Reichert (Architektenkollektiv)__54
Mehlan, Heinz, Emil Leibold und Peter Skujin (Architektenteam)__92
Mehringplatz (Rondell im Süden)__32, 136
Mendelssohn, Abraham (Kaufmann)__40
Mendelssohn, Erich (Architekt)__66, 136
Mendelssohn-Bartholdy, Felix (Komponist)__40, 138
Merkel, Angela (CDU Partei-Vorsitzende)__130

Messel, Alfred (Architekt)__64, 111
Metallhandelsgesellschaft__128
Meyer, (Kupferschmiedemeister)__118
Militärärztliche Akademie__70, 72f., 80
Militärverwaltung der SBZ__68
Ministergärten__44, 84
Ministerium für Außenwirtschaft der DDR__34
Ministerium für Elektrotechnik und Elektronik der DDR__92
Ministerium für Geistliche, Unterrichts- und Medizinangelegenheiten__36
Ministerium für Medienpolitik__77
Ministerium für Volksbildung der DDR__36f.
Moabiter Werder__46f.
Mohrenkolonnaden__62, 64f.
Mohrenstraße__63fff.
Molkenmarkt__144, 150
Moltkebrücke__46
Müller, Thomas und Ivan Reimann (Architektenteam)__59
Münze__56f.
Museumsinsel__138
Muthesius, Hermann (Architekt)__63
Napoleon, Kaiser von Frankreich__8, 16
Nationalrat der nationalen Front__76
Naturkundliches Museum__82
Neue Reichskanzlei__120
Neuendorf von, (Stadtpräsident)__32
Neumannsgasse__48
Neustädtische Kirchstraße__34, 52ff., 118
Nickel, Caspar Clemens (Architekt)__132
Niebuhr, Bernd (Architekt)__51, 58
Niederkirchnerstraße__69, 154
Nikolaikirche__150
Nikolaiviertel__150
Nonn, Konrad (Architekt)__30
Oberlandeskulturamt__57
Oderberger Straße__144
Oppenheim, Benoit (Bankier)__28
Oppenheim, Felix Alexander (Bankier)__28
Oranienburger Tor__94
Oranienplatz__136
Ordenspalais__74, 76
Otte, Ludwig (Architekt)__64
Otto-Braun-Straße__92
von Osten, (Kammerpräsident)__36
Palais für den preußischen Adel__41
Palais Gröben__66
Palais Hardenberg__138
Palais Pannewitz__66
Palais Raczynski__138
Palais Vernézobre__98, 138
Palast der Republik__51, 58
Papen, Franz von__42, 140
Pariser Platz (Quarré)__32, 100
Parlament der Bäume__22
Parochialkirche__150
Parchialstraße__148
Parteimuseum der SED__142
Patentamt der DDR__64
Paul-Löbe-Haus__46
Penck, A.R. (Künstler)__96
Permoser, Balthasar (Bildhauer)__50
Pesne, Antoine (Maler)__8
Petri, Isaak Jakob (Ingenieur)__70
Petrikirche__48
Petzinka, Pink und Partner (Architekturbüro)__119, 130

Pharmakologisches und II. Chemisches Institut__113
Philippstraße__94
Physiologisches und Physikalisches Institut__113
Pieck, Wilhelm (Staatspräsident der DDR)__48, 68, 76, 134, 140
Platz der Republik__44
Pontonhof__30, 38, 112
Postsparkassenamt__54
Potsdam-Babelsberg__144
Potsdamer Brücke__86
Potsdamer Platz__92, 130, 154
Prause, Oswald (Handelsrichter)__64
Prausenhof__64f.
Prenzlauer Allee__92
Presseamt der DDR__65
Presseamt des Vorsitzenden des Ministerrates__77
Preußische Akademie der Künste__112
Preußische Akademie der Wissenschaften__112
Preußische Finanzverwaltung__134
Preußische Lebensversicherungs-Aktiengesellschaft__90
Preußisches Kriegsministerium__66f.
Preußisches Ministerium für Volkswohlfahrt__40
Preußischer Staatsrat__42
Prinz-Albrecht-Gelände__98
Prinz-Albrecht-Straße__42, 138
Raczyniski, Athanasius von (Kunstsammler)__14
Rathaus Charlottenburg__86
Rathaus Friedrichswerder__56, 120
Rathaus Schöneberg__143
Rathaus Spandau__86
Rathaus Steglitz__86
Rathaus Treptow__86
Rathausstraße__144, 152
Rathenau, Georg (Architekt)__90
Rau, Johannes (Bundespräsident)__10, 108
Rave, Jan (Architekt)__12
Rave, Rolf (Architekturbüro)__143
Rechenzentrum der Deutschen Post der DDR__54
Reden von, (Minister)__80
Regierungskrankenhaus der DDR__72
Reichle, Karl (Architekt)__76
Reichs- und Preußisches Ministerium für Wissenschaft, Erziehung und Volksbildung__36
Reichsarbeitsministerium__73, 99
Reichsbank__56ff., 59, 62f., 99, 135
Reichsbankviertel__57
Reichsgästehaus__10
Reichssicherheitshauptamt__98
Reichskanzlei__17
Reichskolonialamt__76
Reichskriegsministerium__88
Reichsluftfahrtministerium__42, 66, 141f.
Reichsmarineamt__88f.
Reichsministerium des Innern__30, 46
Reichspräsidentenpalais__84
Reichspropagandaministerium__68, 74, 76f., 79
Reichstagsgebäude__20, 26f., 36, 44, 46, 58, 93, 106, 108
Reichstagsufer__113
Reichstagspräsidentenpalais__17, 24, 26, 32, 140
Reichswehrministerium__88
Reimer, Konrad & Friedrich Körte (Architektenbüro)__120
Reinhardt, Heinrich und Georg Süssenguth (Architekturbüro)__86
Reinhardt, Max (Theaterregisseur)__132

158

Reuß, Prinz Heinrich von__66
Richter, Gerhard (Künstler)__142
Rieth, Otto (Architekt)__63
Robotron-Kombinat__91
Rohwedder, Detlev (Chef der Treuhandanstalt)__69
Rosa-Luxemburg-Platz__134
Rosenthaler Straße__134
Rühe, Volker (Bundesverteidigungsminister)__89
Rüppel, Wolfgang (Künstler)__69
Rüthnick, Elisabeth (Architektin)__85
Sabath, (Ratsmaurermeister)__118
Sächsische Gesandtschaft__120
SA Führung Berlin-Brandenburg__134
Sagebiel, Ernst (Architekt)__66f., 141
Schabowski, Günter (Politbüromitglied der SED)__64
Schadow, Felix (Historienmaler)__28
Schadow, Johann Gottfried (Bildender Künstler)__28, 56, 63
Schäfer, Wolfgang (Architekt)__99
Schaffhausenscher Bankverein__110
Scharoun, Hans (Architekt)__95f.
Scheel, Walter (Bundespräsident)__154
Scheibe, Richard (Künstler)__89
Scheidemann, Philipp (Reichskanzler)__16
Scheunenviertel__134
Schiffbauerdamm__38
Schiller, Friedrich (Schriftsteller)__8
Schinkel, Karl Friedrich (Baumeister)__30, 57, 74, 76, 80, 98, 112, 138, 144, 146
Schlenkenhoff (Architekturbüro)__31
Schlesisches Tor__94
Schloss Bellevue__12
Schloss Charlottenburg__8, 38
Schloss Friedrichsfelde__8
Schloss Niederschönhausen__48
Schloss Sanssouci__8
Schlossplatz__48, 62
Schlüter, Andreas (Baumeister)__50, 52, 144
Schlüter, Hans (Architekt)__135
Schmidt, Helmut (Bundeskanzler)__117
Schneider, Kommerzienrat__8
Schöneberger Vorstadt__152
Schröder, Gerhard (Bundeskanzler)__47
Schultes, Axel und Charlotte Frank (Architekturbüro)__20, 42, 44, 46f.
Schultheiss-Brauerei__60, 146
Schulze-Boysen, Harro (Oberleutnant und Widerstandkämpfer)__68
Schulze-Colditz, Friedrich (Architekt)__41, 43, 138f.
Schumann, Adolf (Unternehmer)__60
Schumann, Johann (Porzellanfabrikant)__60
Schumann-Porzellanfabrik__60
Schwarzer Weg__82
Schwarzkopff__60, 80
Schwarzenberg, Adam von (Statthalter)__48
Schwechten, Franz (Architekt)__146
Schweger, Peter und Partner (Architekturbüro)__24, 42f.
Schwennicke, Carl Heinz (Architekt)__10
Seebacher-Brandt, Brigitte (Ehefrau Willi Brandts, Willy-Brandt-Stiftung)__154
Seelinger, Martin und Maximilian Vogels (Architekturbüro)__104
Semper, Gottfried (Architekt)__14
Senatsverwaltung für Gesundheit__151
Severing, Carl (Innenminister)__140
Siegessäule__12, 14, 16, 127

Siemens, Werner von (Industrieller)__116
Simon, James Henry__126
Sommer, Carl August (Zimmermeister)__32
Sonnemann, Emmy (Schauspielerin und Ehefrau Görings)__141
Spandauer Straße__144, 147, 152
Spandauer Vorstadt__38, 122, 132
Speer, Albert (Architekt)__17, 44
Sperlingsgasse__48
Spieker, Paul (Architekt)__112
Spittelkolonnaden__138
Spittelmarkt__56
Spreebogen__20, 44ff., 58
Spreeinsel__51
St. Maria-Viktoria-Stift__132
Staatliches Hochbauamt Aschaffenburg__111
Staatsbibliothek__80, 112
Staatsoper Unter den Linden__8
Staatsratsgebäude__12, 50, 59
Staatssekretariat für Hoch- und Fachschulwesen der DDR__85
Staatsverlag der DDR__85
Stadtbad Mitte__126
Städtische Feuersozietät Berlin__150
Stadtschloss__38, 48, 50, 58, 144, 146
Stadtverordnetenversammlung__146, 151f.
Stalinallee__92, 95
Ständige Vertretung der Bundesrepublik Deutschland__73, 96
Starck, Günter (Architekt)__150
Statthalterei__48
Stauffenberg, Claus Schenk von (Widerstandskämpfer)__89
Stauffenbergstraße__89
Steinplatz__151
Stichstraße__114, 118
Stiftung Preußenhaus__42, 141
Stralauer Straße__148
Stresemannstraße__89, 136
Stüler, August (Baumeister)__32, 66, 74, 112
Suhr, Otto__151
Sussmann-Hellborn, Louis__118
Süssmuth, Rita (Bundestagspräsidentin)__27, 36
Taubenstraße__90
Technische Universität__82
Tempelhofer-Vorstadt__136
Thälmann, Ernst__134
Thälmann-Gedenkstätte__135
Thaer, Albrecht (Wissenschaftler)__82
Thierse, Wolfgang (Bundestagspräsident)__108
Tiede, August (Architekt)__80
Tierarzneischule__122
Tiergarten__12, 14, 28, 30, 40, 118, 126, 130
Tiergartenstraße__27, 118
Tiergartenviertel__22, 106, 114, 118, 130
Timmermann, Helga (Architektin)__93
Tirpitzufer__88
Tirpitz, Alfred von (Großadmiral)__88
Töpfer, Klaus (Bundesbauminister)__51, 69
Torstraße__135
Treptower Park__120
Treuhand Liegenschafts-Gesellschaft (TLG)__93
Treuhandanstalt__69, 111
Truchseß zu Waldenburg, Karl (Bauherr)__74
Ulbricht, Walter (Generalsekretär der DDR)__48, 51, 134
Umweltbundesamt__77
Union Club__116f.

Unter den Linden__10, 28, 30, 34, 36, 78, 85, 110, 112
Unterwasserstraße__57, 59
van den Valentyn, Thomas (Architekt)__27
VEB Schallplatte__27
VEB Vereinigte Wettspiele__39
Verkehrsministerium der DDR__78
Vernézobre de Laurieux, Franziskus Matthäus (Bauherr)__98
Versicherungsgesellschaft ›Deutscher Herold‹__78
Villa Stauss__72
Vogel, Bernhard (Ministerpräsident)__124
Vohl, Carl (Architekt)__84
Völkerkundemuseum__98
Volkskammer der DDR__77
Volkskundemuseum__10
Voßstrasse__120
Waesemann, Hermann (Architekt)__64, 144, 146, 148
Waisenstraße__150
Waldschmidt, Arno (Künstler)__69
Wallot, Paul (Architekt)__14, 26, 152
Wargin, Ben (Künstler)__22
Wartensleben von, (Gouverneur von Berlin)__38
Wehner, Herbert (Bundestagsabgeordneter)__134
Weidendamm__94
Weidendammer Brücke__138
Weizsäcker, Richard von (Bundespräsident)__10, 12
Werderscher Markt__56f., 59, 63, 134
Werth, Rudolph (Fabrikant)__134
Wertheim (Warenhaus)__111
Wight, F.L. (Architekt)__102
Wilhelm II., König von Preußen und deutscher Kaiser__14, 16, 72, 88, 126, 139
Wilhelmplatz__76
Wilhelmstraße__25, 44, 52, 58, 64, 74, 76, 78, 98, 113, 124, 142
Willy-Brandt-Stiftung__154
Wilm (Hofjuwelier)__64
Wöhlert (Industrieller)__80
Wolff, Heinrich (Architekt)__58
Womacka, Walter (Künstler)__50
Dr. Worschech & Partner (Architekturbüro)__124
Zentrales Geologisches Institut__82
Zentrales Postscheckamt für Berlin__54f., 99
Zentralkomitee (ZK) der SED__58f.
Zeughaus__56
Zollverwaltung der DDR__79

Bildnachweis
S. 45   Andreas Muhs,
S. 101 Gerkan, Marg und Partner,
S. 119 Taufik Kenan,
alle anderen Fotos aus dem Archiv des Autors